홀로서기를 위한 심리학

타인에게 휩쓸리지 않고 단단하게 중심을 잡는 법

홀로서기를 위한 심리학

로리 애쉬너·미치 메이어슨 지음 | 고빛샘 옮김

billy button
빌리버튼

WHEN PARENTS LOVE TOO MUCH: Freeing Parents and Children to Live Their Own Lives
by Laurie Ashner, Mitch Meyerson

PROLOGUE

때로는 사랑이 사람을 아프게 합니다

이 땅의 부모들을 탓하려고 이 책을 쓴 것은 아니다. 책을 쓰는 동안 많은 사람들이 격려와 함께 자신들의 이야기를 들려주었다. 그들은 다름 아닌 자녀 때문에 기쁨과 사랑을, 때로는 쓰디쓴 고통을 맛보았던 부모들이다. 그들은 자녀를 키우면서 저질렀던 실수와 실패를 기꺼이 이야기해주며, 자신들과 같은 전철을 밟는 사람이 또 나오지 않길 바란다고 말했다.

아이들이 학대당하거나 버림받기도 하는 이 세상에서 아이를 위해서라면 무엇이든 해주려는 부모들에게 어찌 손가락질을 할 수 있겠는가? 그들은 이상적인 부모인 것처럼 보인다. 하지만 사랑도 지나치면 독이 되는 법이다. 주변 사람뿐만 아니라 자신도 고문하고 있을 때는 무엇이 문제인지 돌아볼 필요가 있다.

자녀를 지나치게 사랑하는 부모들은 이따금 불안과 고통을 느끼고 어디를 가나 걱정이 앞선다. 자식들이 어려움에 부딪힐까 봐, 고통을 겪을까 봐 한시도 마음을 놓지 못한다.

그런 부모들은 자식에게 도움 되는 일이라면 무엇이든 마다하지 않지만 기대가 크면 실망도 큰 법이다. 부모의 아낌없는 지원에도 불구하고 자식이 기대에 미치지 못하면 좌절감에 빠져 더욱 아이에게 집착하게 된다. 아이의 일상을 모조리 통제하고 이끌어주지 않으면 자식이 길을 잃고 허둥댈 것이라고 생각한다. 그들은 자녀가 스스로 책임져야 할 일도 대신해주려 들고 자녀가 도움을 청하면 언제든 달려간다. 하지만 아무리 아낌없이 퍼주어도 자식 걱정은 끝나지 않고, 자녀 역시 부모가 원하는 대로 따라와 주지 못한다. 그러는 동안 부모의 인생은 빈껍데기가 되어간다.

도대체 무엇이 잘못된 것일까? 우선 자녀 입장에서 지나친 사랑을 주는 부모의 문제를 생각해보자. 대개 부모의 지나친 관심과 사랑을 받으며 자란 아이는 어른이 되어서도 자신이 사랑받는 존재임을 안다. 하지만 내면 깊은 곳에는 불안과 죄책감, 의존성이 자리 잡고 있어 정서적인 문제를 겪기 쉽다. 이 책에 소개된 어른아이들은 이렇게 말한다.

"나는 부모님의 높은 기대와 과보호적인 사랑을 받으며 자랐지만 결과적으로는 혹독한 대가를 치러야만 했습니다".

어떤 부모도 자식에게 해를 끼치려고 고의로 그런 행동을 하지는 않았을 것이다. 그렇다면 대체 무엇 때문에 그런 일이 벌어지는 것일까? 자녀를 지나치게 사랑하는 부모들은 아이를 사랑하는 방법을 무의식적으로 습득한 경우가 많은데 대부분은 어린 시절 경험에서 비롯된다. 그들은 어릴 때 사랑이나 관심을 받지 못해 상처받고 좌절했던 경험을 가지고 있다.

당신이 자녀를 과보호하는 경향이 있다고 생각되면 어린 시절을 한번 되돌아보라. 정서적·신체적 욕구를 충족시켜주지 못하는 가정환경에서 자라지 않았는지, 식구들의 구박과 무시 속에서 자라지는 않았는지, 가족들을 기쁘게 해주었을 때에만 사랑을 베푸는 가정에서 자라지는 않았는지를 말이다.

그런 가정에서 자란 아이는 고통과 실망을 경험하고 사랑받기 위해 끝없이 노력한다. 의무와 책임을 스스로 떠안은 채 관심과 사랑을 얻기 위해 애쓴다. 모든 식구가 통제 불능 상태일 때도 홀로 중심을 지키고 자신의 욕구를 가장 나중으로 미루어두는 법도 배운다. 그러다 보면 끝없이 내주기만 하는 존재가 되기 쉽다. 그토록 바라는 사랑과 관심을 얻을 수 있으리라 기대하면서 말이다.

하지만 사랑과 관심을 바라는 어린아이의 행동은 결코 가족들을 만족시키지 못하기에 아이는 자신이 부족한 존재라고 믿게 된다. 어른이 된 후 그는 자식만큼은 자신과 똑같은 일을 겪게 하지 않겠다고 다짐하고 자식이 원하는 것이라면 뭐든 다 해준다.

하지만 부모들이 미처 깨닫지 못한 사실이 있다. 지나친 사랑을 주는 동기가 자식보다는 부모 자신의 욕구나 필요를 충족시키기 위한 것이라는 점이다. 특히 '문제아' 자녀를 둔 부모는 이런 사실을 이해하기 힘들어한다. 그들은 집착에 가까운 방식으로 사랑, 돈, 관심, 이해, 도움을 자식에게 쏟아 붓는다. 자녀를 행복하게 해주고 싶은 마음에 자녀의 문제를 대신 해결해주기도 한다. 만약 그렇게 하지 못하면 이루 말할 수 없는 고통을 느낀다. 그리고 자녀에게 모든 것을 아낌없이 내주는 부모가 됨으로써 자신이 사랑 받기에는 부족한 존재라는 두려움에서 벗어나고자 한다. 그들은 완벽한 자녀를 둔 완벽한 부모가 되고 싶어 한다.

다른 사람의 인생과 문제에 집착하느라 자신의 문제를 해결하지 못하는 사람을 상호의존 상태 또는 관계 중독에 빠졌다고 한다. 이 상태인 사람들은 누군가를 돕고 통제하고 싶은 욕구 때문에 상대방이 스스로 할 수 있는 일도 대신해주려고 한다.

자식을 지나치게 사랑하는 부모는 상호의존 상태에 빠져있다. 그들은 아이의 문제들을 해결하는 데 모든 에너지를 쏟느라 정작 자신의 욕구는 충족시키지 못하는 경우가 허다하다. 한편 자식에게 집착하는 부모 밑에서 자란 아이는 성인이 되어도 자신의 부모가 심리적으로 건강하지 못한 상태라는 사실을 잘 인식하지 못한다.

겉으로 보기에 그들 부모는 높은 탑처럼 거대하고 굳건한 존재다. 지나친 사랑과 관심, 보호 속에서 자란 사람은 자신의 어린 시절에 대해 의문을 품는 것 자체에 크나큰 죄책감을 느끼곤 한다. 부모 덕에 많은 혜택을 누리며 자란 자신이 부모의 사랑에 의문을 제기하는 것은 배은망덕한 짓이라고 생각하기 때문이다.

하지만 아무리 넘치는 사랑 속에서 자랐다 하더라도 뭔가 부족하다는 느낌을 떨칠 수 없을 것이다. 부모의 사랑이 아무리 안전하게 느껴졌을지라도 그와 함께 과도한 기대, 끊임없는 조언과 과보호를 받으며 좌절과 무기력을 경험했을 것이다.

부모에게 받은 것이 많을수록 죄책감은 커진다. 헌신적인 부모 밑에서 자란 자녀는 자신이 아무리 노력한다 해도 부모의 사랑에 보답할 수 없다고 느낀다. 넘치는 사랑이 오히려 자녀를 극단적인 완벽주의자로 만들기도 한다. 모든 일에 완벽을 기하다 보니 간단한 일도 시작을 머뭇거리고 성공 가능성이 확실하지 않으면 아예 손도 대지 않으려 한다. 또한 가족이라는 울타리 밖에서는 친밀한 관계를 맺지 못한다. 세상은 부모가 주는 것만큼의 사랑과 관심을 주지는 못하기 때문이다.

지금까지 말한 내용들이 낯설지 않게 느껴지는가? 당신은 어느 쪽에 해당하는가? 지나친 사랑을 쏟아 붓는 부모 쪽인가, 숨 막힐 듯한 사랑을 받고 자란 자녀인가? 당신이 어느 쪽이든 너무 괴로워하거나 걱정하지는 말라. 당신은 혼자가 아니다. 이 책에서 당신은 수백 명의 '어른아이'와 부모들을 만나게 될 것이다. 물론 여기 나오는 사례들은 수백 건의 이야기를 재구성한 것이지만 진실은 그대로 남아 있다.

자녀에게 지나친 사랑을 쏟아 붓는 부모를 탓하기 위해 이 책을 쓴 것이 아니다. 자녀에게 과도한 사랑을 쏟으며 키우거나 지나친 사랑을 받고 자라는 것이 감정적인 고통, 아픔, 상처와 부모자식 간의 상호의존성을 낳을 수 있다는 것을 알리고 싶었을 뿐이다. 이 사실을 인식하고 나면 자신을 변화시키고 새로운 삶을 시작할 수 있다. 이 책의 궁극적인 목적은 건강하지 못한 관계 때문에 고통을 받아온 사람들에게 희망과 자유를 찾아주는 것이다.

CONTENTS

CHAPTER _ 05

소울메이트를 찾아서

CHAPTER _ 06

가까워지면 밀어내고 싶은 마음

CHAPTER _ 07

변하기 위해 끊어낼 결심

CHAPTER _ 08

비교하면 할수록 불행해진다

CHAPTER _ 09

매달릴수록 멀어지는 사람들

CHAPTER _ 10

부모의 그림자 안에서 살고 있다면

CHAPTER _ 11

나를 사랑하고 타인을 인정하는 연습

CHAPTER _ 12

때로 실수하지만 적당히 괜찮은 사람

CHAPTER _ 01

감정을 표현하는 일이 왜 이렇게 어려울까

"부모님에게 저는 세상에서 제일 소중한 존재였습니다. 부모님은 저를 위해서라면 무엇이든 해주려고 하셨지요. 하지만 그게 과도하다는 게 문제였습니다. 좋은 집에서 사랑을 듬뿍 받고 자란 제가 부족한게 뭐 있겠느냐고 생각할 겁니다. 그럼에도 저는 여러 가지 문제를 겪고 있고 가장 큰 문제는 한 여자를 오랫동안 사귀지 못하는 겁니다. 누군가와 깊이 사귀고 싶지만 나도 모르게 관계를 엉망진창으로 만들곤 합니다. 또 모든 일에 죄책감을 느끼고, 어떤 것에도 만족하지 못해서 괴롭습니다."

- 제프(26세)

모든 부모는 자식에게 뭐든 최고로 해주고 싶어 한다. 하지만 넘치는 것은 모자란 것만 못하다는 말이 있듯 사랑도 지나치면 독이 된다. "어쩜 그렇게 전화도 한번 안 하니?", "얼마나 걱정했는지 모른단다. 집에 좀 더 자주 들르지 그러니", "밥은 먹고 다니는 거니? 너무 마른 것 같은데", "너무 무리해서 일하는 거 아니니? 좀 쉬어가면서 하렴". 이렇게 부모들은 자녀에게 관심을 표현하고 끝없이 걱정한다.

부모들은 할 수만 있다면 모든 고통과 상처로부터 자녀를 보호하고 싶어 하며 어릴 때부터 아이가 얼마나 귀중한 존재인지 귀에 못이 박히도록 들려준다. 자녀의 성취는 곧 부모의 성취가 되었고 부모의 기대는 측량이 어려울 정도다. 그런데 부모의 기대와 자랑스러움 속에는 자녀에 대한 판단이 들어 있다. 부모가 항상 평가하고 판단을 내린다는 사실은 알아차리기 힘들지만 그 영향력은 깊고 넓게 퍼진다.

부모는 아이를 사랑하기는 하지만 있는 그대로 받아들이거나 온전히 이해하지는 않는다. 아이는 부모가 늘어놓는 쓴소리나 걱정을 쉴 새 없이 들어야 하고 간혹 부모의 기대에 미치지 못하면 죄책감에 사로잡힌다. 부모의 지나친 사랑 때문에 고통받는 케이트의 사례를 보자.

●●

"엄마 때문에 미칠 지경이에요. 지금 제 인생에서 가장 힘겨운 시기를 겪고 있는데 엄마가 저를 더 힘들게 해요."

케이트는 얼마 전 남편 짐에게 이혼하자는 말을 들었다.

"엄마한테 그 일을 말씀드린 이후로 한순간도 평화롭게 지낼 수가 없어요. 엄마는 매일 전화를 걸어 들들 볶아요. '네 남편이 집에서 아무것도 못 가져가게 해라! 그리고 받아낼 수 있는 건 모조리 받아내야 해!' 그뿐만이 아니에요. 남편 회사로 전화를 걸어 가장으로서의 책임을 저버렸다며 한바탕 설교를 늘어놓았대요."

"남편과의 문제는 알아서 하겠다고 하면 하루이틀은 조용하지만 곧 다시 전화가 와요. 마치 엄마는 제가 혼자 결정을 내려버릴까 봐 공포에 질려 있는 것 같아요."

"엄마를 이해해야죠. 제가 막내기도 하고 늘 고분고분하게 말 잘 듣는 아이였거든요. 그런 딸이 이혼한다니까 걱정인가 봐요."

케이트는 스물한 살에 짐과 결혼했다.

"부모님은 경제적 능력도 안 되면서 우리 결혼식을 근사하게 준비해 주셨어요. 웨딩드레스만 해도 천 달러는 되었을 거예요. 아버지는 부인하셨지만 대출을 받았을 게 분명해요."

"짐과 저는 가까운 사람만 초대해 조촐하게 식을 치르고 싶었어요. 하지만 부모님은 막무가내였어요. 이날만을 손꼽아 기다려왔다며 그 행복을 빼앗아가지 말라고 하셨죠. 결국 부모님 뜻을 따랐지만 짐은 그게 불만이었던 모양이에요."

"시간이 흐르면서 짐과 엄마의 갈등이 심해졌어요. 짐은 엄마를 감독관이라고 부르며 사사건건 간섭한다고 불평했죠. 저는 어떤 일을 결정할 때 항상 엄마와 의논했는데 짐은 둘 사이의 문제를 엄마에게 전하지 말았으면 좋겠다고 말했어요. 하지만 엄마가 그런 건 다 저를 위해서였어요."

잠시 침묵이 흐른 뒤에 케이트는 어머니가 부부 사이의 일에 지나치게 참견했음을 인정했다.

"엄마가 우리 결혼생활에 감 놔라 배 놔라 했다는 건 알아요. 하지만 문제가 생긴 건 모두 제가 엄마에게 대들 만큼 강하지 못해서요. 엄마에게 대든 적이 딱 한 번 있었어요. 엄마는 제가 브라운 대학에 지원하길 바라셨지만 솔직히 제 실력으로는 무리였어요. 고등학교 때 전 항상 쉬운 수업만 들었고 숙제가 어려우면 부모님이 도와주셨죠. 그 덕분에 성적은 괜찮았지만 제 자신을 속일 수는 없는 법이잖아요. 브라운 대학에 가면 낙제점을 받고 퇴학당할 게 분명했어요."

"하지만 엄마는 저를 천재라고 생각하셨어요. 제 사진, 제가 쓴 보고서, 성적표를 부엌 한쪽에 자랑스레 걸어놓으셨죠. 저는 누군가 그것을 본다고 생각하면 얼굴이 화끈거렸어요. 어쨌든 저는 절대 브라운 대학에 지원하지 않겠다고 말했어요. 그런데 어느 날 브라운 대학에서 합격 통지서가 날아온 거예요. 엄마가 저 대신 지원서와 에세이를 써서 제출한 거였어요."

케이트는 다른 학교에 진학했지만 대학 생활을 맘껏 즐기지도 못했다. 엄마를 배신하는 것처럼 느껴졌기 때문이다. 게다가 처음으로 가족과 떨어져 생활을 하게 되자 외로움과 향수병이 밀려왔다.

"전 수줍음을 많이 타서 친구를 쉽게 사귀지 못했어요. 어렸을 때 저는 생일 파티에 초대받지 못하는 아이였죠. 그럼 엄마는 친구 엄마에게 전화를 걸어 제게 초대장을 보내게 하곤 했어요. 얼마나 창피했는지 몰라요. 엄마에게 떠밀려 억지로 친구들 생일파티에 몇 번 간 후로 파티를 싫어하게 되었어요."

2학년이 되자 상황은 더 악화되었고 그해에만 룸메이트가 세 번이나 바뀌었다. 누구와도 잘 지낼 수 없었기 때문이다.

"4월쯤 되자 아무도 저에게 말을 걸지 않았어요. 부모님한테는 그런 사실을 숨겼어요. 부모님한테는 결코 있을 수 없는 일이죠. 예쁘고 사랑스러운 딸이 외톨이로 지낸다는 건. 어느 날 밤 제 안의 무엇인가가 폭발했고 저는 엄마에게 전화를 걸어 말했어요. '엄마, 엄마는 항상 제가 예쁘고 착하고 멋지다고 칭찬하는데 왜 다른 사람들은 나를 싫어하는 걸까요?' 그러곤 흐느껴 울었어요."

"엄마는 그게 모두 대학을 잘못 고른 탓이라고 그 이후론

'그러게 내가 그렇게 말렸잖니'라는 말을 달고 사셨어요. 학점은 바닥으로 떨어졌고, 결국 2학년 말에 퇴학당했어요."

"저는 집으로 돌아왔고 부모님을 완전히 실망시켰어요. 엄마는 제 실패에 대해 저보다도 더 괴로워하셨고 부끄러워하셨을 거예요."

케이트는 집 근처에 있는 전문대학에 입학해 그곳에서 짐을 만났다.

"짐과 함께 있으면 정말 편하고 즐거웠어요. 사귀는 동안 한 번도 싸운 적이 없었죠. 짐은 항상 제 생각이에 관심을 가지고 저를 배려해 주었고 제 모든 것을 알고 싶어 했어요."

"학교를 졸업하고 1년 후 우리는 결혼했어요. 그런데 신혼 초부터 문제가 생겼죠. 짐이 제가 자기 말보다 엄마 말을 더 신뢰하는 것에 상처받는 것 같았어요. 제가 우리 둘의 행복보다 부모님의 행복에 더 신경 쓰는 것 같다는 말도 했어요."

"저는 남편의 마음을 잘 이해해주는 포용력 있는 아내가 아니었어요. 짐은 제가 자기 일에 전혀 신경 쓰지 않는 것 같다며 불평했죠. 솔직히 저는 짐이 회사 일에 대해 말할 때마다 건성으로 들었어요. 그러다 짐과 다투면 바로 부모님한테 달려갔어요. 그러면 부모님이 위로의 말을 해주었고, 모든 게 짐의 탓이 되었거든요."

짐은 장인 장모를 만족시켜야 한다는 압박감을 느꼈다. 하지만 장인 장모 눈에는 모든 것이 흡족하지 않은 것 같았다. 짐과 장모 사이에는 불신의 기류가 흘렀고, 언제 폭발할지 모르는 나날이 이어졌다. 그러던 중 케이트가 임신을 했다.

"임신 소식을 듣자마자 부모님은 장난감과 아기용품, 침대 세트를 사주셨어요. 짐은 그 사실을 알고 불같이 화를 냈어요. 아기용품만은 자기 손으로 마련하고 싶었는데 부모님이 그 기쁨을 망쳐버렸다고 하더군요. 아기 방에 가득 쌓인 선물은 갈등의 화근이 되었죠."

"임신 8개월에 접어들 무렵, 짐이 갑자기 직장에서 해고를 당했어요. 짐은 한동안 우울증으로 힘들어했어요. 어느 날 아침에는 태어날 아기와 저를 먹여 살려야 한다는 책임감에 막막하고 두렵다고 울더군요. 그런 남편을 보고 있자니 짜증이 났어요. 만삭인 제 몸 하나 추스르는 것만으로도 벅찬 상태였거든요. 짐이 직장에서 잘린 것 때문에 가뜩이나 화가 나 있었는데 우는소리 하는 게 듣기 싫었어요. 그래서 화제를 다른 쪽으로 돌렸더니 짐은 자리를 박차고 밖으로 나가버렸어요."

"그렇게 갈등을 해결하지 못한 채 시간이 흘렀고 저는 딸을 낳았어요. 카라가 태어난 이후 저는 어머니와 더 많은 시간을 보냈어요. 카라는 한번 울기 시작하면 그칠 줄 모르는 까다로운 아기였어요. 제가 카라를 잘 돌보고 있는지 확신할 수 없어서 아이가 칭얼거리면 곧장 어머니에게 전화를 걸었어요. 그러면 어머니는 만사를 제치고 달려오셨죠."

"한번은 아기 몸이 불덩이라 저는 거의 이성을 잃었어요. 엄마에게 전화를 걸었더니 엄마는 우리를 응급실로 데려다 주셨어요. 카라에게 신경을 쓰느라 짐에게 전화해야겠다는 생각을 못했어요. 그런데 집에 돌아와 보니 짐이 안절부절못한 채 우리를 기다리고 있더군요. 제가 자초지종을 설명하자 짐은 전화 한 통 해줄 수 없었느냐며 화를 냈어요. 너무 경황이 없었다고 사과했지만 짐은 저를 물끄러미 바라보기만 하더군요. 그러더니 몇 주 동안 저랑 한마디도 안 했어요."

"카라가 다섯 살이 되자 엄마는 카라를 사립학교에 보내야 한다며 성화였어요. 짐은 반대할 게 뻔했어요. 집 가까운 곳에 괜찮은 공립학교가 있었거든요. 그래서 저는 짐 모르게 사립학교에 원서를 넣고 아빠에게는 비밀이라고 딸에게 단단히 일러두었죠. 하지만 카라는 면접을 보고 온 바로 그날 아빠에게 쪼르르 달려가 재잘재잘 떠들었어요. 짐은 폭발했고 그 후에는 싸움의 연속이었어요."

"갈수록 상황이 악화되어 짐은 저를 아직도 엄마 치맛자락에 매달려 사는 응석받이라고 말했어요. 저는 짐에게 아이 교육은 안중에도 없고 돈 버는 데에만 관심 있는 노랑이라고 응수했어요. 화가 난 짐은 짐을 싸서 집을 나가버렸죠."

"짐은 제가 자신을 진정으로 사랑한 적이 한순간도 없는 것 같다고 했어요. 또 제가 사랑을 받고만 싶어 하는 이기적인 여자라고도 했어요. 그는 모든 게 엄마 탓이라고 생각하는 것 같지만 엄마한테는 아무 잘못이 없어요. 그런데 요즘 들어 엄마의 사랑이 저를 짓누르는 짐처럼 느껴져요. 엄마가 저를 보호하기 위해 그러셨다는 걸 알지만 저도 괴로워요. 하지만 엄마에게 빚진 게 너무 많아서 도저히 화를 낼 수 없어요. 저는 이제 어떻게 하죠? 전 이혼하고 싶지 않아요."

●●

케이트의 사례는 부모가 아이에게 집착했을 때 일어나는 비극적인 결과를 보여준다. 어머니에게 케이트는 고통도 아픔도 겪어서는 안 되는 소중한 존재라 문제가 생기면 바로 나서서 해결해 주어야 직성이 풀렸다. 자신과 딸을 동일시했기에 케이트가 허둥대거나 괴로워하는 꼴을 가만히 두고 볼 수 없었다. 그래서 딸의 인생에 개입해 자신의 뜻대로 했다.

모든 것은 딸에 대한 사랑과 훌륭한 부모가 되고 싶은 욕심에서 비롯되었다. 문제는 그 사랑과 욕심이 정도를 지나쳤다는 것이다. 그렇다면 건전한 사랑과 지나친 사랑은 어떻게 다를까?

자녀를 지나치게 사랑하는 부모들의 외적인 공통점을 찾을 수 있을까? 자녀를 지나치게 사랑하는 사람들은 부자일 수도 있고 그렇지 않을 수도 있다. 양부모 가정인지, 한부모 가정인지도 별 영향을 끼치지 않는다. 일주일 내내 밖에서 일하는 사람이든, 집에서 자녀들과 함께 있는 사람이든 상관없이 자녀를 지나치게 사랑하는 부모가 될 수 있다. 지나친 사랑을 쏟아부으며 키운다고 자녀가 버릇없이 자라는 것은 아니다. 하지만 어른이 되어서도 철이 없거나 버릇이 없는 사람은 응석받이로 자랐을 가능성이 다분하다. 부모의 지나친 사랑은 자녀에 대한 강한 정서적 개입과 통제 욕구에 기인한다. 사랑이 지나칠수록 서로에 대한 의존성이 높아

건전한 사랑을 주는 부모	지나친 사랑을 주는 부모
자녀에게 시간과 관심, 애정을 쏟는다. 자녀에게 정서적, 물리적으로 필요한것을 알아내 현명한 방식으로 제공한다.	자녀의 삶을 자신의 삶과 동일시하며, 자식을 자신의 연장이라 생각한다.
자신이 해줄 수 있는 한도 내에서 최선을 다한다. 하지만 완벽한 부모란 존재하지 않는다는 사실을 잘 알고 있다.	훌륭한 부모가 되지 못할지도 모른다는 불안감을 없애기 위해, 혹은 어린 시절의 결핍을 메우기 위해 자녀를 과잉보호하고 통제하려 든다.
자녀에게 적절한 한계선을 그어주고 그 안에서 독립심을 키우도록 장려한다. 자녀가 안전한 환경에서 자율성을 기를 수 있도록 도와준다.	자녀가 독립심을 키우는 것을 방해한다. 무의식적으로 자녀에 대한 높은 기대치를 세운 후 자녀를 끼워 맞춘다.
자녀의 장점과 단점을 모두 받아들이고 그대로 인정한다. 아이는 자존감을 키울 수 있다.	자신들의 도움 없이는 자녀가 어떤 일도 제대로 해낼 수 없을 것이라고 생각한다. 또 부모가 도와주지 않으면 실패할 것이라고 생각한다.
솔직하고 직접적인 대화를 나눈다. 자녀가 부모를 신뢰할 수 있는 안정적인 분위기에서 대화한다.	자녀를 통제하기 위해 대화를 나눈다. 대화가 간접적이며 그 이면에는 불안정과 불신, 의심이 자리 잡고 있다.
자녀의 말에 귀 기울인다. 대화를 통해 자녀에게 필요한 것이 무엇인지 파악하고 제공한다.	자녀에게 진정으로 필요한 것보다는 자신의 충족되지 못한 희망과 욕구를 메워줄 것들을 제공한다.
자녀의 외면보다는 내면에 집중하고 내면이 더 단단해지고 건강해질 수 있도록 돕는다.	자녀의 외적인 부분에 대해서만 걱정한다. 끊임없이 자녀를 다른 사람들과 비교한다.

지며 동시에 고통도 커진다. 때로 자녀에 대한 지나친 사랑은 형제 중 한 아이에게만 집중되기도 한다. 그 아이가 첫째라서, 막내라서, 문제아라서, 혹은 특출한 재능이 있어서 특별한 관심과 보살

핌이 필요하다고 생각한다.

케이트의 사례를 통해 자녀를 지나치게 사랑하는 부모의 특징을 알아보자. 케이트의 어머니는 딸이 진정으로 원하는 것이 무엇인지에는 전혀 신경 쓰지 않았다. 딸의 의견은 전혀 개의치 않고 시간과 관심, 물질을 선물로 바치면서 케이트의 인생을 통제하려 했다. 심지어는 딸의 소망을 짓밟으면서까지 딸이 자신에게 의지하게 만들었고 케이트는 사람들이 부모와 같은 방식으로 자신을 사랑해주지 않으면 실망하게 되었다.

부모의 사랑은 아이의 자존감을 형성하는 토대가 된다. 부모의 관심과 사랑, 보살핌, 인정이 없다면 아이는 자신을 무가치한 존재라고 느끼며 자랄 것이다. 가슴이 뻥 뚫린 듯한 공허감 속에 스스로를 사랑하지 못하는 어른이 될 것이다. 언뜻 생각하면 더 많은 관심과 걱정, 보호, 사랑을 받고 자랄수록 자기 존재 가치에 대한 확신도 더 클 것 같다. 하지만 케이트의 경우에는 오히려 역효과를 낳았다. 부모의 끝없는 관심은 케이트의 자존감을 키우는 데 전혀 도움이 되지 않았으며 그녀의 자존감은 어머니의 인정과 승인에 좌우되었다. 케이트는 어머니 뜻대로 움직이며 어머니를 기쁘게 해줄 때에만 안정감을 느꼈다. 어머니의 통제와 간섭이 심해질수록 케이트는 수동적이 되어갔다.

케이트의 부모는 케이트가 사회성을 키울 수 있도록 정서적인 도움을 주지 못했고 사람들과 사귀기 위해 마땅히 져야 할 자기 몫의 책임에 대해서도 가르치지 않았다. 그녀가 결혼한 직후부터 여러 문제에 부딪힌 것은 당연한 결과였다. 짐이 직장에서 해고당한 후 울음을 터뜨렸을 때 케이트는 엄청난 불안을 느꼈다. 아내로서 그를 위로하고 힘이 되어주어야 마땅했지만 자신의 감정에 압도당한 나머지 다른 사람을 돌볼 수 없었다. 케이트는 짐이 항상 자신을 사랑해주고 돌보아주기만을 바랐던 것이다. 케이트의 마음속에 짐이 들어갈 자리는 거의 없었다. 이미 케이트의 어머니가 차지하고 있었기 때문이다.

특정한 믿음과 고정된 행동 패턴에서 벗어나지 못한 채 성인이 된 케이트처럼 사랑과 관심이 지나친 부모들 밑에서 성장한 사람들은 몇 가지 특징이 있다. 당신이 숨 막힐 듯한 관심과 지나친 걱정, 비현실적으로 높은 기대 속에서 성장했다면 당신도 유사한 패턴을 보일 가능성이 높다.

친밀한 관계에서 오는 두려움

어른아이는 두 가지 극단적인 욕구의 충돌 때문에 인간관계를 뒤죽박죽으로 만들어버리곤 한다. 그들은 상대와 가까워지고 싶어 하면서도 한편으로는 거리를 두려고 한다. 그런 욕구는 대개 무의식적으로 이루어진다. 그래서 어른아이는 다른 사람들과 친밀한 관계를 맺기 어렵다고 느끼면서 성인기에 접어든다.

친밀함을 원하는 동시에 두려워한다. 사랑에는 항상 높은 기대와 간섭이 따라온다는 것을 부모를 통해 학습했기 때문에 끊임없이 걱정하고 두려워한다. '사랑하는 사람의 기대에 미치지 못한다면 어떻게 될까?', '언젠가 나에게 실망하고 떠나버릴 거야', '다른 누군가 가까이 다가올수록 숨이 막히는 것 같아'.

그래서 상대를 밀어내기 시작한다. 비정상적일 정도로 상대에게 매달리며 의존하기도 하고 반대로 냉정하고 오만하게 굴기도 한다. 어떤 전략을 택하든 결과는 동일하다. 친밀감을 갈구하면서도 자신이 그런 관계 속에 빠지는 것을 용납하지 못하는 것이다.

시선에 민감하고 인정을 바란다

그들은 남들 눈에 좋아 보이는 것에 집착하기 때문에 다른 사람들의 반응에 민감하다. 그리고 상대에게 필요한 것을 제공해줌으로써 인정받고 싶어 한다.

어린 시절 그들의 존재 가치는 부모로부터 얼마나 인정받고 승인받느냐에 달려 있었다. 자존감은 이에 영향을 받는다. 그런데 자녀를 지나치게 사랑하는 부모 밑에서 자랄 경우 외부로 드러나는 재능이나 성취가 없어도 스스로의 존재와 가치를 확신하는 자아 감각sense of self을 점점 상실하게 된다. 자아 감각이 떨어질수록 부모에 대한 의존도가 커진다. 그런 아이는 성인이 되었을 때 부모에 대한 의존성을 타인에게 전이시킨다. 하지만 모두가 부모처럼 인정해주고 칭찬해주는 것은 아니고 사회는 자신을 신경 써주지 않는다는 사실을 깨달은 어른아이는 좌절의 구렁텅이에 빠지게 된다.

끊임없는 죄책감을 느낀다

"모든 게 내 탓인 것 같아요!"

건강하지 못한 부모의 사랑을 받고 자란 어른아이들이 자주 하는 말이다. 부모는 돈, 옷, 음식, 보금자리뿐 아니라 관심과 보살핌도 말로 다 설명할 수 없을 만큼 주었다. 때로는 부모의 사랑이 너무나 지극해 숨이 막힐 정도로 말이다. 넘치는 사랑을 받고 자란 아이는 부모에게 빚지고 있다는 마음을 갖는다.

어떻게든 부모의 사랑에 보답하기 위해 착한 아들딸이 되려고 노력한다. 부모에게 화내면 안 될 것 같아 상처가 될만한 말이나 행동은 겉으로 드러내지 않는다. 자랑스러운 아들딸이 되어 부모에게 기쁨을 주기 위해 끝없이 무엇인가를 성취하려 노력한다. 그렇게 할 수 없을 때는 엄청난 죄의식을 느낀다.

불공평한 세상을 탓한다

어린 시절에 부모의 사랑과 관심, 칭찬만을 받고 자란 사람이 자라면서 부모의 기대를 충족시키지 못 하는 일이 늘어가면 자신의 능력에 대해 회의를 품기 시작한다. 부모는 자녀에게 항상 최고이며 조금만 더 노력하면 무엇이든 다 해낼 것이라고 격려하고 칭찬했다. 그런 말을 듣고 자랐기에 손을 뻗기만 하면 무엇이든

다 이룰 수 있을 것 같지만 부모 울타리 밖의 세상은 그리 녹록하지 않다. 부모의 말을 굳게 믿고 있는 사람은 세상이 뭔가 잘못되었으며 삶이 공정하지 못하다고 느끼기 시작한다.

사람을 믿기 어려워 한다

어른아이에게 신뢰는 무척 힘든 문제다. 누구도 믿지 못하거나 거꾸로 너무 쉽게 믿어서 어려움에 처하게 된다. 신뢰와 관련된 문제가 생기는 이유는 무엇일까? 신뢰 혹은 불신에 대한 감각은 인생 초기에 형성된다. 아기일 때 세상이 안전한 장소인지 아닌지를 탐색한다. 건강하지 못한 부모는 자녀를 불안감 속에서 양육한다. 아이가 잘못되지나 않을까 노심초사하면서 아이를 지나치게 통제하거나 대신 모든 결정을 내려준다. 그러면 아이는 부모로부터 '나는 아무것도 결정할 수 없는 존재야. 내가 내리는 결정은 모두 형편없어 난 나를 신뢰할 수 없어'라는 메시지를 받아들인다. 자녀를 보호하려는 마음이 지나친 부모는 틈날 때마다 세상은 믿을 수 없는 곳이라고 경고한다. 어느새 아이의 마음속에는 다른 사람을 믿으면 안 된다는 생각이 자리잡는다.

그러한 불안감은 아이 내면에 은밀하고 깊게 퍼져 성격을 형성하는 기본 토대가 된다. 아이가 예닐곱 살이 되어 친구들과 어울리기 시작하면 본격적으로 세상에 대한 불신이 나타난다. 부모의 관심과 사랑을 독차지하며 자신이 최고인 줄 알았던 아이는 다른 사람들은 자신을 그렇게 대하지 않는다는 것을 알고 혼란에 빠진다. 사람을 믿지 못하는 것은 물론이거니와 새로운 기회가 찾아와도 쉽게 잡지 못한다. 비판과 거절, 물리적인 고통을 두려워하는 사람이 되는 것이다.

상황을 통제하려 애쓰는 이유

어른아이에게는 상황을 '통제하고 있다'고 느끼는 것이 무척 중요하다. 부모의 엄격한 통제를 받으며 자라 부모에게 배운 대로 주변의 모든 것을 통제하려 들기도 한다.

아기는 스스로 생존 능력이 없기 때문에 전적으로 부모에게 의존한다. 그러다가 차츰 새로운 환경에서 능력을 펼치고 자신의 힘을 시험해 볼 기회를 얻는다. 그 과정에서 성공하고 때로는 실패도 하면서 아기는 실수를 통해 배운다.

하지만 건강하지 못한 부모는 아이가 뭔가 스스로 하려고 하면 얼른 행동을 저지한다. 위험하다는 이유로, 아이를 안전하게 보호한다는 이유로 사사건건 개입한다. 그 결과 아이는 무력감을 느끼면서 성장한다. 그 무력감을 느끼지 않기 위해 주위 사람과 상황을 통제하고자 한다. 통제 방식은 다양하다. 권한이 있는 사람을 회피하거나, 움츠러들거나, 반항하거나, 제의를 거절하는 식으로 행동한다. 그들에게 '팀 플레이어'가 되는 것만큼 어려운 일은 없다. 차라리 독립적으로 일하며 혼자 모든 상황을 완벽하게 통제하는 편이 훨씬 낫다고 생각한다.

주위 사람들을 통제하지 않은 채 그냥 놓아두면 질식당하거나, 지배당하거나, 과도한 보호를 받는 듯한 느낌을 받는다. 어른아이는 자신이 단호하고 강한 성격이라는 환상을 품지만 사실 그런 태도는 인간관계에 거리감과 갈등을 불러올 뿐이다.

일을 끝마치지 못한다

부모의 비현실적인 기대 속에서 자란 아이는 계획을 세우는 데에만 몰두하는 몽상가가 되기 쉽다. 어른아이는 계획을 완벽하게 세우지만 그 계획을 끝까지 완수하지는 못한다. 그들은 시작한 일을 끝까지 해내는 법이 없다.

그들의 성장 과정을 생각해보면 당연한 일이다. 자녀를 보호하기 위해 애쓰는 부모 덕택에 아이는 안정감과 편안함을 느끼며 성장한다. 하지만 한편으로는 어떤 일을 끝까지 해내지 못하더라도 부모가 도와줄 거라고 믿게 된다.

부모는 친구와 다투더라도 해결해 주고, 숙제를 대신해 주고, 직장을 구해준다. 부모가 조종하는 대로 행동하는 꼭두각시로 자랐기 때문에 일단 어떤 일을 시작하고 나서 램프의 요정 지니가 나타나 뒷마무리 해주기를 하염없이 기다린다.

아이가 부모의 높은 기대를 내면화할 때, 혼자서는 아무것도 할 수 없으며 계속 보호받아야 한다는 믿음을 내면화할 때 어떤 일을 하든 실패할 수밖에 없다. 부모의 과보호 속에 자란 어른아이는 위험, 거절, 책임을 기피하는 어른이 된다.

스스로에게 가혹한 잣대를

부모의 비뚤어진 사랑을 받고 자란 사람은 자신에게 매우 가혹한 잣대를 들이대는 경향이 있다. 그들은 다른 사람들이 끊임없이 자신을 평가하고 판단한다고 여긴다. 또한 아무리 열심히 노력해도 부모 눈에 차지 않을 것 같다는 생각에 부모 앞에만 서면 하염없이 작아진다.

학대에 가까울 정도로 스스로를 비판하는 이유는 무엇일까? 왜 그렇게나 많은 것을 누리고, 칭찬을 받으며 자랐는데도 스스로에게 그토록 가혹할까? 어렸을 때는 늘 관심과 사랑이 집중되는 주목의 대상이었고 부모의 꿈과 희망이었다. 성장하면서 부모가 준 여러 의무들을 내면화해 의사나 변호사가 되어야만 했다. 학교에서 좋은 성적을 받아야만 했고 유명해져야만 했다. 항상 행복해야만 하고 무엇을 하지 말아야 하는지 일일이 지시를 받았다. 어느 순간부터는 부모가 굳이 말하지 않더라도 알아서 그 의무들을 다하기 시작했다. 내면의 비판자를 두게 된 것이다.

내면의 비판자는 점점 자라난다. 그 결과 부정적인 생각에 사로잡히게 되고, 자존감을 파괴하며, 우울해지고, 가까이 다가오는 사람들을 회피하고, 기회를 놓치게 된다.

깊은 곳에 숨겨진 특권의식

식당에 갔는데 요리가 완벽하지 않으면 화를 낸다. 형편없는 서비스를 제공받으면 참지 못하고 한마디씩 꼭 던진다. 직원이 안내해준 자리가 마음에 들지 않으면 더 나은 곳으로 옮겨달라고 요청한다. 지나친 사랑을 받고 자란 사람은 어디에서나 최고만을 누려야 한다는 특권의식을 가진 채 성인기에 접어든다. 특권의식은 대개 무의식에 자리 잡고 있기 때문에 스스로도 알아차리지 못한다. 이런 특권의식을 가지게 된 것은 어렸을 때부터 특별대우를 받으며 자랐기 때문이다. 온갖 좋은 것들이 은쟁반에 담겨 앞에 놓이면 인생이란 원래 그런 것이라고 믿게 된다.

그래서 사람들이 부모와 동일한 방식으로 대접할 것이라 기대하며 인간관계를 맺는다. 당연히 그런 기대는 빗나가고, 실망의 구렁텅이로 빠지게 된다. 어떤 곳에 갔는데 아무도 관심을 기울이지 않거나 말을 걸어주지 않을 때, 원하는 직장을 구하지 못하거나 원하는 임금을 받지 못할 때 분노를 느낀다. 세상에 상처받고 실망한 어른아이는 부모가 해주었던 대로 돌보아줄 사람을 찾는다. 가끔 운 좋게 그런 기대를 충족시켜주는 희생적인 배우자를 만나기도 한다. 하지만 그러한 불평등한 관계는 대개 적개심과 갈등 속에 파경을 맞는다.

감정을 드러내서는 안 된다는 생각

어렸을 때 감정을 폭발시킬 때마다 부모가 당황해 어찌할 바를 몰라 하는 반응을 본 자녀는 감정을 겉으로 드러내서는 안 된다고 생각하게 된다.

그 결과 감정 자체를 두려워하고 어떤 감정이든 솔직히 표현했다가는 비판을 받을 것이라는 공포가 생긴다. 최고로 즐거운 순간에도 스스로를 편안하게 풀어두지 못하고 인생의 즐거움이나 재미를 온전히 누리지 못한다. 부모의 비뚤어진 사랑을 받고 자란 사람은 자기 자신과 타인을 분석하면서 인생을 이성적으로만 살려 하는 경향이 있다.

결정을 내리지 못하는 사람

어른아이는 사소한 결정도 혼자 내리지 못한다. 무엇이 가장 나은 선택인지 분명해 보일 때조차도 다른 사람이 확인해주어야만 비로소 안도한다. 결정을 내려야 할 때마다 불안을 느낀다.

자녀를 지나치게 사랑하는 부모들은 모든 일을 대신 결정해주는 경향이 있다. 어른아이도 처음부터 결정을 내리지 못했던 것은 아니다. 스스로 노력하기도 했지만 걱정에 휩싸인 부모가 도와주는 바람에 그런 노력은 무색해졌다. 이런 일이 반복되면서 혼자서 내린 결정은 아무짝에도 쓸모없다고 생각하게 되었다. 그 결과 스스로의 직관과 판단을 신뢰하지 못하는 사람이 된다.

그들은 성인이 되어서도 결정에 따른 책임을 져주고 구원해줄 사람을 찾는다. 그렇게 만난 관계는 어른 대 어른이 아닌 어른 대 아이의 관계에서 벗어나지 못한다.

성공을 피하는 이유

비뚤어진 부모의 사랑을 받고 자란 사람은 직장 생활을 원만하게 하지 못하는 경향이 있다. 오랜 방황의 시기를 보낸 후 남들보다 늦은 나이에 사회생활을 시작하기도 한다. 쉽게 직장을 잡지 못하거나 운 좋게 어디에 들어가더라도 얼마 못 가 실업자 신세가 되곤 한다. 그들은 스스로의 성공을 방해하면서 용기 있게 도전하지 못하는 자신을 합리화한다. 그들의 무의식 속에는 자신이 어떤 일에 성공하고 나면 다른 사람들이 그 이상을 원할 것이며, 언젠가는 다른 사람들을 실망시킬 것이라는 두려움이 자리 잡고 있다.

현재의 성과 이상을 기대하며 응원하는 것은 바람직한 일이고, 사람들은 그런 과정을 통해 더욱 성장한다. 하지만 부모의 끝없는 기대에 어긋나지 않기 위해 전전긍긍하며 살아온 어른아이에게는 조금 더 해보라는 약간의 응원조차도 감당하기에 벅찬 짐처럼 느껴진다. 또 그들은 성공하고 나면 모든 일을 스스로 책임지는 진정한 어른이 되어야 할지도 모른다고 생각한다. 부모가 어떤 상황에서든 돌보아줄 것이라는 믿음도 키워왔을 것이다.

하지만 당당한 어른으로서 성공하려면 독립의 위험을 감수해야 한다. 어른아이에게 독립은 안전망 없이 공중그네를 타는 것과 같다. 부모의 안전망을 떠나 홀로 무엇인가를 시도하다가는 앞으로 고꾸라져 다칠지도 모른다고 생각한다. 그래서 성공을 위해 위험을 감수하느니 아예 시도조차 하지 않는 편이 더 낫다고 생각한다.

섭식장애의 숨은 원인

폭식증, 거식증, 비만은 부모의 비뚤어진 사랑을 받고 자란 사람들에게 흔히 나타나는 증상이다. 섭식 장애는 정서적인 욕구를 충족시키기 위해 음식을 사용하는 행동 유형에서 비롯된다.

모든 일에 사사건건 개입하는 부모 밑에서 숨 쉴 수 있는 정서적 공간을 확보하지 못한 채 성장했고 자신과 부모의 경계를 구분하지 못한 채 성장했다. 걱정 어린 관심과 과보호는 맹렬하게 파고들어서 어떤 경우에는 아이의 내면을 갉아먹는다. 부모의 높은 기대는 때로 자녀를 지치게 하는데 진정한 욕구는 대개 무시당한다.

그 결과 다른 사람들과 가까워지는 것을 두려워하고 그 두려움을 겉으로 드러내지 않기 위해 필사적으로 노력한다. 두려움을 진정시키는 방법 중 하나가 음식에 감정적으로 집착하는 것이다. 이는 부모의 통제를 비틀 수 있는 수단이다. 음식을 많이 먹고 과체중이 되면 다른 사람들과 거리를 둘 수 있거나 사람들의 걱정스러운 관심과 주목을 받을 수 있다고 생각하는 것이다.

당신은 생각보다 강하다

이 책을 읽으면서 당신의 부모를 비판하는 것처럼 느껴져 불편할지 모른다. 혹은 부모를 정당화하고 대변하고 보호하고 용서해 주고 싶어할지도 모른다. 부모님을 너무나 사랑하니까. 그 충동을 조금 더 깊숙이 들여다보면 부모를 나약하거나, 혼란에 빠져 있거나, 불행한 존재로 여기고 있는 것을 알 수 있다. 물론 부모도 이따금 행복하지 않을 때가 있고 항상 완벽할 수는 없다. 그들은 우리가 태어나기 전부터 살아왔고 20년 이상 한 가정을 잘 이끌어왔으며, 직장 생활을 하고, 자녀를 양육하고, 친구들과 어울리고, 여름이면 멋진 휴가를 떠난다. 다른 사람들의 눈에 비친 부모의 모습은 강하고, 능력 있으며, 생기 넘치는 존재일 것이다. 하지만 어찌된 일인지 어른아이는 부모를 무방비 상태라고 여기며 그들을 보호하기 위해 필사적으로 노력한다.

부모와의 관계에 의문을 품는 것 자체가 당혹스럽거나 죄책감이 느껴지는가? 하지만 절대 그럴 필요가 없다. 당신은 부모와 절연하지 않고도 그 관계를 재평가할 수 있으며 부모를 깊이 사랑하는 동시에 그들을 객관적으로 바라볼 수 있다. 부모 때문에 화가 나고 비참했던 때를, 부모의 기대에 부응하지 못했던 때를 돌아본다고 해서 당신이 부모를 사랑하지 않는 것은 아니다. 어째서 가족의 법칙을 거스를 때 불안감을 느끼는지, 어째서 부모와의 끈끈한 관계를 놓지 못하고 있는지 파헤쳐볼 필요가 있다. 부모와의 신의를 저버리지 않고 부모에게 인정받고 싶어 하는 마음과 죄책감을 알아보고 자아를 잃지 않고 부모를 사랑하는 법을 배울 수 있다. 그리고 부모에게도 자유를 줄 수 있다.

이 모든 것이 부모를 더욱 객관적으로 바라보는 데서 시작한다. 부모는 당신이 생각하는 것보다 훨씬 더 강하다. 당신은 부모가 지나친 사랑을 쏟아 붓는 상황을 만드는 데 일조했다. 그러므로 당신에게도 부모와의 왜곡된 관계를 바로잡기 위해 노력할 책임이 있다. 부모도 사랑을 쏟아 붓느라 많은 것을 희생하고 괴로움을 겪었다. 관계란 두 사람이 함께 만들어가는 것이다. 부모와의 관계를 다시 정립하고, 그 관계의 새로운 의미를 찾는 동안에 부모는 모든 변화를 이겨낼 수 있을 만큼 강하다는 것을 믿어야 한다.

아무리 좋은 가정이라도 아무 문제가 없는 것은 아니다. 부모는 선의로 한 행동이 아이의 안정성과 장점을 훼손시키기도 한다. 또 자립해야 할 시기가 훨씬 지난 후에도 부모에게서 벗어나지 못하는 것이 당신의 필요와 욕구 때문일 수도 있다. 현실을 자각하기 시작했다면, 그때가 바로 변화하기 가장 좋은 때다. 어떻게, 왜 그렇게 지나친 사랑을 받아왔는지 완전히 파헤친 후에야 비로소 오랫동안 상처받은 마음을 치유하고 변화를 꾀할 수 있다.

부모에게 배은망덕하게 굴라고 말하는 것이 아니다. 자식에게 많은 것을 내준 부모나 스스로를 탓하라는 얘기도 아니다. 이 책은 모두의 자기 수용과 이해, 변화를 도와줄 것이다.

CHAPTER _ 02

누구에게든 기대고 싶은 당신에게 필요한 것

"매달 아버지가 수표를 보내주세요. 저는 매번 돌려보내지만 막무가내죠. 친구들은 그런 공돈을 마다하다니 제정신이 아니라고 말해요. 하지만 그건 아무것도 몰라서 하는 소리예요. 부모님이 무엇을 내줄 때마다 저는 영혼을 파는 느낌이 들어요. 아버지는 제가 원한다면 하늘의 별까지 따다 줄 분이에요. 제가 원하는 건 뭐든지 다 해주시죠. 그런데 단 하나 허락하지 않는 게 자유예요."

– 카렌(21세, 비서)

부모에게 하는 '고맙습니다'라는 말보다 모순으로 얼룩지고, 의무감이 담겨 있고, 분노가 숨겨져 있는 말도 없다. 고맙다는 말을 꺼낼 때마다 시선 둘 곳을 찾지 못하고 다리를 이리저리 움직이다가 대충 우물거리며 넘겨버리고 만다. 그 말을 할 때는 마치 다섯 살짜리 아이가 된 듯 부모 앞에서 나약한 존재가 되어버린다.

왜 그럴까? 당신은 부모의 은혜를 넘치게 입었다는 사실을 잘 알고 있다. 온 세상을 다 뒤진다 해도 부모처럼 모든 것을 내줄 사람은 없을 것이다. 하지만 고맙습니다라고 말하는 것은 어렵다. 버릇이 없거나 배은망덕한 것일까? 아니면 받는 것에만 익숙해져 있는 탓일까?

부모는 자녀에게 물질과 시간, 관심을 주지만 지나치게 주는 것은 비뚤어진 사랑이다. 올해 34세의 고등학교 교사인 트레이시의 이야기를 들어보자.

"엄마한테는 자식이 전부였어요. 봉사활동에 참여하거나 친구들과 점심을 먹으며 수다 떠는 것은 엄마와 거리가 먼

이야기였죠. 개인적인 삶이란 게 전혀 없었어요."

"제가 지루해하면 엄마는 하던 일을 멈추고 동물원이나 쇼핑센터, 영화관으로 저를 데려가셨어요. 친구에게 전화해 라거나 지금은 바쁘니까 재밌는 일을 찾아라고 말한 적이 단 한 번도 없어요."

"또 엄마는 우리를 베이비시터 손에 맡기는 걸 질색하셨어요. 부모님은 주말에도 저와 동생에게 물어보기 전에는 다른 약속을 잡지 않았어요. 약속이 있더라도 우리를 데리고 나가셨고 휴가도 항상 함께 보냈어요."

"동생과 저는 집을 난장판으로 만들어놓곤 했는데 뒤처리는 항상 엄마 몫이었어요. 잔소리를 전혀 안 했던 건 아니지만 2분 이상 화를 내는 법이 없었고 소리 지른 것에 대해 금방 사과하셨어요."

트레이시는 어머니에게 전적으로 의지하면서 성장했고, 늘 어머니의 보살핌을 받았다.

"저는 조용한 아이였어요. 엄마는 그게 걱정이었나 봐요. 제가 기분이 좋지 않아 음식을 깨작대고 있으면 엄마는 단박에 제 기분을 알아채고 왜 밥을 잘 먹지 못하는지 물어보셨어요. 아무 일 없다고 해도 엄마는 원하는 대답을 얻을 때까지 같은 질문을 수백 번이나 반복했어요. 참다못해 소리 지르고는 방으로 들어가 버릴 때까지요."

"우리 집에서는 어떤 아이도 불행하다고 느껴서는 안 되거든요. 엄마는 저를 뒤따라 들어와 제가 왜 기분이 안 좋은

지 알아내기 전까지는 방에서 나가지 않으셨어요. 결국 그날 있었던 일을 털어놓으면 엄마는 선생님이 얼마나 잘못했는지, 남자친구가 얼마나 못된 녀석인지 욕하며 저를 달래주셨어요. 늘 저는 잘못한 게 하나도 없고 다른 사람이 잘못했다는 식이었어요."

"그러다 보니 심리 치료를 받을 때 저는 조용히 앉아 마룻바닥을 쳐다보면서 저를 위로해주기를 기다리고만 있었어요. 다른 사람들이 잘못했다고 말해주기를요. 하지만 그렇게 해주지 않아 저는 심리 치료사를 원망했죠."

"엄마는 항상 말씀하셨어요. '트레이시, 엄마 아빠는 너를 위해서라면 하늘의 별도 따다 줄 수 있단다' 어느 누구도 우리 엄마처럼 저를 행복하게 만들어주기 위해 애쓸 수 없을 거예요. 한번은 제가 아르바이트 지원을 했는데 떨어졌어요. 엄마에게 불평했더니 엄마는 동네 가게를 다 돌아다녀서 카메라 가게에 아르바이트 자리를 찾아주셨어요."

"아르바이트를 하면 뭔가 재미있는 일이 벌어질 줄 알았는데, 막상 해보니 가만히 앉아 카메라 렌즈를 닦고 인화지를 분류하는 게 고작이었어요. 그래서 한 달쯤 후에 아무 말도 없이 나가지 않았죠. 그게 제 일 처리 방식이었어요. 제가 가만히 있으면 그쪽에서 전화를 해오거나 엄마가 저 대신 전화를 해줄 테니까."

트레이시는 대학을 졸업한 후 집에서 지냈다. 부모는 독립을 권하기는커녕 트레이시가 말을 꺼낼 때마다 반대했다.

“대학 졸업 후 고등학교 교사 자리가 났는데 월급은 그다지 많지 않아도 여름 방학이 있다는 게 좋아서 그 일을 하기로 했어요. 그런데 교장이 저를 마음에 들어하지 않았어요. 교장은 제게 수업 이외에도 스포츠 활동 코치를 해주기를 바랐거든요. 그러려면 방과 후에 학교에 남아 있어야 해서 저는 딱 잘라 거절했죠. 제 업무는 오후 3시까지였고, 돈도 딱 그만큼만 받았으니까요. 그 이상 해줄 필요가 없다고 생각했어요.”

“사실 퇴근해서 집에 가도 아무 일도 없고 만날 친구도 없었어요. 주말에는 집에 틀어박혀 TV를 보며 시간을 보냈어요. 당시 저는 스물다섯 살이었고 진정한 삶은 시작되지도 않았다고 생각했어요. 하루하루를 무료하게 보내다 보니 늘 피곤했죠. 저는 부모님을 떠나 도시로 가면 상황이 달라질지도 모른다고 생각했어요.”

“그래서 주말에 아파트를 알아봤어요. 엄마가 함께 가주겠다는 걸 간신히 뿌리치고 혼자 다녔어요. 그게 독립을 쟁취하기 위한 첫 번째 반란이었죠. 오후가 되자 저는 완전히 녹초가 되서 그 아파트가 그 아파트처럼 보였어요. 저는 혼란 속에서 한 아파트를 계약했어요.”

“그 아파트는 최악이었어요. 바퀴벌레가 득실대는 데다 천장이 갈라져 있고, 화장실 하수구에는 누르죽죽한 녹이 껴 있었죠. 하지만 더 둘러볼 엄두가 나지 않아서 될 대로 되라는 심정으로 계약서에 사인을 했어요.”

"다음 날 부모님이 아파트를 보러 오셨다가 '이런 구질구질한 곳에 내 자식을 살게 내버려둘 수는 없다!'고 선언하셨어요. 저는 집세를 감당할 만한 아파트는 이런 곳밖에 없다고 소리를 질렀죠."

"옆에 서 있던 아버지는 아무 말 없이 우리를 자동차로 데리고 가서 한참을 달리더니 부자 동네에 있는 멋진 고층 건물 앞에 차를 세웠어요. 건물 안에는 실내 수영장과 일광욕장까지 있었지만 제 월급으로는 어림도 없었죠. 부모님은 여기가 네가 살아야 할 곳이라고 말씀하시더군요. 그래서 그곳으로 이사했고, 부모님이 매달 월세를 부쳐주셨어요. 우스운 일이죠. 독립하겠다고 집을 나와서는 부모님 돈에 기대 살고 있다니."

트레이시는 곧 서른 번째 생일을 맞는다. 그녀는 만성피로와 가벼운 배앓이 때문에 여러 차례 병원을 찾았지만 증상은 전혀 나아지지 않았다. 의사는 심리 상담을 받아볼 것을 권했고 트레이시는 분노했다.

"저는 즉시 다른 병원으로 갔어요. 심리 치료는 학대를 받았거나 정서적인 문제를 겪는 사람에게 필요한 것이라고 생각했거든요. 내가 상담을 받아야 한다니 믿을 수 없었어요."

트레이시를 설득한 것은 남동생 마크였다.

"동생은 누구보다 저에 대해 잘 알고 있어요. 저는 겉으로는 온갖 호사를 누리며 살아온 것처럼 보일 거예요. 좋은 아파트에 살고 있고, 버젓한 직장에 다니고 있으니까요. 나름

대로 제 몫을 다하며 잘 사는 것처럼 보이죠. 하지만 속을 들여다보면 잘 살고 있는 척, 아무런 문제도 없는 척 하고 있을 뿐이에요. 저는 매너리즘에 빠져 있고 항상 우울해요. 모든 게 따분하고 짜증나요."

"어떻게 해야 행복해질 수 있는지 모르겠어요. 사람들이 잘하는 것이 무엇이냐고 물어보면 아무 생각이 떠오르지 않아요. 인생에 만족하지는 않지만 힘들여 저 자신을 바꾸고 싶지도 않아요."

"부모님을 실망시키고 있다는 걸 알아요. 부모님이 그렇게나 많은 것을 쏟아부었는데 저는 행복하지 않아요. 제가 우울하고 축 처져있는 모습을 보이면 부모님이 무척 괴로워하세요. 사실 심리 상담을 받는 비용도 부모님이 대주세요. 두 분은 거실에 나란히 앉아 제 문제에 대해 걱정하고 계시겠죠."

"부모님이 최근에 떠올린 아이디어는 우리 가족이 함께 패스트푸드 체인점을 열자는 거였어요. 부모님은 평생 모은 돈을 거기에 투자할 준비를 하고 있어요. 아버지는 '네가 사장이 되어 체인점을 경영해보면 어떻겠니? 우리는 절대 참견하지 않으마. 우리는 네가 행복한 모습을 보는 것만으로도 족하다'라고 말씀하셨어요. 하지만 저는 그렇게 할 수 없어요. 지금 당장은 그럴 만한 기력이 없어요."

●●

부모의 관심을 듬뿍 받고 자란 트레이시 같은 사람이 어째서 우울증에 걸리고 만성피로를 느끼는 것일까? 가장 큰 원인은 부모가 버릇을 잘못 들인 데 있다. 그들은 딸의 욕구를 충족시켜주고, 좌절감을 느낄 만한 상황을 처리해주면 딸이 안전하고 단단한 미래를 열어갈 수 있으리라고 믿었다. 그 믿음은 시작부터 잘못된 것이었다.

트레이시의 어머니에게 부모의 사랑이란 요리를 하고, 청소를 하고, 방을 따뜻하게 해주고, 아이의 말에 귀 기울여주고, 아이의 요구를 들어주고, 불편함을 겪지 않도록 하는 것을 의미했다. 트레이시는 자신이 힘들어하는 모습을 보이면 부모님이 당장 구해주러 온다는 것을 알아챘고 불행한 상황에 빠질 때마다 부모는 문제를 대신 해결해주었다.

다른 아이들이 실수를 저지르고 그에 대한 대가를 치르며 교훈을 배우는 동안, 트레이시는 문제를 싸들고 집으로 갔다. 그러면 부모가 문제를 해결했다. 딸이 좌절하고 괴로워하는 모습을 지켜볼 수 없어 모든 게 다른 사람 탓이라고 고통을 합리화해주었다.

이는 오히려 역효과를 낳았고 트레이시는 늘 따분해하거나 안절부절못하거나 방관자적인 태도를 지닌 사람으로 성장했다. 주위에서 다 알아서 해주었기 때문에 바라는 것도 없었고 모든 걸 수동적으로 받아들이는 사람이 되어버렸다. 그녀는 어떤 결정을 내리든 부모가 뒤처리를 해주리라는 것을 알았다. 부모의 지나친 사랑을 받고 자란 다른 사람들처럼, 트레이시는 자유와 성취의 기뺌을 부모에게 의존함으로써 얻는 안락감과 맞바꾸었다.

부모에 대한 의존은 자기 회의의 근본 원인이었다. 트레이시는 자신의 무능력함이 드러날지도 모르는 일은 모두 회피했고 선택의 갈림길에 설 때마다 무기력해지는 자신을 발견했다. 더 만족스러운 일을 찾고자 하는 의지를 잃어버렸고, 어떤 목표도 없었으며, 친구에게 적극적으로 다가가지도 않게 되었다. 만성피로는 내면의 두려움이 몸으로 표현된 것이었다. 피로감과 수동성은 무능력하다는 느낌이 점점 커져가는 것을 막기 위한 방어책이었다.

부모의 과도한 사랑과 관심, 돈, 시간은 살아가는 데 필요한 자신감, 자존감, 자발성, 인내심, 독립심을 앗아갔다. 자신의 문제를 인식하고 해결하기 위해 적극적으로 노력하지 않으면, 트레이시는 평생 성취감이라는 것을 느끼지 못하고 살아갈 것이다. 결국 부모의 지나친 사랑이 딸의 앞길을 가로막는 걸림돌이 된 셈이다.

모든 것을 해주려는 마음

비뚤어진 사랑을 퍼붓는 부모는 자녀를 가장 잘 알고, 자식에게 가장 필요한 게 뭔지도 잘 안다고 생각한다. 그러한 부모에게 최선은 자녀가 실패하거나 절망감을 느끼게 될지도 모르는 상황을 애초부터 만들지 않는 것을 의미한다. 자녀에 대한 지나친 사랑은 대개 자녀에게 사소한 조언을 해주거나, 작은 일을 돕는 것에서 시작된다. 하지만 쉴 새 없이 떨어지는 물방울은 바위도 뚫는 법이다. 사소한 조언과 작은 도움은 자녀의 의견이나 생각을 존중하지 않고 부모 멋대로 자녀를 휘두르는 독재적인 행동으로 이어진다. 그런 부모들은 자녀에게 더 많은 시간과 노력을 들이고 자녀를 이끌어주는 것이 사랑하는 것이며, 더 많이 사랑할수록 자녀가 행복해지리라 믿는다.

하지만 자녀 입장에서 생각해보자. 넘치는 사랑을 받는 자녀는 부모에게 진정으로 원하는 것을 얻고 있는가? 트레이시와 비슷한 가정에서 자란 사람들은 이 질문에 선뜻 대답하지 못하는 경우가 많다. 그들은 부모가 자신을 얼마나 사랑했는지, 자신이 맛있는 음식을 먹고, 편안한 잠자리에서 자고, 많은 관심을 받아왔다는 사실을 안다. 그들은 사랑을 듬뿍 받으며 행복한 어린 시절을 보냈다고 믿고 싶어 한다.

그러나 그들은 자신의 능력을 발휘하고 만족감과 성취감을 느끼는 독립적인 인간이 되는 데 꼭 필요한 것을 부모에게서 얻지 못했다. 한 인간으로 당당히 서기 위해서는 다음과 같은 능력과 자질, 특성들을 개발해야 한다.

- 자신을 있는 그대로 받아들이고 인정하는 능력
- 자신의 생각과 감정을 존중하는 능력
- 스스로 사고하고 결정을 내릴 자유

• 자신의 단점을 인정하고 장점을 키우기 위한 능력

• 창의성

• 성취감

• 세상에 기여하고 있다는 느낌

• 자신의 삶을 주도하고 있다는 느낌

• 상실, 슬픔, 분노와 같은 감정을 나눌 기회

이 모든 특성과 자질의 근본이 되는 것은 자존감이다. 부모는 자식에게 모든 것을 주었지만 자존감만은 주지 못했다. 갓난아이는 부모의 절대적인 사랑과 도움이 필요하다. 아이가 성장할수록 부모는 서서히 도움을 줄여 자녀의 독립성을 장려해야 한다. 부모가 다 받아줄 경우 아이는 스스로 무엇인가를 하기보다는 다른 사람의 도움에 기대는 법을 학습하고 문제에 맞닥뜨렸을 때 적극적으로 나서기보다는 누군가 와서 자신을 구해주기를 바란다.

자존감은 어떤 일을 완수하고 성취감을 느끼는 것과 연관되어 있다. 저명한 심리학자인 프란츠 바쉬Franz Basch는 《심리 치료의 이해Understanding Psychotherapy》에서 이렇게 말했다.

"자존감은 자신이 양육되고 보호받을 가치가 있다고 진심으로 믿는 것을 말한다. 진정한 자존감은 재능과 능력을 발휘해 목적한 바를 성취해본 경험에서 나온다. 자존감을 쌓을 수 있는 유일한 방법은 스스로 도전하고 성취해보는 것이다."

부모들은 본의 아니게 자녀가 스스로 능력과 재능을 키울 기회를 방해하는 경향이 있다. 자녀의 삶을 조금 더 평탄하게 해주려는 의도에서 부모들은 자녀가 문제에 맞닥뜨릴 때마다 해결책을 제시해준다. 하지만 그것은 성취감을 쌓고 능력과 재능을 키울 수 있는 경험과 도구를 빼앗는 것이나 다름없다.

타인의 인정에 휘둘리는 이유

어린 시절의 경험은 인생 전반에 커다란 영향을 끼친다. 스스로 목표한 바를 성취해본 경험이 있는 아이는 자신감을 키우게 된다. 하지만 과보호 속에서 자란 아이들은 성취감을 맛볼 기회가 거의 없어 어른이 되어도 자신감이 부족하다. 모든 일을 부모가 대신해주고, 어려움에 부딪힐 때마다 부모가 나타나 구해주었기 때문에, 도전을 두려워하는 어른이 되고 마는 것이다. 부모의 지나친 사랑을 받고 자라도 많은 것을 성취하고 성공하기도 한다. 하지만 사회적인 성공에도 불구하고 결코 만족감을 느끼지 못한다. 끝없이 타인의 인정과 승인을 갈구하기 때문이다.

또한 누군가를 통제하려는 욕구와 사랑을 잘 구분하지 못하는 어른이 된다. 그들은 자신을 마음대로 주무르는 대신 삶의 책임을 기꺼이 떠맡아줄 상대를 찾는다. 그리고 그런 사람을 만나면 자신을 진정으로 사랑해주는 사람을 찾았다고 생각한다.

스캇 펙Scott Peck은 《아직도 가야 할 길The Road Less Traveled》에서 "사랑이란 스스로나 다른 사람의 영적인 성장에 도움을 주기 위해 자신의 자아를 확장시키려는 의지"라고 정의내렸다. 스캇 펙은 상대에게 무엇인가를 준다고 해서 항상 성장을 고무하는 것은 아니라고 말한다. 진정으로 상대의 성장을 바란다면 때로는 무엇인가를 해주고 싶은 욕구를 억누를 줄도 알아야 한다. 특히 상대방이 스스로 할 수 있을 때 더욱 그렇다.

사랑에 대한 이런 정의는 부모의 지나친 사랑을 받고 자란 사람에게는 낯설게 들릴지 모른다. 그들의 부모는 자식이 좌절하고 힘들어하는 것을 결코 지켜보지 못해 나서서 도와줬다. 그런 일이 반복되면서 그들은 20대, 30대, 심지어 40대가 되어서도 부모의 인정과 관심, 조언, 때로는 경제적인 지원에 의존하는 반쪽짜리 어른으로 살아간다.

불우한 어린 시절을 보낸 사람들은 사랑과 관심이 너무 많아 탈이라는 이야기를 들으면 배부른 소리라며 화를 낼지도 모른다. 오해의 소지가 있을지 모르니 확실히 짚고 넘어가자. 우리는 퍼주고 또 퍼주기만 하다가 지쳐 쓰러질 지경에까지 이른 부모들, 급기야 자녀가 그만하라고 해도 멈추지 않는 부모들을 말하고 있다. 그런 부모들은 충족되지 않은 무의식적인 욕구와 필요 때문에 자녀에게 무엇인가를 계속 내주려 한다.

계속 주기만 하는 부모들은 언젠가부터 아이를 불편하게 만든다. 무엇인가를 내줌으로써 의무감이라는 굴레를 씌우려 한다는 사실을 감지한 것이다. 토니의 이야기를 들어보자.

● ●

"부모님의 이혼은 어린 저로서는 감당하기 힘든 일이었어요. 전부터 다툼이 잦았던 부모님은 이혼하기로 결정하고 절차를 밟는 동안 동생과 저를 두고 싸우셨어요."

이혼과 함께 가정에는 평화가 찾아왔다. 토니와 여동생 로리는 2주에 한 번씩 아버지를 만났다.

"부모님은 이혼 후 갑자기 저희에게 잘해주기 시작했어요. 그전에는 옷이나 장난감 같은 선물을 받아본 적이 거의 없었어요. 근사한 곳으로 외식을 간 적도요. 하지만 2주에 한 번 만날 때마다 아빠는 우리를 비싼 레스토랑으로 데려가셨어요. 겨우 다섯 살, 일곱 살 난 꼬마들이 고급 레스토랑에 가봐야 뭘 알았겠어요? 우리는 항상 햄버거를 주문했죠."

"그뿐만이 아니라 아빠는 만날 때마다 선물을 주셨어요. 스테레오나 TV 같은 비싼 것들로요. 엄마는 우리가 선물을 받아올 때마다 화를 내셨지요."

토니의 어머니가 재혼한 후 부모는 누가 아이들에게 더 많은 것을 줄 수 있는지 경쟁을 벌이기 시작했다.

"아빠와 크리스마스에 여행을 하면, 엄마는 봄에 더 길고 멋진 여행을 떠나기 위해 계획을 짰어요. 아빠가 서커스에 데리고 가면, 엄마는 아이스쇼에 데려가셨죠. 두 분은 경쟁적으로 많은 용돈을 주셨어요. 용돈이나 선물을 받을 때마다 고맙다고 했지만 마음 한구석이 왠지 모르게 씁쓸했어요."

"엄마 아빠는 동생과 제가 어느 한쪽을 더 사랑하게 될까 봐 불안했던 것 같아요. 하지만 어린 제가 어떻게 부모의 마음을 이해할 수 있었겠어요? 동네 아이들은 용돈 5달러를 더 받기 위해 부모님을 졸랐지만 저는 그럴 필요가 없었어요."

토니는 사춘기에 접어들자 부모와 자주 말다툼을 했다.

"왜 다퉜는지는 잘 모르겠어요. 그냥 부모님이 하는 모든 행동이 짜증나고 마음에 들지 않았어요. 아빠와 싸운 다음 날이면 아빠는 멋진 가죽 재킷을 들고 나타나셨어요. 그럼 저는 그게 아빠의 해결책이냐고 소리 지른 후 뛰쳐나갔어요. 제가 원한 건 존중이었어요. 그런데 아빠는 가죽 재킷으로 모든 문제를 무마하려고 했죠. 아빠는 저를 배은 망덕한 놈이라며 비난했지만 저는 상관없었어요."

"여동생 로리는 저와 달랐어요. 동생은 부모님한테 얻어낼 수 있는 건 모두 얻어내려고 하는 영악한 아이가 되어버렸어요. 로리 때문에 부모님이 크게 싸운 적도 있어요. 아빠가 로리의 생일 선물로 자동차를 사준 거예요. 엄마는 아빠에게 열여섯 살밖에 안 된 애한테 자동차라니 제정신이냐고 아이의 안전은 눈곱만치도 안중에 없다고 화를 냈죠."

"아빠는 그 말을 듣고 크게 상처받은 것 같았어요. 반전은 엄마도 로리에게 자동차를 사주려고 돈을 모으고 있었거든요. 아빠 때문에 계획이 엉망이 되자 화가 났던 거죠."

"지금 제 동생은 매사에 징징거리는 불평꾼이 되었어요. 동생은 직장에 몇 개월 이상 다녀본 적이 없고 한 남자와 한 달 이상 사귀어본 적도 없어요. 로리는 다른 사람 입장 따위는 안중에도 없는 이기적인 아이가 되었어요. 부모님을 이용해 원하는 것은 뭐든지 얻어내곤 했으니 그렇게 될 수밖에요. 저도 썩 괜찮은 어른이 되었다고는 할 수 없지만 로리처럼 부모님에게 손 벌리면서 살지는 않아요."

●●

토니와 로리의 부모는 이혼 후 자녀들의 삶을 편안하게 만들어 주기 위해 물질적 지원을 아끼지 않았다. 그것은 모두 사랑에서 나온 행위처럼 보이지만 깊이 들여다보면 의도와 계산이 숨어 있음을 알 수 있다.

이혼은 누구에게나 힘든 경험이다. 이혼은 상실과 유기에 대한 공포심, 죄책감, 자기비판을 불러일으키기도 한다. 부정적인 감정이 수면 위로 떠오르면, 사람들은 어떻게든 균형과 통제력을 되찾으려 노력한다. 토니 부모가 선택한 자원은 돈이었다. 토니의 아버지는 불안과 무력감을 달래기 위해 자녀들에게 비싼 저녁과 선물을 사주었다. 자녀와 떨어져 지내게 되면 유대관계의 끈을 완전히 잃을지도 모른다는 두려움 때문이었다. 전 부인이 재혼을 하자 그의 불안감은 더욱 증폭되었다. 새아버지가 자기 대신 자녀들에게 영향력을 행사하게 될까 봐 두려웠던 것이다. 그래서 비싼 선물과 외식, 휴가, 돈으로 안간힘을 쓰며 그 불안감에 저항했다. 돈으로라도 자녀들의 마음을 사려는 전 남편의 시도에 토니의 어머니는 위협을 느꼈고 더 높은 입찰가를 제시하는 것으로 대응했다. 자신이 더 좋은 선물을 함으로써 '한방 먹였다'는 쾌감을 느꼈고, 그것은 그녀의 행동을 더욱 강화했다.

토니의 부모 모두 처음부터 의도적으로 자녀를 무기 삼아 신경전을 벌인 것은 아니었다. 하지만 사람은 누구나 내면의 충족되지 못한 욕구를 채우고자 하는 본능이 있다. 토니의 부모는 이혼 후 자신들이 잊혀지거나 대체되지 않기를 원했다. 그들은 모두 버려졌다는 불안감에 자녀에게 선물 공세를 퍼붓고 고맙다는 말을 들음으로써 자신이 필요한 존재임을 확인하고 싶어 했다.

어린 토니는 선물 뒤에 감추어진 얼룩진 욕망들을 이해할 수 없었다. 하지만 건강한 사랑이 아님을 어렴풋이 느껴 선물과 돈을 받으면서도 어찌할 바를 몰랐다. 토니는 부모 중 어느 한쪽의 손을 들어줄 수 없다는 절망감을 느꼈다.

한편 로리는 토니와는 전혀 다른 방식으로 반응했다. 부모가 주는 것이라면 무엇이든 마다하지 않고 받았으며, 심지어 더 많은 것을 요구했다. 로리도 비뚤어진 부모의 사랑을 받고 자란 사람들에게서 나타나는 전형적인 특성을 보여준다.

돈과 물질을 통해 사랑을 확인시켜주는 가정에서 자란 아이는 행복이란 물질에서 나온다고 믿게 된다. 또 스스로의 가치를 자신이 소유한 물질의 양과 질에 따라 결정한다. 고급 브랜드의 청바지를 입고 있는 아이는 이름 없는 브랜드의 청바지를 입고 있는 아이보다 자신이 더 가치 있다고 느낀다. 엄마 아빠가 널 사랑해서 이것을 준다는 말은 사랑의 크기를 물질로 잴 수 있으며, 행복도 돈이나 물질에서 나온다는 잘못된 믿음을 심어준다. 정서적인 필요와 욕구를 물질로 충족시켜주려 하는 부모 밑에서 자란 아이는 안정감과 행복을 외부에서 찾는다. 그들은 불안감을 느낄 때마다 물질을 소유함으로써 감정을 조절하려고 한다.

로리와 토니의 행동 유형은 사뭇 달랐지만, 둘 다 부모에게 고맙다고 말하기를 어려워했다는 점은 비슷했다. 버릇이 없어서 고맙다는 말을 하지 않는 게 아니라 사실 그들은 부모에게 화가 나 있는 상태였다. 무엇보다 자신들이 부모에게 조종당하고 있다고 느꼈기 때문이다. 토니 부모의 경우 자녀를 자기편으로 만들기 위해 물질 공세를 퍼부었다. 많은 것을 내주는 부모의 숨겨진 욕구와 이유는 다양하지만 그중 설득력 있는 것을 살펴보도록 하자.

자존감을 북돋기 위해

자신이 뭔가 부족하다고 느끼는 불안정한 사람은 부모 노릇을 제대로 함으로써 자신의 존재 가치를 확인받고자 한다. 그들은 자녀에게 물질과 시간, 에너지를 쏟아 부어 내면의 부족한 부분을 보상하려 시도한다. 그들 내면에는 '나는 좋은 사람이야. 자식들에게는 얼마나 잘하는데'라는 생각이 자리 잡고 있다.

어린 시절의 상처를 보상하기 위해

내 아이들은 내가 겪었던 고통을 절대 겪게 하지 않겠다라는 말을 하는 부모 밑에서 자라는 아이들은 부모와는 반대의 이유로 고통을 겪는다. 어떤 일도 제 손으로 해본 적이 없는 아이는 부모가 내주는 것들을 누릴 자격이 없다는 죄책감에 사로잡히게 된다.

죄책감과 불안을 다스리기 위해

어떤 부모들은 자녀의 좌절과 고통을 보면서 과거의 실패를 떠올리기도 한다. 그들은 자녀가 좌절을 겪지 않게 해줌으로써 불편한 마음을 다스리려고 한다. 그런 부모는 무의식적으로 이런 생각을 하는 경우가 많다. '아이가 나의 약점을 물려받았는지도 몰라. 아이에게서 나의 허물을 발견할 때마다 죄책감이 느껴지고 고통스러워, 아이를 위해 모든 것을 해주겠어'.

내면의 공허함을 채우기 위해

어긋난 부부관계에서 충족되지 못한 욕구를 채우기 위해 자녀에게 일방적으로 퍼주기도 한다. 그들은 오로지 아이들을 위해 허울뿐인 부부관계를 유지하고 있다고 말한다. 실제로는 남편이나 아내에게 버림받았다는 느낌을 지우기 위해 자녀를 이용하고 있는 것이다. 그들은 자녀마저도 자신을 버리는 것은 아닐지 두려워하며 자녀에게 끊임없이 시간과 물질, 노력을 내준다. 그들은 부부 사이의 문제를 잊고자 자녀에게 집중한다.

빈 자리를 채우기 위해

부부 중 한쪽에 알코올 중독, 학대, 질병, 무관심 등의 문제가 있는 경우, 다른 한쪽은 자녀를 과보호하는 성향을 보일 수 있다. 그들은 한쪽 부모의 부재 때문에 자녀가 정서적인 문제를 겪을까 봐 걱정하며 죄책감을 느낀다. 혼자서 아빠나 엄마가 못해주는 부분까지 감당하기 위해 극단적인 노력을 기울인다. 하지만 한 사람이 아무리 노력해도 두 사람 몫의 사랑을 줄 수는 없다. 결과적으로 아이는 한쪽 부모에 대한 상실감은 그대로 느끼면서 동시에 나머지 부모의 헌신과 노력에 대한 부채감까지 떠안게 된다.

부재를 메우기 위해

이 덫은 사회적인 야망이 큰 사람이 걸리기 쉽다. 경력을 쌓는 데 몰두하느라 자녀와 함께 보내는 시간이 적은 사람은 자신의 빈자리를 메우기 위해 물질 공세를 퍼붓고, 멋대로 굴어도 그냥 놔두고, 요청하는 것은 무엇이든 들어준다. 죄책감은 아이를 응석받이로 키우게 되는 원인 중 하나다. 자신이 이기적인 것 같다는 느낌을 떨치기 위해 자녀에게 과도하게 퍼주게 된다.

아이의 행동을 변화시키기 위해

자녀가 화를 내거나 흥분할 때마다 급한 불을 끄기 위해 자녀의 요구를 들어주는 부모도 있다. 그들은 화를 내거나 떼를 쓰는 자녀에게 돈이나 장난감, 새 옷을 약속하거나, 밤새워 놀아도 좋다고 허락해버리고 만다. 아이는 부모가 싫어하는 행동을 하면 뇌물을 받을 수 있다는 사실을 학습하고 심지어는 더 많은 것을 얻어내기 위해 부모를 교묘히 조종하는 지경에까지 이른다.

지나친 사랑의 주요 원인은 부모 자신의 충족되지 않은 욕구에서 비롯되기에 아이를 위한 것이 아니라 자신들을 위한 것이다. 이는 아이에게는 몹시 불편한 진실이다. 부모란 자식을 사랑하는 것 말고는 개인적인 욕구가 없으며, 절대 과오를 범하지 않는 초인적인 존재라는 환상을 고집하며 사는 것은 편하다. 부모가 자신의 욕구를 충족시키기 위해 자신을 이용했다는 사실을 깨달았을 때 배신감을 느끼는 동시에 부모가 원하는 것을 주어야 한다는 의무감도 느낀다. 부모의 사랑에 보답해야 하기 때문이다.

하지만 아무리 노력하더라도 부모의 정서적인 욕구를 완벽하게 충족시켜줄 수 없고 고통을 덜어줄 수도 없어 늘 부족함을 느낀다. 그럼에도 부모의 고통과 상실을 메워주려 노력하며 자아를 버리고 부모가 원하는 대로 행동한다. 부모의 뜻에 따르기 위해 진정한 자신을 버린 채 살고 있는 사람들의 이야기를 들어보자.

테드 아버지는 제가 의사가 되기를 바라셨어요. 하지만 저는 화가가 되고 싶었어요. 그쪽 방면으로 재능도 있었고요. 선생님들도 재능을 썩히기 아깝다며 그림을 계속 그려보라고 권했고 그중에는 부모님을 찾아와 설득하던 선생님도 있었어요. 아버지는 그림 도구를 사거나 레슨을 받을 형편이 안 된다고 딱 잘라 거절하셨어요. 결국 저는 부모님이 바라는 대로 의사가 되었고 부모님한테 감사하고 있어요. 하지만 이따금 '나는 누구인가?'라는 생각이 들 때가 있어요.

샤론 대학 다닐 때 아버지와 크게 다투었던 적이 있어요. 아버지는 제 남자친구를 무척 못마땅해하셨어요. 키가 작고 뚱뚱하다며 계속 놀리시는데 그 졸렬함에 미칠 지경이었죠. 제가 아무런 대꾸도 하지 않고 굳은 표정으로 가만히 있자 아버지는 제가 화난 걸 눈치챘는지 헐뜯는 걸 멈추고 수표를 보내주겠다고 말씀하시더군요. 아버지는 제 기분 따위는 안중에도 없고 돈으로 해결하려고 하셨지요. 저는 그 말에 너무 화가 나 그런 돈 필요 없다고 쏘아붙였어요.

하지만 아버지는 저에게 알리지도 않고 돈을 보내셨고 저는 바로 돌려보냈어요. 그런데 어느 날 같은 학교 다니는 사촌이 돈 봉투를 들고 기숙사로 찾아왔더군요. 주말에 집에 다녀왔는데, 아버지가 사촌네 집을 찾아와 저한테 돈을 전해달라고 부탁했다고요. 하는 수 없이 돈을 받았고 아버지를 용서하기로 했어요.

요즘은 가끔 아버지를 뵈러 가고 있어요. 현관을 들어설 때마다 아버지는 저를 꼭 안아주시며 '귀염둥이 우리 딸'이라고 해요. 그 말을 들을 때마다 제 속에는 뭔가 부글부글 끓어올라요.

조엘 저는 자동차를 사려고 오랫동안 돈을 저축했는데 목표 금액을 다 모았을 때는 정말 뛸 듯이 기뻤어요. 저는 차에 대해 전혀 아는 게 없었기 때문에 아버지에게 같이 가서 차를 골라달라고 부탁했죠. 근처 중고차 대리점을 다 돌아다닌 끝에 마침내 멋진 스테레오가 달린 오픈카를 발견했어요. 저는 네 번이나 그 차를 다시 보러 갔고, 아버지한테도 그 차를 사겠다고 했어요.

그러고 나서 자동차 구석구석을 살펴보고 있는데 아버지가 계약서에 서명을 해야 한다며 저를 부르셨어요. 저는 아무 생각 없이 아버지가 내미는 계약서에 서명을 했는데 뭔가 이상했어요. 아무래도 제가 고른 차가 아닌 것 같아 아버지에게 제가 고른 차가 맞냐고 물어보았죠. 그러자 아버지는 얼굴을 붉히며 '좋은 차다. 자동차는 뭐니 뭐니 해도 안전성이 최고다'라고 말씀하셨어요. 제가 고른 차가 맞냐고 재차 확인하니 그제야 아버지는 다른 차라고 털어놓으시더군요.

아버지가 차 값을 보태주신 것도 아니고 시간을 내서 저를 도와주었다는 이유만으로 당신 의견을 강요하셨어요. 저는 아버지가 고른 스테레오도 없는 그 차를 2년도 넘게 몰아야 했어요. 차가 튼튼하고 안전하긴 했는데 그게 문제였죠. 차를 바꾸고 싶어도 그럴듯한 핑계가 없었으니까요.

아버지는 모든 일을 자기 식대로 해야 직성이 풀리는 분이었어요. 그 자동차를 몰 때마다 불쑥불쑥 화가 치밀어 오르곤 했어요. 아버지에게 반항 한번 제대로 못한 저 자신에게도요.

사례를 보면 주는 행위와 통제하려는 행위 사이의 경계가 얼마나 불분명한지 잘 알 수 있다. 각 사례에 나오는 부모는 자신의 욕구를 충족시키기 위해 여러 방식으로 자녀를 자신의 입맛에 맞추고 자녀들은 어쩔 수 없이 부모가 바라는 대로 이끌려 간다. 가정 내 규칙을 따르는 대가로 그들은 부모로부터 걱정과 관심, 도움, 충고와 함께 물질적인 보상을 받는다.

부모의 지나친 사랑 때문에 자존감을 키우지 못하고 자란 아이는 어른이 되어서도 다른 사람이 필요한 것들을 알아서 제공해주기만을 수동적으로 기다리게 된다. 그리고 필요한 것을 얻으려면 상대의 암묵적인 기대를 충족시켜주어야만 한다고 믿어 상대에게 맞추기 위해 자신의 모습을 감추고 타협해버린다. 그 결과 삶은 모순덩어리가 되어버린다. 그들은 어떤 사람을 만나든 상대가 자신을 돌봐주어야 한다고 생각하지만 막상 상대가 그 대가로 마음대로 주무르려고 하면 질식할 것 같은 느낌을 받는다. 그들은 누군가를 원하는 동시에 밀어내고 싶은 충동을 느낀다.

스스로가 특별한 존재이며 때로는 다른 사람들보다 우월한 존재라고 믿지만 동시에 가치 없는 존재라고 느낀다. 이따금 세상에서 가장 자기비판적인 사람이 된다. 다른 사람이 통제하려 드는 것은 질색하는 반면 다른 사람을 통제할 수 없을 때 자제력을 잃는다.

상대에게 지나치게 의존함으로써 그 사람을 밀어낸다. 또 때로는 냉담하고 오만한 태도를 보여서 상대가 스스로 떠나도록 만든다. 자신이 부모에게 그렇게 많이 받을 수밖에 없었다고 스스로를 합리화하고 변호한다. 또한 동시에 엄청난 죄책감을 느끼기도 한다.

늘 부모한테 잘해야겠다고 생각하지만 막상 부모와 함께 있으면 짜증을 내거나 말다툼을 하거나 움츠러들게 된다. 부모가 과보호할 때마다 분노와 증오를 품는다. 스스로의 문제를 잘 인식하지 못하고, 문제를 해결하기 위해 외부의 도움을 받아야 한다고 생각하지 못한다.

이런 모순들은 당신을 괴롭힌다. 내면의 모순 때문에 결코 평안과 안정을 느끼지 못하는 사람이 되었다. 하지만 삶을 돌아보면서 그런 모순이 어떻게 생겨났는지 통찰하면 삶을 변화시킬 수 있는 힌트를 얻게 될 것이다.

CHAPTER _ 03

착한 사람이라는 가면

“어렸을 때 엄마와 여동생은 식탁에서 고래고래 소리 지르며 싸우는 일이 많았어요. 마치 누가 더 크게 소리 지를 수 있는지 경쟁이라도 하는 것 같았지요. 여동생이 빽 소리를 지르면 엄마도 그에 질세라 얼굴이 시뻘게질 때까지 온갖 악다구니를 퍼부었어요. 그러다가도 전화가 오면 엄마는 180도 달라진 목소리로 전화를 받으셨죠. ‘호호호, 안녕하세요, 메리씨? 잘 지내셨죠? 아니에요. 지금 전혀 바쁘지 않아요’ 옆에서 보고 있으면 엄마가 정말 가증스럽게 느껴졌어요. 사람이 어떻게 그렇게 목소리를 싹 바꿀 수 있는지 엄마는 그렇게 가족 내 문제를 다른 사람들에게 절대 티내서는 안 된다는 걸 우리에게 가르쳤어요.”

- 질(21세, 학생)

마이클은 박물관 같은 집에서 자랐다.

"우리 집 소파에는 누구도 앉을 수 없었어요. 커튼도 마찬가지로 손끝 하나라도 댔다가는 엄마의 불호령이 떨어졌죠. 가구에는 모두 두꺼운 플라스틱 덮개가 씌워져 있었어요. 그게 잡지에서 튀어나온 듯한 우리 집의 실체였죠."

"거실에 있는 큰 월넛 탁자는 1년에 딱 한 번만 쓸 수 있었어요. 크리스마스 때 손님이 오시면 그 탁자에 둘러앉아 식사를 했죠. 크리스마스는 1년 중 유일하게 좋은 도자기와 은그릇을 쓸 수 있는 날이었어요. 364일은 좁은 부엌에서 이 빠진 접시나 잼이나 젤리 병을 재활용한 유리잔을 썼어요."

집에 대한 어머니의 집착은 결벽증에 가까웠다.

"신발에 진흙이라도 묻혀 들어오는 날이면 엄마는 거의 울상이 되어 바닥을 닦으셨어요. 아버지도 엄마의 성화에서 벗어날 수는 없었어요. 한번은 엄마가 아끼는 협탁에 무심코 커피잔을 내려놓았다가 하루 종일 잔소리를 들은 적도 있죠. 아무튼 우리 집에서는 부엌 찬장에 손자국이 남는다거나, 화장실 타일에 비누 얼룩이 있으면 난리가 났어요."

남들에게 좋아 보이는 것이 중요한 마이클 부모의 욕구는 바닥에 광을 내고 찬장을 깨끗이 닦는 데서 그치지 않았다. 마이클이 학교에 들어간 후 아버지는 마이클을 근처에 사는 또래 아이들과 경쟁시켰다. 그에게 가장 중요한 것은 주변 사람들에게 마이클이 어떻게 비치는가였다. 마이클은 겉으로 보이는 것만이 중요하다는 믿음을 내면화하게 되었다.

"부모님은 제가 동네에서 가장 유명한 아이가 되기를, 마을 사람 모두에게 사랑받는 아이가 되기를 바라셨어요. 마을에는 제 또래가 서른 명 정도 있어서 1년이면 생일 파티가 서른 번 열렸어요. 저는 그 중 스물아홉 번을 초대받았어요. 딱 한 번 초대받지 못했을 때 부모님은 저를 초대하지 않은 아이에게 연락해 초대하지 않은 이유를 기어코 알아내려 하셨죠."

마이클의 부모에게 중요한 것은 아들의 인기뿐만이 아니었다. 유치원에 입학했을 때는 우수반에 들어가야 한다고 은근히 압박을 가했다.

"부모님은 모두 대학을 나오지 못하셨어요. 학창 시절에 대공황이 찾아오는 바람에 배울 기회가 없었다고 하셨죠. 나중에 삼촌한테 들었는데 엄마는 고등학교도 제대로 마치지 못하고 열여섯 살 때 학교를 그만두고 경리로 일하셨대요. 부모님은 당신들이 누리지 못했던 것들을 자식을 통해 대신 성취하고 싶으셨던 것 같아요. 제가 고등학교에 들어가기 훨씬 전부터 꼭 명문대에 들어가야 한다고 말씀하셨고 그 압박감이 상당했죠."

하지만 마이클은 그다지 뛰어난 학생이 아니었고 초등학

교 4학년 때부터 개인 과외를 받아야 했다.

"저에게 큰 문제가 있었던 건 아니었어요. 단지 다른 아이들에 비해 읽기가 조금 느렸어요. 사실 전 가만히 앉아 무엇인가를 읽는 걸 좋아하지 않았거든요. 책상 앞에 가만히 앉아 있으면 좀이 쑤셔 견딜 수 없었어요. 평범하게 친구들과 뛰어노는 걸 더 좋아했어요. 저는 운동신경이 매우 뛰어난 편이었지만 부모님은 제가 운동도 잘하고 공부도 잘하길 바라셨어요. 제가 읽기를 잘 못한다는 걸 아신 부모님은 과외 교사를 알아보았고 매일 방과 후에 한 시간 반 동안 과외를 받게 되었어요. 저는 과외 선생님이 시키는 대로 책을 큰 소리로 따라 읽었죠."

개인 과외를 통해 읽기 문제는 해결되었지만 마이클은 다른 과목도 과외를 받아야 했다. 다른 아이들보다 앞서 나가기 위해서였다. 하지만 그것은 오히려 독이 되었다.

"계속 과외를 받다 보니 요령이 생겨서 과외 선생님에게 학교 숙제를 떠넘기는 건 식은 죽 먹기였어요. 엄한 부모님 핑계를 대는 게 가장 쉬웠어요. 'A를 받지 못하면 외출 금지를 당할지도 몰라요'라고 우는소리를 하면 열에 아홉은 성공이었죠. 그렇게 과외 선생님들을 제 편으로 끌어들여 이용했어요. 제가 좋은 성적을 받았던 것도 다 그 때문이에요."

마이클은 중학교 때까지 좋은 성적을 받았지만 스스로 노력해 얻은 것은 하나도 없었다. 하지만 고등학교에 들어가 엄격한 시험 감독을 받자 실력이 들통 날 위기에 처했다.

"저는 시험 볼 때 다른 사람이 옆에 있으면 긴장해서 집중하기가 힘들다는 핑계를 댔어요. 부모님은 제 말을 철석같이 믿었죠. 솔직히 저는 고등학교 때 책을 펴고 제대로 공부한 적이 단 한번도 없었어요."

"제 '시험 증후군' 문제 때문에 아버지는 학교에 찾아와 상담 교사와 수차례 면담을 하셨어요. 결국 저는 부모님 손에 이끌려 심리 상담을 받기까지 했어요. 부모님은 저를 위해 해줄 수 있는 건 다 해주셨고 저는 거짓말을 들키지 않고 그럭저럭 잘 지냈어요. 그런데 고3 때 위기가 찾아왔어요."

중간고사가 끝난 후 영어 선생님이 마이클에게 중간고사 과제를 돌려주었다. 시험지 윗부분에는 점수 대신 빨간 글씨로 '수업 끝난 후 따로 면담 바람'이라고 적혀 있었다. "이건 네가 한 게 아니야"라고 했지만 마이클은 강력하게 부인했다. 다음 날 아침 마이클의 부모가 학교로 찾아왔다.

"선생님은 부모님한테 제가 수업시간에 써냈던 작문 과제들을 보여주셨어요. 물론 내용과 표현이 형편없었죠. 하지만 아버지는 다른 사람이 과제를 대신해주었다는 것은 말도 안 된다고 주장하셨어요. 고등학교 3년 동안 제 손으로 과제를 해본 적이 없지만 그 자리에서 제가 한 것이라고 맹세까지 했어요. 수업시간에 써낸 작문이 엉망이었던 것은 선생님 앞이라 긴장해서 그런 것이라고 둘러댔고요."

"저는 쥐구멍에라도 들어가 숨고 싶은 심정이었어요. 아버지는 교장 선생님을 만나 담판을 짓겠다고 하셨고, 그래도 말이 안 통하자 교육감까지 만나셨어요. 아버지는 끝까지 해보겠다는 기세였어요. 결국 부모님은 변호사를 고용해 그 일을 학교위원회에 회부하셨죠. 그 일은 화젯거리가 됐어요. 소문이 퍼지자 기자들한테서 전화가 걸려오기 시작했죠. 아버지는 당당하게 인터뷰에 응하셨어요. 일이 그렇게까지 커질 줄 몰랐던 저는 잔뜩 겁에 질려 있었어요."

마이클은 죄책감에 잠을 이루지 못했다.

"하지만 진실을 밝힐 수는 없었어요. '너를 믿는다'고 말씀하시는 아버지에게 어떻게 거짓말을 했다고 하겠어요. 제 인생은 거짓으로 점철되어 있었어요."

결국 마이클의 부모는 해당 교육청을 고소하기에 이르렀고 법정 공방은 마이클이 대학에 입학한 후에도 계속 이어졌다. 첫 학기가 끝날 무렵, 마이클의 아버지는 고소를 취하했다.

"고모가 어떻게 아버지를 설득했는지는 모르겠어요. 아버지는 그 소송을 즐기는 것처럼 보였거든요. 아마 할 수 있다면 대법원에까지 끌고 갔을지도 몰라요."

●●

하지만 마이클의 부모가 그런 행동으로 진정으로 보호하고 싶었던 것은 누구였을까? 겉으로는 모두 자식을 위한 행동으로 보이지만 속을 들여다보면 부모의 욕구와 필요에 의한 것에 지나지 않았다. 마이클이 훌륭한 자식이나 학생으로 보이도록 만드는 데 집착했던 것은 좋은 부모가 되어야만 한다는 심리적 불안의 산물이었다. 마이클이 반에서 1등을 하는 것은 1등 부모가 되는 것을 의미했다. 마이클에 대한 엄청난 투자의 이면에는 만약 아들이 실패한다면 자신들이 나쁜 부모로 여겨질지 모른다는 두려움이 존재했다.

마이클이 인기가 있고, 좋은 성적을 거두고, 뛰어난 운동신경을 발휘하는 것은 곧 부모의 성취였다. 그들에게 아들은 자신들의 자아가 연장된 존재에 불과했다. 그들은 오로지 자기 자신의 정서적인 욕구와 필요에 휘둘리고 있었기 때문에 아들의 마음을 헤아릴 겨를이 없었다. 이를 결정적으로 보여준 사건이 학교와의 갈등을 법정에까지 끌고 간 일이다. 그 사건에서 마이클의 아버지는 자신의 분노를 해소하고 체면을 살리는 데만 급급했다. 아들의 마음을 배려했더라면 일을 그렇게까지 만들지는 않았을 것이다. 가장 근본적인 문제는 자식을 통해 못다 이룬 꿈을 실현하려 했다는 것이다.

그 결과 마이클은 엄청난 압박감 속에서 성장했다. 그는 단 한 번도 자신의 문제를 스스로 해결할 기회를 갖지 못했다. 마이클의 부모는 아들에게 문제가 생기면 즉시 개입해 해결해주었다. 늘 아들 주변에서 대기하고 있다가 아들이 실수를 하거나 문제에 부딪히면 긴급 사이렌을 울리며 구조대를 출동시켰다. 마이클에게 읽기 문제가 생겼을 때 마이클을 돕고자 하는 마음에서 과외를 시켰지만 결과적으로 아들의 독립성을 저해하고 의존성을 강화시켰다.

아이들은 어른보다 환경에 민감하게 반응하고 빠르게 적응하는 법이다. 마이클도 마찬가지였다. 그는 자신이 독립성과 자율성을 키우는 것을 부모가 두려워하고 있다는 사실을 감지했으며 혼자서는 어떤 것도 제대로 해내기 힘들 것이라는 부모의 믿음을 내면화했다. 그래서 시도했다가 실패해서 부모를 실망시키느니 속임수를 쓰는 편이 낫다고 믿었다. 마이클은 다른 사람들을 교묘하게 조종해서 숙제를 대신하게 했다. 자기 일을 남에게 떠넘긴 채 자신은 멀찍이 떨어져 지켜보는 수동적인 사람이 되었다. 그것이 엄격한 가족 시스템에 적응하기 위해 마이클이 선택한 방식이었다. 항상 좋아 보여야만 하는 억압적인 환경에서 살아남기 위한 나름의 해결책인 것이다.

마이클은 부모가 간절히 원했던 외적인 성공을 이뤘지만 자기 자신은 속일 수 없었다. 영악한 방법으로 부모의 억압과 통제에서 벗어난 대신 들킬지도 모른다는 두려움에 휩싸여 지내야 했다. 그의 성적과 학교생활은 겉보기에는 완벽했지만 사실은 모두 엉터리였다. 그 진실은 마이클의 자존감에 깊은 상처를 남겼다. 중간고사 과제물 위에 쓰인 '수업 끝난 후 따로 면담 바람'이라는 글은 그가 늘 두려워하던 현실이었다.

마이클의 부모도 그 과제물을 누가 대신해주었을 것이라는 의혹을 품었을 모른다. 그런데도 왜 그 일을 법정으로까지 끌고 갔을까? 마이클이 거짓말을 일삼았던 것만큼이나 그의 부모도 부인과 부정으로 점철된 삶을 살아왔기 때문이다. 그들은 진실을 인정하는 순간부터 가혹한 현실에 직면해야 했을 것이다. 마이클은 공부에 재능 있는 학생이 아니라 속임수에 능한 아이였을 뿐이다. 주변 사람들은 그 사실을 눈치채고 마이클의 부모를 속으로 비웃었을지 모른다.

마이클의 부모는 아들이 그저 평균에 불과하며, 가끔 실수를 저지르며, 불완전하다는 진실을 인정하기보다는 모든 사실을 부정하기로 했다. 진실을 외면하며 사는 것도 때로는 나쁘지 않은 선택이다. 평생 그 진실을 덮어둘 수만 있다면 말이다. 마이클의 부모 같은 사람들에게는 자식이 무엇인가를 성취하고 성과를 내는 것이 매우 중요하다. 남들 눈에 좋아 보여야 한다. 자녀가 성공할 수 있도록 이끌어주는 것은 바람직한 일이지만 자녀를 지나치게 사랑하는 부모들은 자녀들의 실패를 병적으로 두려워하기 때문에 문제가 된다.

그런 부모들은 자녀가 다른 사람들에게 칭찬받지 못하면 화를 낸다. 자녀의 재능이 주목받지 못하는 것은 그들에게 큰 걱정거리라 잘못된 점을 발견하면 무조건 고치려 든다. 다른 사람들 눈에 완벽하게 보여야 하기 때문이다. 아이들은 가족의 비밀을 지키는 파수꾼이 된다. 그리고 자신도 모르는 사이에 부모의 영향을 받아 그 은밀한 음모에 가담한다. 자신의 진솔한 생각 느낌을 숨기며, 엄마 아빠를 위해 거짓 웃음을 짓는다.

사랑에 휘둘리면 벌어지는 일

어린 시절의 환경은 성격 형성에 큰 영향을 끼친다. 양육에 필요한 정서적, 물질적 자원을 제공해주고, 용기와 의욕을 북돋아주며, 유연한 태도를 지닌 부모 밑에서 자란 아이는 개성을 표출하는 법을 배울 수 있다. 하지만 엄격하고 조건적이며 요구적인 환경에서 자란 아이는 타인의 욕구에 자신을 맞추는 사람이 되고 만다. 그들은 자신의 진정한 자아를 부모가 원하는 가짜 자아로 대체한다. 그렇게 해서 부모의 사랑과 인정을 받고자 한다.

가짜 자아가 취하는 모습은 피해자, 조용한 사람, 미친 사람, 반항아, 냉소적인 비평가 등 다양하다. 과도한 사랑을 받고 자란 아이들이 가장 흔하게 쓰는 가면은 완벽주의자다. 절망감에 사로잡힌 비관적이고 우울한 자아의 모습을 취하는 사람도 많다. 진정한 자아를 숨긴 채 가면을 쓰고 살아가는 이유는 받아들일 수 없는 자신의 일부를 가리기 위해 가면을 쓴다는 것이다.

자기 자신을 이해하고 싶다면 우선 과거를 이해해야 한다. 자신의 모습을 좋아하지 않게 된 것은 언제부터였는가? 발달 심리학에서는 2~3세경 엄마 품을 떠나 혼자 걸을 수 있는 시기를 '첫 번째 독립기'라 부른다. '제2의 독립기'는 집을 떠나 홀로 서야 하는 청소년기 및 청년기에 찾아온다. 여기서 독립이란 신체적, 정서적 독립을 뜻한다.

부모는 이 과정을 촉진시킬 수도 있고 방해할 수도 있다. 아이를 있는 그대로 인정하고 지지해주면 아이는 주저하지 않고 세상을 향해 자신의 진정한 모습을 보여준다. 그들은 부모의 태도를 보고 '나는 내 모습 그대로 사랑받고 있어'라고 생각한다.

하지만 부모가 자녀를 지나치게 사랑하는 경우, 아이는 부모와 분리되는 과정에서 불안을 느낀다. 아이의 욕구가 부모의 욕구와 충돌하기 때문이다. 통제하고 싶은 부모의 욕구는 아이의 자발성과 개성을 억압한다. 자녀의 바람직하지 못한 행동을 막기 위해 아이를 조종하고 싶어 하고 그 결과 이제 막 피어나는 아이의 자의식은 위협을 받는다.

물론 성장 과정에서 다른 사람들의 지도와 교육은 필요하며 어린아이의 모든 충동이 건강한 것도 아니다. 하지만 자녀를 사회의 한 구성원으로 살아갈 수 있게 만든다는 명목으로 부모가 자녀에게 휘두르는 힘은 자칫 잘못하면 자녀의 자율성을 침해하고 비현실적인 기대를 강요하는 결과를 낳을 수 있다.

어린아이의 행동을 규제할 수 있는 가장 강력하고도 파괴적인 도구는 사랑을 철수하는 것이다. 인간 내면에 자리 잡은 가장 큰 공포는 버림받을지도 모른다는 두려움이다. 특히 유아기에 버려진다는 것은 곧 죽음을 의미한다. 사랑을 받지 못할 경우 아이는 버림받았다고 느끼고 버림받지 않기 위해 무엇이든 하려 들 것이다. 부모가 말대꾸하지 말라고 하면 감정을 억누르는 법을 배운다. 방과 후에 곧장 집으로 오거나, 운동부에 들어가거나, 실수 없이 피아노를 연주할 때 부모가 더 사랑을 준다고 느끼면 아이들은 사랑받기 위해 그 행동을 계속할 것이다.

상처받지 않기 위해

일반적으로 3세가 되면 아이는 자신이 엄마와 분리된 존재라는 사실을 깨닫지만, 부모의 지나친 사랑을 받고 자란 사람들은 평생 동안 분리되지 못한 채 살아간다. 자아 감각은 경험에 의해 강화되거나 약화된다. 부모가 뛰어난 재능이나 능력만 칭찬할 경우, 자녀는 칭찬받지 못하는 자신의 일부를 부정하게 된다.

좋아 보이는 법을 배우는 것은 자존감을 키우는 데 전혀 도움이 되지 않는다. 그것은 방어의 표현으로 진정한 자신이 누구인지, 자신이 무엇을 느끼는지 숨기는 가면이다. 그것은 내면화된 부모의 바람과 요구에 뿌리를 둔다. 성인이 되어서까지 가면을 쓰고 사는 사람은 어린 시절 부모에게 받아들여지지 못한 경험에서 생긴 깊은 상처로부터 자신을 보호하고 있는 것이다. 아무리 나이가 먹어도 가짜 자아를 만들게 된 어린 시절의 아픈 기억은 잊혀지지 않는다.

부모의 걱정스러운 눈빛을 보면 뭔가 잘못했다고 믿게 되었고 부모 눈에 나쁜 행동을 하면 나쁜 사람이 되는 것이라고 생각했다.

누구나 때로 실수를 저지르며, 이따금 주위 사람들을 기쁘게 해주지 못하더라도 여전히 사랑스러운 존재라는 사실을 결코 배우지 못했기 때문이다. 많은 사람들이 칭찬과 인정, 승인에 대한 채워지지 않는 욕구 때문에 고통받고 있다는 사실은 놀라운 일이 아니다. 이 사람들은 자신이 괜찮은 사람인지 확인하기 위해 끊임없이 다른 사람들의 표정을 살핀다. 부모의 불안이 내면화된 탓이다.

좋아 보이는 것을 중시하는 태도는 다른 관계에도 영향을 미친다. 선생님, 상사, 시어머니 등 부모처럼 권한이 있는 사람들에게 감히 맞서지 못한다. 부모의 지나친 사랑을 받고 자란 아이들은 어른이 되었을 때 대개 다음과 같은 성향을 보인다.

- 상처를 받고도 그것을 숨긴다.
- 분노와 적개심을 표출해야 하는 상황에서도 그것을 억누른다.
- 전혀 괜찮은 상황이 아닌데도 모든 게 괜찮다고 말한다.
- 도움이 필요할 때에도 도움을 요청하지 않는다(단, 가족에게는 도움을 요청하기도 한다).
- 자신이 항상 옳고 완벽해야 한다고 느낀다.
- 자신의 몸매, 헤어스타일, 건강 등에 대해 매우 부정적이다.
- 실수를 저지를지도 모른다는 두려움에 아무것도 시작하지 못하고 무기력해질 때가 있다.
- 다른 사람들이 자신의 결점을 알아차릴까 봐 두려워한다.
- 다른 사람들이 자신의 실체를 알고 나면 자신을 싫어할 것이라 믿는다.

좋아 보이는 것에 집착하는 태도가 장점으로 작용할 때도 가끔 있다. 부모에게 지나친 사랑을 받고 자란 사람들은 타인들 앞에서 완벽한 연기력을 발휘해 훌륭한 선생님, 강사, 영업사원이 될 자질을 갖춘 경우가 많다. 자신의 단점을 최소화하고 장점을 최대한 부각하는 방법을 어릴 때부터 훈련받아온 결과다.

부모의 날카로운 눈을 속이며 살아온 그들에게 직장 사람들을 속이는 것은 식은 죽 먹기나 다름없다. 사람들은 그들의 연기에 감쪽같이 속아 넘어간다. 그들은 '난 뭐든지 잘해. 모든 일이 완벽하게 진행되고 있어'라고 믿게 만드는 가면을 쓰고 살아간다.

자신감과 완벽함의 가면 뒤에 숨은 진짜 얼굴이 어떤지, 그 가면을 유지하기 위해 얼마나 노력하는지 아무도 의심하지 않는다. 하지만 그들은 겉으로 완벽하게 보이기 위해 엄청난 스트레스를 감내해야 한다. 부모의 집착에 가까운 사랑을 받고 부모가 원하는 성공을 이룬 사람 중에는 만성피로, 두통, 요통, 불면증, 고혈압에 시달리는 이들이 많다. 병원에서도 증상의 원인을 찾지 못하지만 그 증상들은 부모를 실망시키지 않고, 다른 사람들에게 완벽하게 보여야 한다는 불안감의 직접적인 결과다.

부모를 보호하기 위해, 그리고 부모의 기대를 충족시켜주기 위해 완벽해 보이려 노력하고 부모가 걸었던 기대보다 훨씬 더 엄격하고 가혹한 기준을 내면화한다. 스스로를 끊임없이 채찍질하면서 감정을 억누르고 남들이 기대하는 면만을 겉으로 드러내는 법을 배운다. 일부는 술이나 마약에 의존해 감정을 표출하려 하지만, 대부분 갑옷과 투구로 본래 모습을 꽁꽁 숨긴 채 전사처럼 인생을 살아간다.

남들에게 완벽해 보이기 위해 진정한 자신을 잃고 고통받아야 했던 캐시의 이야기를 들어보자.

●●

큰 키, 금발 머리, 연한 담갈색 눈동자, 자신감 넘치는 미소, 모델 뺨치는 외모를 가진 캐시는 잘나가는 의사다. 그녀는 올해 서른여섯 살이 되었다.

"친구들은 모두 저를 부러워해요. 제가 직업, 외모, 성격 모든 걸 갖추었다고 추켜세워요. 저는 제 일을 좋아하고 인턴, 레지던트 과정도 무사히 잘 마쳤고, 학비로 대출받았던 돈도 모두 갚았어요. 이제는 한숨 돌리면서 여유롭고 풍족하게 지낼 수 있는데 왜 이리 비참한 기분이 드는지 모르겠어요."

"가장 큰 목표는 괜찮은 사람을 만나 결혼하고 아이들을 낳아 기르고 싶어요. 하지만 괜찮은 남자를 찾는 게 쉽지 않아요. 많은 남자들을 만나봤지만 서로 느낌이 통했던 사람은 없었어요."

캐시는 몇 번 남자를 사귄 적이 있었지만 어찌 된 일인지 관계가 진전될 만하면 남자들이 먼저 그녀를 떠났다.

"저는 사귀는 남자한테 푹 빠지는 스타일이에요. 몇 번 데이트를 하고 나면 내 운명의 상대라고 확신하죠. 하지만 이 사람이 내 짝이라고 믿기 시작한 그 순간 남자는 마음의 준비가 안 되어 있다며 저를 떠나요. 그런 말은 핑계에 불과해요. 그렇게 떠났던 남자가 6개월 후에 다른 여자와 결혼한다는 소식을 들었던 적이 한두 번이 아니거든요."

캐시와 한동안 만났던 론을 통해 캐시의 문제를 알아보자.

"캐시는 괜찮은 여자예요. 재치도 있고 똑똑해요. 모든 걸 다 갖춘 여자라고나 할까요. 하지만 우리 사이에는 뭔가 찌릿한 것이 통하지 않았어요."

"캐시는 저를 만나면서도 마음이 딴 데 가 있는 것 같았어요. 제가 주눅 들었기 때문에 그렇게 느꼈는지도 몰라요. 여하튼 캐시와 데이트하는 동안 나와 왜 만나는 걸까 하는 생각이 들 때가 많았고 캐시에게는 제가 필요하지 않은 것처럼 느껴졌어요."

"그렇다고 남자에게 의지하는 나약한 여자를 좋아한다는 뜻은 아니에요. 하지만 이따금 저에게 조언을 구하면 좋겠어요. 가끔 실수를 저지르기도 하고요. 하지만 캐시는 너무 완벽한 게 흠이라고 할까요?"

론은 빈틈이나 약점을 전혀 내보이지 않는 캐시에게 선뜻 다가가기 힘들었다. 하지만 사실 캐시의 어린 시절을 들여다보면 그녀가 자신의 감정을 철저히 숨긴 채 완벽해 보이려고 애썼던 이유가 무엇인지 알 수 있다.

"엄마는 우울증에 시달렸어요. 그냥 기분이 처져 있다거나 약간 슬픈 정도가 아니라 치료를 받아야 했죠."

캐시의 어머니는 우울증으로 병원에 입원한 적도 있었다.

“아빠는 엄마가 퇴원하시는 날 저를 앉혀놓고 신신당부하셨어요. 힘들게 치료받고 퇴원한 엄마한테 행복한 모습만 보여드려야 한다고요.”

●●

그렇게 캐시는 아무리 슬퍼도 울지 않고, 감정을 숨기는 법을 배웠다. 어머니를 행복하게 해주기 위해 이를 악물고 공부했다. 캐시에게 공부는 일종의 탈출구였으며 부모에게 칭찬받기 위한 수단이었다. 부모는 캐시를 사랑했지만, 캐시는 자신이 모범생이 되지 않으면 부모가 자기를 사랑하지 않을 것만 같았다.

캐시는 감정에 휘둘리지 않는 조용하고 유능하며 책임감 있는 사람이 되었다. 그리고 서른여섯의 나이에 성공한 의사가 되었다. 하지만 친구나 연인을 만나도 허물없이 지내기 어려웠고 사람들은 그녀에게 마음의 벽을 느꼈다.

완벽이라는 벽

완벽해 보이는 것은 친밀감을 가로막는다. 우리는 무엇인가를 흠잡을 데 없이 성취해야만 다른 사람들이 우리를 사랑해줄 것이라 믿으며 다른 사람도 완벽하기를 기대한다. 혹은 완벽하지는 않더라도 자신의 단점을 보완하고 장점을 강화하기 위해 노력해야 한다고 믿는다. 부모에게 강요받았던 완벽해 보여야 한다는 생각을 다른 사람에게 투영하기 때문이다.

믿기 힘들겠지만 사람들은 남 앞에서 빨개지는 얼굴, 올이 나간 스타킹, 돈 관리에 서투른 모습을 보고 매력을 느낀다. 약점이 오히려 그 사람을 사랑스러워 보이게 하는 것이다. 그 사실을 깨닫지 못한 채 끊임없이 완벽해 보이려 노력해서는 사람들이 어째서 자신을 사랑해주지 않는지 답을 얻기 어렵다.

"돈을 이렇게 많이 버는데, 늘 사람들에게 인정받고 칭찬받는데, 능력이 이렇게 뛰어난데, 왜 나는 여전히 공허한 걸까? 왜 내 인생에 중요한 무엇인가 빠져 있는 것처럼 느껴질까?"

외적인 성취에 대한 칭찬을 들을 때마다 스스로를 그럴듯하게 꾸밀 때마다 허전함이 밀려오는 것은 다른 사람들의 인정과 찬사가 자신의 진정한 모습과는 관계없기 때문이다. 사람들의 칭찬은 연출한 쇼의 결과에 불과하다. 그러면서 누군가 진정한 자아, 가장 깊은 생각과 감정, 두려움을 인정해주기를 간절히 바란다. 있는 그대로의 모습을 인정받기를.

칭찬과 인정이 어떻게 다른지 살펴보자. 칭찬은 우리가 어떻게 행동해야 하는지를 규정하는 사회 규범과 사람들의 기대에 근거한다. 칭찬의 대상은 내면의 자아가 아닌 겉으로 드러난 행동이다. 반면 인정은 내면의 경험을 알아주는 것을 의미한다. 누군가를 인정해준다는 것은 그 사람의 생각과 감정, 두려움, 꿈 등을 지지하고 원조해주는 것을 뜻한다.

겉모습만을 칭찬받으며 성장한 사람은 오로지 외적인 목표를 성취할 때만 자존감을 느낄 수 있다. 맡겨진 일을 훌륭히 완수하지 못하면 사람들의 감탄을 얻지 못할 것이라 생각하며 그 감탄이 사랑이라 믿는다. 칭찬받을 때에만 안정감을 느끼고 칭찬을 사랑이라 오해한다. 그리고 사랑과 칭찬을 얻기 위해 불완전함을 숨기고 좋아 보이기 위해 애쓴다.

평생 내면의 어린아이를 떨치지 못하고 부모에게 칭찬받는 착한 아이가 되고자 노력하는 사람이 있다. 하지만 아무리 노력한다 해도 부모의 기대를 100퍼센트 완벽하게 충족시켜주지는 못한다. '대체 어떻게 해야 부모님을 만족시킬 수 있지?' 하고 비명을 지르지만 부모 앞에서는 침묵을 지킨다. 부모에게 당당히 맞서 그동안 받아온 상처를 까발리기에는 부모를 너무 사랑하기 때문이다.

세상에서 부모가 자식에게 거는 기대만큼 높은 것도 찾기 힘들다. 한데 그런 기대에 완벽하게 부응하는 사람도 찾기 힘들기는 마찬가지다. 부모들은 자녀의 불완전함에도 불구하고 여전히 자녀를 사랑한다. 칭찬과 감탄은 사랑이 아니다. 다른 사람들에게 완벽해 보이기 위해 노력할수록 사랑에서 점점 더 멀어질 것이다.

당신이 부모의 지나친 사랑을 받고 자랐다면, 감정과 느낌을 솔직히 표현해본 기억이 별로 없을 것이다. 부모는 남들 눈에 좋아 보이는 것이 중요하다는 메시지를 은연중에 주입했을 것이고 당신은 남들 눈에 들게 행동하는 법을 배웠을 것이다. 당신은 성공할 때마다 칭찬을 받았지만 인정받고 있다는 느낌을 받지 못했을 것이다.

다른 사람들 눈에 당신은 고고해 보일지도 모른다. 감정을 드러내는 것은 나쁜 것이라는 무의식적인 믿음이 당신을 그렇게 보이도록 만들었다. 다음은 사람들이 자연스럽게 느끼고 경험하는 감정과 상태를 나타내는 단어들이다. 좋아 보이지 않을까 봐 억눌렀던 감정이나 상태가 있는지 찾아보라.

분노한	불안한	심술부리는
친절한	승부 근성 있는	의존적인
실의에 빠진	혐오	불신
질투	열의	격노한
상냥한	망설이는	절망적인
적개심	무기력한	조바심
외로운	상실감	징징대는
솔직한	사랑에 빠진	공황 상태인
장난기 어린	오만한	격정
관능적인	성적인	옹졸한
자의식이 강한	이기적인	어리석은
다정한	나약한	근심에 찬

사람이라면 누구나 이따금 이러저러한 감정들에 사로잡힌다. 하지만 부모의 사랑을 받기 위해 감정을 숨기고 책임감 있고, 능력이 뛰어나며, 이해심 있고, 바르게 행동하는 아이가 되기 위해 노력했을 것이다.

내면의 공허함을 없애고 싶다면, 좋아 보이려는 노력을 그만두어야 한다. '이게 남들 눈에 어떻게 보일까?'라고 생각하는 대신 '그걸 하면 어떤 느낌이 들까?'라고 스스로에게 물어보아야 한다. 남들이 당신의 단점을 비롯한 실제 모습을 알게 되더라도 당신을 받아들여줄 것이라 믿어야 한다.

물론 새로운 믿음이 당신 내면에 단단히 뿌리박기까지는 오랜 시간이 걸릴지 모른다. 남들에게 좋게 보이기 위한 습관적인 행동을 하루아침에 바꿀 수는 없다. 하지만 일단 시작하고 나면 당신의 자각 수준은 점점 높아질 것이다. 처음에는 다른 사람들이 당신의 가면 뒤를 살짝 엿보도록 허락하는 것에서 시작해보자. 사람들이 당신의 모든 부분을, 당신의 불완전함까지도 받아들이고 인정해준다는 사실을 곧 배우게 될 것이다.

CHAPTER _ 04

모두 나를 인정하지 않는 것 같을 때

"항상 다른 사람들이 저를 위해 무엇인가를 해주고, 특별한 관심을 쏟고, 진가를 알아주고, 제가 기분이 나쁠 때는 행복하게 해줬으면 좋겠어요. 제가 원하는 것을 미리 알아서 해주길 원해요."

- 린다(34세, 교사)

스티브는 가무잡잡한 피부에 적당한 키, 단정하게 손질한 머리, 근육질 몸매를 가졌다. 힘이 넘쳐 보였지만 말수는 적었고 그의 주변에는 항상 긴장된 공기가 감돌았다.

"사실 전 친절하고 유쾌한 사람이에요. 단지 수줍음을 많이 탈 뿐이에요."

스티브는 수줍음을 오만함으로 위장한 채 살아왔다. 하지만 그런 성격은 일을 하는 데 전혀 도움이 되지 않았다. 스티브는 2년 전만 해도 자신의 꿈이 무엇인지 몰라 여러 직업을 전전하며 방황했다. 하지만 지금은 세 번째 레스토랑 개업을 앞두고 있는 성공한 사업가가 되었다. 앞으로 1년 내에 점포 두 곳을 새로 열 계획도 있다.

"저는 오랫동안 한 직장에 다니지 못하고 방랑자처럼 지냈어요. 학교를 졸업한 후 처음 했던 일은 보험 영업이었어요. 수줍음을 많이 타는 성격이라 사람을 상대해야 하는 영업은 취약이었죠. 그래서 공인중개사 자격증을 땄지만, 일을 하는 데 가장 중요한 게 영업 능력이었어요. 결국 돈도 벌지 못한 채 일을 접었어요."

"보험 영업이나 공인중개사는 그나마 괜찮은 일에 속했어요. 한때는 리무진 운전기사로 일하기도 했으니까요. 부모님은 제가 그 일을 했다는 걸 전혀 몰라요. 운전기사나 식당에서 햄버거를 뒤집는다고 하면 차라리 집에 들어오라고 하셨을 테죠. 당신들 보기에 그렇게 잘난 자식이 운전기사나 식당 종업원이라니 말도 안 되는 거였죠. 아마 우연히 만난 고등학교 친구가 레스토랑 사업을 같이 해보자고 제안하지 않았다면 아직도 리무진 운전기사로 일하고 있을 거예요."

스티브는 레코드 가게에서 고등학교 동창 닐을 만났다.

"닐과 아주 친한 사이는 아니었어요. 하지만 몇 년 만에 동창을 만나니 정말 반갑더군요. 가까운 커피숍에서 서로 근황을 묻다가 닐이 레스토랑 체인 사업을 해볼 계획이라고 했어요. 그의 이야기를 들으면서 괜찮은 아이디어라고 생각했죠."

닐은 2만 달러를 투자할 동업자를 찾고 있었고 스티브는 그 제안에 관심이 가 다음 날 밤 아버지를 찾아갔다.

"저는 부딪혀보기로 했어요. 당시 제 통장에는 28달러밖에 없어 아버지가 유일한 자금줄이었죠. 형과 동생이 아버지에게 돈을 빌려다 쓰는 걸 여러 번 봤기 때문에 별로 망설이지도 않았어요. 이제 내 차례가 된 것뿐이라고 생각했죠."

스티브는 아버지한테 인생을 걸고 하고 싶은 일이니 도와달라고 말했다. 스티브의 말을 한참 듣던 아버지가 마침내 입을 열었다.

"레스토랑 사업에 대해 잘 알고는 있는 게냐? 그리고 닐이라는 친구에 대해 잘 알아보고 동업하겠다는 거야? 그 친구랑 몇 년 동안 연락도 하지 않고 지냈다면서?"

사실 스티브는 사업에 대해서도, 닐에 대해서도 아는 바가 전혀 없었다. 구체적인 사업 계획도 설명하지 않고 무턱대고 조르자 아버지는 어처구니없다는 표정으로 아들을 바라보았다.

"아버지는 제가 사정하면 결국에는 무슨 부탁이든 들어주셨어요. 아버지는 꽤 유명한 로펌에서 일하고 있어요. 아버지 인맥을 통하면 못할 일이 없을 정도죠. 사업 감각도 있어서 숫자와 논리에 관해서라면 아버지를 따를 사람이 없을 거예요. 그렇다고 아버지가 냉정하거나 무자비한 분은 아니니까 잘 설명하면 결국 도와줄 거라고 믿었어요. 아버지만큼 저의 성공을 바라는 사람은 없을 테니까요."

스티브의 예상은 적중했다. 결국 아버지는 레스토랑 사업을 도와주기로 약속했고 닐이 매일 밤 스티브 아버지와 만나 대출, 라이선스, 경영, 동업 계약 등에 대해 의견을 조율했다.

"사업에 대해 주로 이야기한 건 닐과 아버지였어요. 저는 옆에 앉아 듣기만 했는데 대출 한도니, 현금 흐름이니 하는 복잡한 내용을 이해할 수 없었어요. 하품이 나오는 걸 억지로 참고 있으면 엄마가 가끔 오셔서 한마디씩 거들곤 하셨어요."

"아버지가 저 대신 모든 일을 추진하는 모습을 보고 있노라니 몇 년 전 추수감사절 때 일이 떠오르더군요. 그날 아버지는 칠면조 자르는 법을 가르쳐주면서 저한테도 해보라고 하셨어요. 저는 아버지가 시범을 보여준 대로 고기를 잘랐지만 완전히 엉망이었죠. 그러자 아버지는 제 손에서 칼을 빼앗으며 '네가 하는 게 다 그렇지. 그냥 내가 하마' 그러셨죠. 그런 말을 들은 게 한두 번이 아니었지만 그래도 정말 무안했어요. 대부분 그런 식이었어요. 제가 서툴게 굴면 보다 못한 아버지가 팔을 걷어붙이고 대신해주셨죠."

보통은 아이가 실수를 하더라도 다정한 말투로 새로운 도전을 격려할 것이다. 하지만 스티브의 집에서는 아이가 조금만 서투르게 해도 부모가 즉시 도움의 손길을 내밀었다.

스티브는 어떤 일이든 스스로 하기보다는 남에게 의존하는 법을 배우게 되었다. 스티브의 어머니는 잔소리꾼이라 양치질 하고, 머리 감고, 달걀 먹고, 비타민도 먹고, 재킷 입고, 도시락 챙겨가고, 선생님 말 잘 듣고, 숙제하라는 소리를 하루도 빼놓지 않고 했다.

"엄마 잔소리는 정말 못 말려요. 일일이 말하지 않으면 제가 아무것도 하지 못할 거라고 생각해요."

간섭과 잔소리의 효과가 없는 것은 아니었다. 그렇게 하나에서 열까지 지시한 덕에 스티브는 큰 실수 없이 얌전하고 조용한 아이로 성장했다. 대신 스티브는 게으른 아이가 되었다.

"남북전쟁사 수업의 기말 리포트를 다음 날까지 제출해야 하는 데 시작도 못하고 있었어요. 너무 막막해서 백과사전에서 베껴야겠다고 생각했죠. 그때 구원투수가 나타났죠. 엄마였어요. 우리 집에서 저는 결코 좌절감을 느끼거나 괴로워해서는 안 되는 존재였거든요. 엄마가 리포트를 대신 써주는 동안 저는 소파에서 뒹굴며 TV를 보았어요."

스티브의 성적은 형편없었고, 그 때문에 늘 어머니에게 잔소리를 들었다.

"하지만 저에게는 모든 단점을 상쇄시키는 장점이 하나 있었어요. 귀여웠죠. 엄마와 손잡고 길을 나서면 모두 절 보고 한마디씩 하고 지나갈 정도였어요. 엄마는 절 데리고 다니며 그런 칭찬을 듣는 걸 즐기셨어요. 열 손가락 깨물어 안 아픈 손가락 없다고 하지만 저는 외모 덕에 유달리 예쁜 자식이었어요. 어떤 이유에서든 엄마에게 자랑스러운 아들이 될 수 있다는 것은 기쁜 일이죠. 엄마는 제가 뛰어놀다가 다치기라도 할까 봐 늘 노심초사했어요. 그래서 하키나 축구도 못하게 했어요."

스티브는 자신을 특별한 아이로 대했던 어머니의 생각을 자신도 모르는 사이에 내면화했다. 그 때문인지 스티브는 친구관계가 원만하지 못했다.

"전 친구와 틀어지면 다시는 그 애 얼굴을 보지 않았어요. '내가 왜 저 자식의 허풍을 참아줘야 해? 바보 멍청이!' 이렇게 생각하고 그 친구와 말도 하지 않았어요. 그러다 보니 친구가 거의 없었어요. 옆집에 살던 마이크가 유일한 친구였죠. 마이크는 무슨 놀이에든 저를 항상 끼워주었고, 제 의견에 맞춰주었어요. 마이크는 둘도 없는 친구였어요."

스티브는 2년제 대학을 졸업한 후 마이크와 함께 아파트를 얻어 독립했다. 그들은 3년 동안 룸메이트로 지냈고 그 시절 스티브는 보험 공인중개사, 리무진 운전기사 노릇을 하며 지냈다. 물론 생활은 풍족하지 못했다.

“아버지가 가끔 용돈을 보내주지 않았다면 정말 굶었을 거예요. 꿈도 희망도 없는 변변찮은 생활의 연속이었는데 닐을 만난 거예요. 저는 놓쳐서는 안 될 기회라고 생각했어요.”

“아버지의 도움으로 일은 일사천리로 진행되었고 개업한 지 두 달쯤 지났을 무렵 우리가 성공했다는 걸 느꼈어요. 가게는 연일 문전성시를 이뤘어요. 닐의 뛰어난 사업 감각에 아버지의 자본이 결합한 결과였죠. 아버지는 법조계 경험이 레스토랑 사업에도 성공적으로 적용된 걸 기뻐하셨어요.”

“사업 경험이 없는 제게 레스토랑 운영은 생각처럼 쉽지 않았어요. 처음에는 모든 일이 성가시고 골치 아팠죠. 그래서 제 일을 교묘하게 닐에게 떠넘기곤 했어요. 매니저가 그만두어 빈자리를 메워야 하거나, 휴일에 일해야 할 때 저는 요리조리 빠져나가곤 했어요. 모든 게 아버지 이름으로 되어 있으니 어차피 닐이 저를 함부로 대할 수 없을 거라 생각했어요.”

하지만 스티브는 서서히 변하기 시작했다. 레스토랑 운영은 막중한 책임감을 요하는 일이었다. 스티브는 고되고 힘든 와중에 그 책임감을 즐기는 법을 배우게 되었고 처음으로 성취감을 느꼈다.

“어느 날부터 직원들이 문제가 생길 때마다 닐에게 달려가는 모습이 거슬리기 시작했어요. 처음엔 중요한 결정을 내릴 때마다 아버지에게 확인을 받았어요. 하지만 1년쯤 일하고 나니 저도 닐 못지않게 잘할 수 있다는 자신감이 생겼죠.”

스티브는 아버지의 계속되는 조언과 간섭에 반기를 들었고 곧 둘 사이에 말다툼이 잦아졌다. 스티브는 앞으로는 모든 일을 혼자 처리하겠다고 선언했다.

부자의 불협화음에도 불구하고 사업은 순조로운 항해를 계속했다. 몇 년 사이에 스티브와 닐은 사업 기반을 탄탄히 다져놓았으며 곧 새로운 점포를 열 계획이었지만 스티브는 퇴근해서 집에 돌아오면 우울하고 잠이 오지 않았다.

"이제야 제가 잘할 수 있는 일을 찾았다는 확신이 들어요. 그런데 사업이 성공하면 할수록, 그 성공을 함께 나눌 사람이 없다는 생각이 들어 울적해요. 가족 말고는 저의 성공을 진심으로 축하하고 기뻐해줄 사람이 없어요. 이제부터는 인간관계에도 투자해야겠다는 생각이 들어요."

"레스토랑 2호점을 내면서 우리는 성대한 파티를 열었어요. 그날 저녁 내내 전 기분이 별로였어요. 파티에 왔던 손님 대부분이 닐의 친구들이었고 제 손님은 부모님과 지인 몇 명이 전부였고요. 제가 초대했던 사람들은 거의 코빼기도 비치지 않았죠. 파티에 와줄 여자친구도 없었고요. 전 그날 파티의 주인공 중 한 명이었지만 내내 서성거려야 했어요."

스티브는 닐이 수많은 친구들에게 둘러싸여 있는 모습을 보면서 마이크를 떠올렸다. 마이크와는 몇 년 전에 말다툼에서 시작해 주먹질까지 하다가 오랜 우정의 종지부를 찍었다.

스티브와 마이크가 함께 살고 있을 때 마이크의 친구인 조앤이 연락도 없이 찾아온 날이 있었다. 마침 집에서 쉬고 있던 스티브가 조앤을 맞이했고 스티브는 들어와서 기다리라며 조앤을 집으로 들였다.

"마이크는 몇 년째 조앤을 짝사랑하고 있었어요. 저는 조앤에게 전혀 관심이 없어 제대로 대화를 나눈 것도 그날이 처음이에요. 오후 내내 마이크를 기다렸지만 마이크는 오지 않았고 저희는 배가 고파 간단히 뭘 먹기로 했어요."

"그러다 시간이 늦어져 조앤의 집에서 하룻밤을 보냈죠. 저에게는 별 의미가 없었어요. 다음 날 아침, 전 서둘러 그 집을 빠져나와 일상으로 돌아왔죠. 조앤은 저와 달랐던 모양이에요. 저에게 매일 전화하고 아파트까지 찾아오기도 했어요. 마이크에게는 아무 말도 하지 않았어요. 사귀었던 것도 아니었으니까요. 그가 상관할 바가 아니라고 생각했죠."

몇 주 후 마이크가 평소보다 일찍 집으로 돌아왔다. 스티브는 소파에 앉아 맥주를 마시며 운동경기를 보고 있었다. 이상한 분위기를 감지하고 고개를 들자 마이크가 노려보고 있었다.

"마이크가 시뻘게진 얼굴로 저를 잡아먹을 듯 쳐다보고 있더군요. 마이크가 모든 일을 알고 있는 게 분명했어요. '아무 사이도 아니야. 조앤 혼자 그렇게 생각하는 거라고……' 제가 말끝을 흐리며 대답했어요. 그러자 마이크가 자기 방으로 가면서며 소리 지르더군요. 저는 그의 방으로 따라 들어가며 고함치듯 말했어요. '난 아무것도 안 했어. 걔가 먼저 꼬리 친 거라고!'라고 말했어요. 마이크는 대답도 없이 바로 짐을 싸더군요."

"당시 저는 마이크가 질투심 때문에 그러는 거라고 생각했어요. 잘나가는 레스토랑 사장이 된 저를 시기해서 그 여자 핑계로 화를 폭발시킨 거라고요. 그 후 마이크와는 연락이 끊겼어요. 그 친구가 사무치게 그리워요. 다시 연락이 된다면 무릎을 꿇고라도 사과할 거예요."

●●

인생의 정점에서 가장 행복해야 할 순간에 스티브에게 찾아온 것은 뜻밖에도 외로움과 우울함이었다. 부모의 지나친 사랑을 받고 자란 사람들이 흔히 보이는 특징 중 하나는 어떤 것을 성취하더라도 큰 기쁨을 느끼지 못하는 것이다. 그들이 느끼는 쓸쓸한 기분은 분노가 내면화되어 생기는 경미한 우울증이라고 할 수 있다. 그들은 '왜 사람들은 내 진가를 몰라줄까?', '가진 게 이렇게 많은데 난 왜 행복하지 않은 걸까?' 하는 의문 속에 분노를 차곡차곡 쌓아간다.

스티브의 내면에는 분노와 적개심이 숨어 있었고 오랜 기간 쌓여 우울증으로 변했다. 그의 마음속에는 떨쳐지지 않는 의문이 몇 가지 있었다. '그렇게 원하던 성공을 손에 넣었는데 왜 행복하지 않은 걸까? 내 성공을 축하해주고 내게 먼저 손 내밀어줄 사람들은 모두 어디로 갔지? 내가 마땅히 누려야 할 즐거움은 또 어디로 갔지? 나란 사람은 즐거움을 누릴 자격이 없는 걸까?'

스티브는 특권의식(세상 사람들 모두 자신에게 관심을 기울어야 하고, 자신을 구원해주고, 용서해주고, 사랑해주어야 한다는 무의식적 기대)을 가진 사람의 행동적 특성을 잘 보여준다. 그는 아버지가 사업과 관련된 골칫거리들을 도맡아 처리해주고 자본과 인맥을 동원해 자신을 도와주는 것을 당연하게 여겼다. 하지만 사업이 안정 궤도에 들어선 후에는 혼자서도 잘 해나갈 수 있다며 아버지의 도움을 간섭과 잔소리로 치부했다. 또한 동업자인 닐보다 적게 일하면서도 똑같은 권리를 누릴 자격이 있다고 생각했다. 그리고 친구가 좋아하는 여자와 잠자리를 하는 배신을 저지르고도 자신은 아무 잘못이 없다고 주장했다. 그는 다른 사람들에게 상냥하고 친절하게 대한 적도 없으면서 개업식에는 많은 사람들이 몰려와 자신을 축하해주기를 기대했다. 그러면서 자신이 왜 친구가 없는지 이해하지 못했다.

스티브가 그러한 특권의식을 가지게 된 이유는 무엇일까? 스티브의 태도나 감정, 행동은 부모의 지나친 사랑을 받고 자란 사람들에게서 흔히 볼 수 있다. 특권의식의 원인은 성장기에 다른 사람이 대신 일을 처리해주고, 욕구를 충족시켜주고, 늘 칭찬 세례를 퍼부으며 버릇을 잘못 들인 데 있다. 스티브의 경우에는 부모가 그런 역할을 했다. 스티브의 부모는 최선을 다해 자녀들의 문제를 해결해주어야 한다고 믿었다. 그래서 칠면조 고기를 자르는 것이든, 레스토랑을 여는 것이든 해결책을 즉시 제공해주었다. 스티브에게 부모는 곧 문제에 대한 답을 의미했다.

스티브는 자신의 욕구를 충족시키기 위해 무력하고 나약한 모습을 연기했고 그 작전은 항상 성공했다. 그의 부모는 늘 좋은 것만 누려야 한다는 메시지를 직간접적으로 전했다. 하지만 좋은 것들을 누리기 위해 무엇을 해야 하는지는 말해주지 않았고 오히려 스티브가 무엇을 할 때마다 그의 손에서 도구를 빼앗아 대신해주었다.

자녀를 지나치게 사랑하는 부모는 두 가지 상충되는 메시지를 동시에 전달한다. '너는 특별한 아이니까 평생 좋은 것들만 누리며 살아야 한다', '너는 우리 도움 없이는 아무것도 할 수 없어'. 그런 메시지를 듣고 자란 아이들은 '좋은 결과를 얻기 위해 열심히 노력할 필요는 없지만, 어쨌든 내게는 최고로 좋은 것들만 어울려'라고 믿게 된다. 그러한 상충되는 메시지의 결과는 스티브가 친구와 동업하기로 결정한 후에 취한 행동으로 잘 드러난다. 스티브는 사업에 뛰어들기로 결심하자마자 아버지를 찾아갔고 노련한 변호사였던 그의 아버지는 부동산 임대를 비롯한 난해한 법률 문제들을 깔끔하게 해결해주었다. 그리고 레스토랑 운영에 관련된 주요 결정들을 아버지에게 일임했다.

스티브의 친구와 아버지가 사업에 관한 이야기를 나눌 때도 스티브는 방관자적인 태도를 취했다. 그것이 스티브가 자신의 인생을 대하는 태도였다. 그는 중요한 결정을 내려야 할 때마다 자신보다 훨씬 더 강해 보이는 주변 사람들에게 그 책임을 떠넘겼다. 그 결과 결정 내리는 것을 점점 두려워하게 되었다. 스티브의 부모는 어째서 아들 사업에 그토록 시간과 에너지를 쓴 것일까? 물론 그들은 아들의 성공을 간절히 바랐다. 그런데 거기에는 숨겨진 동기가 있다. 그들은 아들이 항상 부모에게 기대기를 바랐다.

스티브가 더 이상 아버지의 도움을 필요로 하지 않게 되었을 때도 그의 아버지는 조언과 간섭을 멈추지 않아 결국 말다툼의 원인이 되었다. 스티브의 부모는 아들이 항상 자신에게 의존하기를 무의식적으로 바랐고 아들에게 도움의 손길을 내밀어 자신들의 존재 가치를 확인하고 싶어 했다. 자녀를 지나치게 사랑하는 부모들은 대부분 자녀가 부모에게 의존하게 만듦으로써 자신의 불우했던 어린 시절을 보상하려 한다. 스티브의 부모 같은 사람들은 관심과 사랑, 인정이 부족한 가정에서 자란 경우가 대부분이다. 그들의 생존 전략은 문제를 수습하거나 평화의 중재자 역할을 맡는 것이었다. 그들은 자신이 가치 있는 존재라는 것을 증명하기 위해 그 역할을 자처하며 결핍된 사랑을 얻고자 했다.

불행하게도 그러한 생존 전략은 상호의존codependency의 발단이 되기도 한다. 상호의존이란 '자기 자신' 없이 대상 인물(배우자, 자녀, 부모 등을 비롯한 자신 이외의 다른 사람)과의 관계를 중심으로 생활이 돌아가고, 그 관계에서 인생의 의미를 찾고, 상대를 돌보는 행위를 통해 자기 가치를 확인하고 내면의 공백을 메우려 하는 마음의 병을 말한다. 일종의 관계 중독이다. 상호의존 상태에 있는 부모는 자녀를 위해 희생하고, 자녀에게 사랑을 쏟아 부음으로써 자녀의 인생을 통제하려 든다.

그들은 어린 시절에 생존을 위해 선택했던 보호자와 구원자의 역할을 어른이 되어서도 계속 하고 싶어 한다. 그 대상으로 자녀만큼 적당한 존재도 없다. 그들은 문제 해결사의 역할에 푹 빠져 거기에서 자신의 정체성을 찾으려 하기 때문에 자녀를 과보호하는 부모가 될 수밖에 없다. 해결할 문제가 없다거나 도와주어야 할 사람이 없을 때 그들은 불안감을 느끼고, 자제력을 잃으며, 심지어는 자신이 쓸모없는 존재라고 생각한다. 그래서 자녀를 품에서 내려놓고 독립시켜야 할 시기가 찾아와도 자녀의 손을 놓지 못한다.

자식이 문제에 부딪힐 때마다 부모가 해결해주는 것은 결코 바람직하지 않다. 스티브는 부모에게 온갖 물질적, 정신적 도움을 받았지만, 어떤 일을 시도하고 성취감을 맛볼 수 있는 기회를 가져보지 못했다. 부모가 그를 대신해 사소한 문제들을 해결해줄수록 그는 더욱 오만 방자한 사람이 되어갔다. 하지만 그 이면에는 극심한 고통과 절망감이 자리 잡고 있었다.

앨리스 밀러Alice Miller가 쓴 책 《천재가 될 수밖에 없었던 아이들의 드라마The Drama of the Gifted Child》를 보면 거만한 행동을 하는 사람들의 내면에 어떤 고통이 숨겨져 있는지 알 수 있다. 앨리스 밀러는 거만함은 자신이 무능력한 존재라는 열등감, 그리고 거기에서 비롯된 우울증과 싸우기 위한 방식이라고 설명한다.

"'당당함'을 가장하는 사람들은 어느 자리에서나 동경을 받으며, 또한 그러한 동경을 갈구한다. 사실 그들은 동경 없이는 살아갈 수 없는 사람들이다. 그들은 일단 시작한 일은 훌륭히 완수해야만 한다는 완벽주의에 사로잡혀 있다. 사실 그들은 어떤 일이든 잘하는 것처럼 보인다. 완벽하게 해낼 수 없으면 시도조차 하지 않기 때문이다. 그들은 또한 자기 자신을 동경한다. 자신의 아름다움, 총명함, 재능, 그리고 자신이 이룬 성공과 성취를. 이 중 어느 하나라도 완벽에서 벗어나는 것은 곧 재앙을 의미한다. 자신이 무능력하다고 느끼는 순간부터 그들은 심각한 우울증에 시달리게 된다."

특권의식은 열등감과 수치심을 감추기 위한 방어기제다. 내면의 부정적인 감정을 숨기기 위해 정반대로 행동하고 자신이 괜찮은 사람이라는 사실을 알리기 위해, 칭찬과 동경을 받기 위해 스스로를 과장한다. 부모의기대를 세상을 향해 투사하면 좌절과 우울을 경험한다. 부모는 언제나 사랑과 관심을 주고, 칭찬을 아끼지 않고, 어떤 잘못을 저지르든 용서해주었지만 세상은 그렇지 않았다.

부모의 과도한 사랑을 받고 자란 사람은 대부분 특권의식을 보인다. 자신이 남들보다 좋은 것들을 누릴 자격이 있다는 생각이 무의식에 자리 잡고 있다. 그 결과 친구나 연인, 직장에 대해 쉽사리 싫증을 느끼게 된다.

나를 진심으로 이해해주는 사람

당신은 다른 사람들이 당신에게 더 많은 것을 주어야 하고, 당신의 욕구에 더 민감하게 반응해야 한다고 무의식적으로 기대하고 있지 않은가? 당신을 자꾸 실망시키는 사람들 때문에 좌절감을 느끼고 있지는 않은가? 원만한 관계, 괜찮은 직업, 당신을 진심으로 이해해줄 친구를 찾고 있지는 않은가? 현재 까닭 모를 외로움과 허전함을 느끼고 있다거나, 인생에 대한 실망감에 사로잡혀 있다면 당신 무의식 속에는 특권의식이 자리하고 있는지도 모른다.

사람들이 당신에게 눈이 너무 높다거나, 인생에 대한 기대가 너무 크다고 말할지도 모른다. 모든 일이 당신이 바라는 대로 이루어지고, 그 모든 것을 누릴 자격이 있다고 굳게 믿는다면 그 믿음은 당신의 부모에게서 온 것이다. 그러나 기대와 맞지 않는 현실이 펼쳐질 때 좌절감을 느끼게 된다.

당신은 특권의식 같은 건 없다고 반문할 수도 있다. 그저 평범한 가정에서 자랐는데 그런 게 있을 리 없다고 말이다. 하지만 부유한 환경에서 자란 사람만 특권의식을 갖는 것은 아니다. 자녀를 과보호하고 통제하고 온갖 시중을 들어주고 사소한 문제들에 참견하는 부모 밑에서 자랐다면 특권의식을 갖기 쉽다.

부모는 어린 시절의 외상적 경험이 어른이 된 후에도 심리적 문제를 일으킨다는 전문가들의 말을 굳게 믿으며, 자신의 아이는 절대 그렇게 만들지 않겠다고 다짐했을 것이다. 자식만큼은 편안한 삶을 살게 해주겠다고 단단히 결심했을 것이다. 그런 부모들은 아이가 좌절과 아픔, 불행을 모르도록 왕처럼 떠받들며 키운다.

아이에게서 발견한 재능과 지성, 아름다움, 매력을 과장해서 칭찬하는 사이 '나는 세상 그 누구보다도 우월한 사람이야'라는 생각이 아이의 내면에 자리 잡는다. 부모는 끊임없이 아이에게 '너는 세상 그 무엇과도 바꿀 수 없는 존재란다. 그래서 특별대우를 받을 자격이 있고, 뭐든 하고 싶은 대로 해도 된단다'라는 메시지를 전달한다. 아이는 그 메시지를 내면화해서 다른 사람들에게도 그 믿음을 투사하고 자신이 가진 것보다 훨씬 더 많은 것을 원하는 어른이 된다. 남들보다 더 많은 것을 원한다면 당연히 남들보다 더 열심히 노력해야 하는 법이다. 하지만 특권의식은 그 노력을 방해한다.

특권을 누리며 높은 기대치 속에서 성장하는 것은 파괴적인 결과를 낳는다. 특권의식은 사고력, 친밀한 관계를 맺는 능력, 우정을 유지하는 능력에 부정적인 영향을 미친다. 그들은 자신의 인지능력을 활용하고 싶어 하지 않는다. 어려서부터 문제에 부딪힐 때마다 항상 부모가 달려와 해결책을 제시해 주었기 때문이다. 또 성인이 되어서도 스스로 문제를 해결하기보다는 남들에게 의존하는 경향이 있다. 로디스의 이야기를 들어보자.

●●

로디스는 자신의 문제를 남들에게 떠넘기는 성향이 있다는 것을 깨닫고 충격을 받았다. 그녀는 중견기업에서 꽤 오랫동안 근무했지만 번번이 승진에서 미끄러졌다. 인사개편 시기가 다가오자 그녀는 상사에게 면담을 요청해 꼭 승진하고 싶다는 의지를 밝혔다. 그러자 상사는 지금껏 그녀가 승진 대상에서 제외되었던 이유를 솔직히 말해주었다. 로디스가 혼자서는 일을 잘할지 몰라도 다른 사람들을 관리 감독하는 자질은 부족해 보인다는 것이다. 그 말을 듣고 로디스는 충격을 받았지만 곧 자신에게 문제가 있었음을 시인했다.

"저는 새로운 프로젝트가 생기면 가장 먼저 자원하곤 했어요. 하지만 막상 업무를 받아들고 새로운 아이디어를 짜내려고 하면 어떻게 해야 할지 몰라 공황 상태에 빠지곤 했죠. 그래서 결국 업무의 주요 부분을 다른 사람에게 위임하는 일이 잦았어요. 회사에는 더 중요한 다른 일을 하느라 그 프로젝트에까지 힘을 쏟을 여력이 없다고 둘러댔죠. 시간이 없다는 건 핑계에 불과하지만 당시에는 저 자신조차도 그렇게 믿었어요. 저는 그런 식으로 힘든 일은 남에게 교묘히 떠넘겨 놓고 나중에 좋은 결과가 나오면 그 공을 가로챘어요. 그러다 보니 아무도 저를 좋아하지 않았죠."

●●

특별한 아이로 살아온 사람은 모든 일을 완벽하게 해야 한다고 믿는다. '최선을 다해 노력했지만 실패하고 말았어요'보다는 '노력하지 않아서 실패했어요'라고 말하는 편이 훨씬 쉬운 법이다. 또 특권의식을 가진 사람은 책임을 회피하려는 경향이 있다. 책임감은 자신이 무능한 존재라는 것이 밝혀질지도 모른다는 두려움을 불러일으키기 때문이다. 그래서 주어진 일만 하고 그 이상은 절대하려 들지 않는다. 어릴 때는 학교에서, 어른이 되어서는 직장에서 힘든 업무를 맡았을 때 얼렁뚱땅 넘어가려 한다. 사고력과 분석력을 요구하는 업무도 어떻게 해서든 피한다.

오랫동안 사용하지 않는 기능은 당연히 녹이 슬게 마련이다. 사고력이나 분석력도 마찬가지라 세금 신고, 모기지 계약, 보험 계약조차 못하겠다고 뒤로 물러선다. 그들은 미룰 수 있을 때까지 미루다가 결국엔 주변 사람이 처리하도록 만든다.

뿌리 깊은 의존성이 특권의식의 핵심이라는 점을 깨달아야 한다. 지금까지 삶의 의사결정자는 부모였기에 부모가 가리키는 방향을 따랐고 도움의 손길도 받았다. 혼자 힘으로 무엇인가를 이루어본 적이 한 번도 없는 아이가 어른이 된 후, 남들에게 무능력함을 들킬지도 모른다는 두려움 속에 하루하루를 보내게 된 것은 전혀 놀랄 일이 아니다. 특권의식을 가진 사람은 인간관계를 오래 유지하지 못한다. 이성을 사귀더라도 처음엔 불같이 타오르다가 금방 시들해진다.

30대 중반인 밸러리를 보면 특권의식이 어떻게 인간관계를 해치는지 잘 알 수 있다.

●●

"지금 생각해보면 개리는 저에게 꼭 맞는 짝이었어요. 그런데 왜 만날 때에는 그의 결점만 보였을까요. 개리는 무척 자상한 남자였어요. 저에게 꽃을 사다 주기도 하고, 차로 직장까지 태워다주기도 하고, 고민도 잘 들어주었어요."

물론 마음에 안 드는 점도 있었다. 특히 화창한 주말에 TV 앞에 앉아 축구 경기나 보고 있는 모습을 보면 짜증이 났다. 밸러리는 함께 테니스라도 치고 싶었다. 개리는 회사에서 있었던 일을 다 얘기하는 타입이었는데, 밸러리는 그런 이야기가 지루했다. 개리는 견실하고 믿음직스러우며 책임감 있었지만 밸러리는 안정감보다는 흥분과 스릴을 원했다.

"이따금씩 저를 놀라게 해주는 남자를 사귀고 싶었어요. 예고도 없이 저를 피크닉에 데려간다거나, 깜짝 여행을 준비해주는 그런 남자를요. 개리한테 얘기한 적은 없어요. 로맨틱한 분위기를 연출하는 방법을 알려줘야 한다면 그게 무슨 소용이에요? 저를 진정으로 사랑하는 사람이라면 그런 것쯤은 알아서 해줘야 하는 거 아닌가요?"

"개리가 제 생일날 뭘 하고 싶은지 물어보았어요. 저는 '날 깜짝 놀라게 해줘'라고 말했죠. 내심 분위기 있는 프랑스 레스토랑에 가기를 바랐는데 개리가 데려간 곳은 타이 레스토랑이었어요. 특별한 날엔 은은한 조명이 흐르고 비싼 와인을 한잔 할 수 있는 곳에 가고 싶었어요. 그런데 타이 레스토랑이라니요. 게다가 생일 선물로 뭘 받았는지 아세요? 서류 가방이었어요. 물론 그 가방은 예쁘고 비싸 보였지만 여자친구의 생일 선물로는 어울리지 않았어요. 전 그날 개리에게 완전히 실망했어요."

이후 개리의 모든 면이 탐탁지 않게 보였고 둘은 자주 다투었다. 말다툼하고 나면 개리는 항상 먼저 사과했지만 밸러리는 쉽게 화를 풀지 않았고, 며칠 동안 전화도 받지 않았다. 어느 주말 밸러리는 근처에 사는 언니를 보기 위해 개리에게 차를 빌려 썼다.

"일요일 밤에 돌아와 차를 개리 집 앞에 가져다 놓았어요. 그런데 다음 날 개리한테서 전화가 왔어요. 기름도 안 채우고 그냥 돌려주면 어떻게 하냐고 화를 냈어요. 중요한 회의가 있었는데 주유소에 들르느라 늦었다고 화를 내서, 저도 감정이 상했어요. 처음에는 미안하다고 사과했지만, 그가 계속 소리 지르자 욱하는 마음에 전화를 그냥 끊어버렸어요."

"그 사건 이후 우리 관계도 끝이 났어요. 당연히 그가 먼저 사과해야 한다고 생각했어요. 제가 먼저 전화를 걸고 싶은 마음도 있었어요. 하지만 그의 결점들을 하나하나 떠올리며 버텼죠. 그는 키도 크지 않았고, 배도 나오기 시작했고, 지루하고 따분한 친구들밖에 없었어요."

"부모님은 항상 개리를 못마땅해하셨어요. 개리와 싸우고 하소연을 하면 부모님은 그가 성숙하지 못한 탓이라고 말씀하셨어요. 사소한 일에 화내는 고집스러운 남자는 남편감으로 좋지 않다고요."

냉전이 2주 이상 계속되자 결국 그녀는 자신의 물건을 돌려달라는 핑계로 개리에게 전화를 했다. 그날 밤 밸러리가 그의 아파트로 갔을 때 그는 다른 여자를 만나고 있다고 말했다.

"개리는 어떻게 해도 저를 만족시킬 수 없는 상황을 견디지 못하겠다고 했어요. 날 행복하게 해주려고 노력했지만 자신은 부족한 것 같다고요. 행운을 빈다는 말과 함께 우리 관계는 완전히 끝났어요."

●●

부모의 지나친 사랑을 받고 자란 사람들이 그렇듯이 밸러리도 특권 의식을 가지고 연인을 대했다. 직업, 성격, 외모, 집안 등 모든 면에서 빠지지 않는 남자, 아무리 축구를 보고 싶어도 그녀가 원한다면 함께 테니스를 치러 가는 남자, 자신이 사과하면 무조건 받아들여주는 남자, 자기중심적인 태도를 이해해주고 결코 화를 내지 않는 남자…. 밸러리는 그런 남자를 원했다. 자신의 마음을 읽고 원하는 것이 무엇인지 직감적으로 알아차리고 바로 그것을 제공해주는 사람말이다. 또 둘 사이에 문제가 생기더라도 자신은 전혀 잘못이 없다고 생각했다.

상대에 대한 까다로운 기준과 특권의식은 사람들이 그녀에게서 멀어지게 만들었다. 부모에게 과도한 사랑을 받고 자란 사람들이 대부분 그렇듯, 가만히 있어도 알아서 척척 해주고, 깜짝 이벤트로 자신을 감동시켜줄 남자를 원했다. 하지만 그런 사람은 현실에 존재하지 않았고, 밸러리의 불만과 외로움은 깊어만 갔다.

부모의 과도한 사랑을 받고 자란 어른아이는 자신의 내면에 사랑과 헌신이 가득 차 있어서, 자신에게 딱 맞는 특별한 사람을 찾기만 하면 자연스레 사랑을 나누어줄 수 있으리라 생각한다. 그 사랑을 받을 자격이 있는 상대는 자신의 욕구를 열정적으로, 그리고 일관되게 충족시켜주는 사람뿐이라고 여긴다. 그러면서 잠자는 숲속의 공주처럼 가만히 누워 자신의 사랑과 열정을 깨워줄 왕자를 기다린다.

어른아이의 높은 기대치를 충족시켜줄 수 있는 사람을 찾는 것은 결코 쉽지 않다. 새로운 사람을 만날 때마다 그 사람이 운명의 짝이기를 꿈꾸지만 몇 번 만나고 나면 결점이 눈에 띄기 시작한다. 상대가 너무 비판적이라거나 약하다거나 가난하다거나 뚱뚱하다거나 불평불만이 많다고 생각한다. 시간이 갈수록 눈에 들어오는 건 결점밖에 없다.

언제나 별다른 노력을 하지 않아도 부모가 다 알아서 욕구를 충족시켜주었기 때문에 다른 사람들이 자신의 마음을 읽어주기 바라는 수동적인 존재가 되었고, 비현실적인 기대와 희망의 노예가 되었다. 특권의식은 우정의 형성에도 부정적인 영향을 끼친다. 올해 25세의 자동차 영업 사원 잭의 이야기를 들어보자. 그들이 친구들에게 얼마나 높은 기대치를 적용하는지, 비판적인 태도가 우정에 어떤 해를 끼치는지를 알 수 있다.

●●

"저는 보통 혼자 시간을 보내요. 대학 친구들은 모두 결혼해서 자기 생활 챙기기에도 바빠요. 예전에는 이따금씩 만나기도 했는데 다들 아이를 낳았다거나, 정원에 새로 잔디를 깔았다거나, 차고를 치웠다는 이야기밖에 안 하더라고요. 전 그런 일에는 관심이 없어서 동창 모임에 거의 나가지 않아요."

그 외에는 가끔 직장 동료들과 한잔 하는 게 전부다. 그마저도 잭이 먼저 만나자고 청하는 일은 거의 없다. 그는 다른 사람들이 먼저 자신에게 연락해야 한다고 생각한다. 물론 잭도 외로워서 라이언과 자주 왕래하며 지냈지만 요즘은 시들하다.

"라이언은 정말 따분해요. 음악과 여자밖에 모르죠. 그는 기타 연주를 잘한다고 자랑하지만, 제가 듣기에는 한심한 수준이에요. 저녁을 먹으러 가도 주위에 있는 여자들에게 눈 돌리느라 정신없죠. 그런 친구와 무슨 대화를 나누겠어요."

그는 관심사를 공유하고, 자신의 욕구를 충족시켜줄 친구를 만나고 싶지만 그런 사람이 없다고 불평한다. 하지만 잭을 만나본 사람들은 한결같이 잭의 거만한 태도를 지적한다. 잭이 방어적이며 무슨 말을 하든 싸우려 든다는 것이다.

"잭은 누구든 이겨야 직성이 풀리는 성격이에요. 자기만 옳다고 생각하고 다른 사람의 말은 전혀 귀담아듣지 않아요. 불평불만은 입에 달고 살고요. 그는 사람들이 자기의 까다로운 성격을 맞춰주어야 하고, 자기가 가고 싶은 곳에 가야 하고, 자기가 흥미를 느끼는 분야에 대해서만 이야기해야 한다고 생각하는 것 같아요."

●●

모든 논쟁에서 이겨야만 직성이 풀리는 잭 같은 사람들은 전투에서는 이길지 몰라도 전쟁에서는 항상 지는 법이다. 그런 태도는 사람들을 멀어지게 만들기 때문이다. 누군가와 우정을 쌓으려면 양보하고, 단점을 눈감아주고, 상대에게 감정이입을 할 줄 알아야 한다. 공감은 상대방의 입장이 되어 상대의 생각과 느낌을 존중해 주는 것인데 잭은 공감하는 법을 몰랐다. 잭은 집에서 늘 관심과 주목의 대상이었고 잭의 부모는 잭의 생각과 느낌을 항상 신경 썼다.

최근 들어 잭은 문제를 느끼고 집단 상담을 시작했다. 심리 치료의 일환으로 참가자들은 지금까지 사귀었던 친구들의 단점을 하나하나 적어내야 했다.

- 내가 부를 때 바로 달려오지 않는다.
- 무신경하다.
- 바보같이 군다.
- 개성이 없다.
- 말이 너무 많다.
- 새로운 시도를 하지 않는다. 새로운 장소에 가보려 하지 않는다.
- 직장에 대해 떠벌리며 자랑한다.
- 연인에 대해 자랑한다.
- 돈이 많다고 뻐긴다.
- 자식 자랑을 한다.
- 아이가 생기지 않는다고 신세타령을 한다.
- 뭐든 아는 척한다.
- 이성에게 늘 거절당한다.

• 지루한 파티만 연다.

시간 제한이 없었다면 아마 더 많은 단점을 적어냈을 것이다. 참가자들은 각자 적은 내용을 서로 돌려보며 포복절도했다. 그들은 하나같이 이상한 친구들만 사귀었던 것일까?

잭과 비슷한 가정환경에서 자란 사람들은 친구의 단점을 잽싸게 찾아낸다. 재정적인 곤란, 데이트 습관, 병, 불임 등이 죄다 단점이 된다. 무엇보다도 친구가 자신을 대하는 방식에서 결점을 찾아낸다. 그들은 무의식적으로 자신보다 강하고 민감하며, 자신에게 더 많은 것을 주고, 욕구를 충족시켜줄 수 있는 친구를 사귀고 싶어 한다. 그러면서도 쉽게 포기해버린다. 자신을 진심으로 이해해줄 친구를 사귀고 싶어 하지만 적극적으로 다가가지 않는다.

오랜 습관을 깨는 법

친구와의 관계에서 특권의식을 느끼는 사람들에게 매우 효과적인 집단 치료 기법이 있다. '왕과 왕비 역할 놀이'로 집단 치료 참가자 중 한 명을 뽑아 3~4주간 왕이나 왕비 역할을 맡게 하는 일종의 역할극이다. 다른 참가자들은 왕 혹은 왕비에게 바칠 작은 선물을 준비해온다. 대신 집단 치료 세션을 실시하는 동안 사람들과 멀찍이 떨어져 앉아 있어야 하며, 다른 사람들의 활동에 참여하거나 말을 걸 수 없다.

처음 왕이나 왕비 역할을 맡은 사람은 오만한 웃음을 띤 채 지정된 왕좌에 앉는다. 하지만 곧 자신이 다른 사람들과 대화도 할 수 없고 활동에도 참여하지 못한다는 사실을 깨닫고 분노를 토해내기 시작한다. 결국 왕과 왕비의 역할을 맡은 사람은 극심한 외로움을 토로하며 그만하자고 사정한다. 이 치료법을 통해 참가자들은 특권의식을 가지고 거만하게 행동할 때 어떤 대가를 치러야 하는지 절실하게 깨닫게 된다. 특권의식은 미묘한 방식으로 그들을 고립시킨다. 상대와의 경계를 허물고 상대를 자신과 동등하게 대우하는 것은 그들의 특권의식에 위배되기 때문이다.

일생일대의 위기에 처했을 때, 사랑하는 사람을 떠나보낸 후 뒤늦게 후회가 밀려올 때, 토요일 밤 홀로 있는 자신의 모습에 공허함을 느낄 때에야 그들은 다른 사람들에 대한 기대치를 재고해볼 필요성을 느낀다. 변화의 초기 단계에는 감정적 고통을 겪게 마련이다. 좌절과 절망에 부딪힐 때마다 다른 사람들을 탓하던 버릇을 버리기는 쉽지 않다.

오랫동안 몸에 밴 특권의식을 버리려면 신체의 일부를 잘라내는 듯한 고통을 감수해야 할지도 모른다. 자신의 행동에 대해 깊이 통찰했다 하더라도 오래된 습관을 깨기는 쉽지 않다. 통찰만으로는 내면을 치유하기 힘들기 때문이다. 하지만 특권의식을 포기하면 사람들과 건강한 관계를 오래 맺을 수 있으며, 그토록 바라마지않던 친밀감을 느낄 수 있게 될 것이다.

스티브는 레스토랑을 경영하면서 성공의 정점에 섰지만 우울증과 외로움을 겪었다. 그는 특권의식을 버리기 위해 노력했고 현재 한 여성과 진지하게 교제하고 있다. 둘의 관계는 탄탄하고 안정적이다. 자기도취적인 특권의식을 버리고 건강하고 친밀한 관계를 맺겠다고 다짐했으며, 현재 그 다짐의 보상을 충분히 받고 있다.

●●

"크리스를 만나기 전에 예전 여자친구들과 헤어진 원인이 무엇인지 곰곰이 생각했어요. 돌아보니 대부분 과분할 정도로 괜찮은 여자들이었어요. 그런데도 저는 더 나은 상대를 찾아 늘 두리번거렸어요. 크리스는 제가 운영하는 레스토랑에서 처음 만났어요. 전 아름답고 똑똑한 크리스에게 한눈에 반했고 이번에는 기필코 이 여자를 놓치지 않겠다고 다짐했죠."

스티브는 심리 치료를 받으며 자신에게 뿌리 깊은 특권의식이 있었으며, 그것이 사람들과 친밀한 관계를 맺지 못하게 하는 원인임을 자각하게 되었다. 자신의 문제를 깨달은 스티브는 잘할 수 있다는 자신감이 생겼고 크리스에게 용기 있게 다가갔다. 수십 년간의 행동 패턴을 바꾸기란 쉽지 않았지만 크리스와 부딪히면서 모난 면을 조금씩 다듬어나갔다.

"크리스는 온화하고 친절하지만 자신이 동의할 수 없는 사안에 대해서는 주장을 굽히지 않는 강한 성격이에요. 옛날 여자친구들은 저에게 양보하고 넘어갔을 일도 크리스는 하나

하나 따져서 시비를 가려야 직성이 풀리는 면이 있어요."

"저는 많은 것을 배우고 있어요. 크리스는 회사에서 있었던 일을 시시콜콜하게 말하는 편이에요. 아주 세세한 일까지 조잘조잘 이야기하는데 때로는 듣는 척만 할 때도 있어요. 그러면 크리스는 귀신같이 알아채고 화를 내요."

"다른 사람의 사소한 일상 이야기를 관심 있게 듣는 건 저로선 대단한 발전이에요. 예전에 만났던 여자친구가 자신의 얘기를 들어주지 않는다고 화를 내 싸운 적이 많았어요. 어릴 때부터 전 항상 주목받는 존재였기 때문에 남의 말을 들어주어야 할 필요를 느껴본 적이 없거든요."

"크리스와 사귀면서 주는 기쁨을 알게 되었어요. 이따금 그녀를 위한 깜짝 선물을 준비해요. 그리 값비싼 건 아니지만, 그녀가 행복해하는 모습을 보는 게 좋아요. 크리스를 사귀기 전까진 먼저 내주는 것이 얻는 길이라는 생각을 한 번도 해보지 못했어요. 물론 크리스도 완벽하진 않아요. 가끔은 화를 내거나 집을 놀러와 잔뜩 어질러놓을 때도 있고요. 하지만 이제는 다투더라도 문제를 해결하기 위해 노력하고 있어요."

"다른 사람들이 나에게만 집중해야 하고, 내 말을 듣고, 나를 위해 뭐든지 해주어야 한다는 특권의식은 완전히 사라지지 않을지도 몰라요. 어느 순간 나도 모르게 제 욕구만 채우려 들지도 모르기 때문에 항상 스스로를 경계하고 있어요. 저는 크리스에게 양보해야 하는 일이 생길 때마다 분노에 사로잡히기보다는 우리 관계의 큰 그림을 보기 위해 노력하고 있어요. 크리스가 제 인생에 얼마나 큰 도움이 되는지를 생각하면 양보하기가 한결 수월해요."

●●

이제 스티브에게 연인과의 안정적이고 친밀한 관계는 사소한 문제들을 양보하고도 남을 만큼 가치 있는 일이 되었다.

CHAPTER _ 05

소울메이트를 찾아서

"저는 대단한 걸 바라는 건 아니에요. 조금 똑똑하고 독립적이고 예쁘고 날씬하고 호감을 주는 사람이면 돼요. 아, 옷도 잘 입으면 좋고요. 거기에 돈도 많으면 금상첨화겠죠?"

– 톰(39세, 마케팅 컨설턴트)

12월의 어느 일요일 아침 9시. 몸에 딱 달라붙는 옷을 입은 캐럴이 옷매무새를 가다듬고 거울을 보면서 헤어밴드를 정리한 후 헬스클럽으로 향한다. 휴일 아침인데도 헬스클럽은 사람들로 붐빈다. 뚱뚱한 사람은 눈 씻고 찾아봐도 없다. 시선을 어디로 돌리든 탄력 있는 근육, 날씬하고 팽팽한 배, 빛나는 건강만이 보인다.

캐럴은 이 고가의 회원비를 내야 하는 헬스클럽에 등록하기 위해 몇 달 동안 다이어트를 하고 좋아하는 것들을 포기했다. 그녀는 이 곳에서 돈 많은 남자를 만나 안정적으로 사귀다가 결혼에 골인하는 것이 목표다.

"화려한 싱글이라 부를 만한 시기는 다 지나가버렸어요. 혼자서도 잘 살고 있기는 하지만 영원히 그러고 싶진 않아요. 친구들은 결혼에 대해 조급하게 생각하지 말라고 하지만 벌써 서른한 살이라고요."

그녀가 고개를 흔들자 긴 머리가 어깨를 타고 흘러내린다.

"더 나이 들기 전에 아이를 낳고 싶어요. 친구들은 모두 결혼했는데 왜 저만 결혼을 못하고 있는 걸까요. 지금까지 만나본 남자들은 모두 형편없었어요."

캐럴은 침착하고 똑똑하다. 대학 졸업 후 대학원에 진학해 석사학위를 땄고 학부에서는 미술을 전공했다.

"고3 때 수업을 듣고 있는데 문득 '내가 여기서 뭘 하고 있는 거지? 이게 다 무슨 소용이지?' 하는 생각이 들더라고요. 그래서 부모님에게 가서 평생 뭘 해야 좋을지 모르겠다고 털어놓았죠. 누군가 나타나 제가 무엇을 잘하는지, 무엇을 해야 행복해질 수 있는지 알려주기를 간절히 바랐어요."

"부모님은 제게는 창의적인 분야가 어울릴 것 같다고 말씀하셨어요. 저는 그림에 소질이 있었기 때문에 대학에 가서도 계속 미술 공부를 하고 싶었어요. 평생 미술 관련 일을 해야겠다고 마음먹었죠."

"학교를 졸업한 후에도 계속 그림을 그렸어요. 제 기억에 1년에 6천 달러 이상 벌어본 적이 없어요. 제 주된 고객은 부모님이었죠. 부모님 집에는 아직도 제 그림들이 걸려 있어요. 두 분은 저를 실망시키지 않으려고 무척 애쓰셨어요."

"당시에는 제가 이 나이까지 결혼도 하지 않은 채 집세와 전기세를 걱정하고, 혼자 노후를 어떻게 보낼지 걱정하는 처지가 되리라고는 상상도 못했어요. 그때는 한 해에 6천 달러를 벌더라도 얼마든지 재미있게 살 수 있다고 생각했어요. 그래도 굶지는 않았어요. 당시에 전 부모님이 투자 목적으로 사놓으신 꽤 괜찮은 아파트에서 살고 있었거든요."

"사실 부모님은 저 때문에 그 아파트를 사셨어요. 투자할 요량이었다면 교외에 그런 아파트를 사기보다는 시내에 괜찮은 건물을 사두는 편이 나았겠죠. 하지만 그런 말을 입 밖으로 꺼내진 않았어요. 해주는 것은 무엇이든 넙죽 받았죠. 요즘 부모님은 괜찮은 남자가 짠 하고 나타나 지금껏 해왔던 부모님의 역할을 떠맡아주기만을 바라고 계세요."

10년 전만 해도 결혼은 그다지 중요한 문제가 아니었다.

"몇 년 동안 저축해 아파트를 사고, 자유롭게 연애하는 것이야말로 진정한 독립이자 해방이라고 생각했어요. 저는 커리어를 쌓고 성공하는 것 따위에는 관심이 없었어요."

어느 여름 주말, 캐럴은 야외 전시회에서 마이크를 만났다. 당시 마이크는 전시회장에서 특별 생중계를 열었던 라디오 프로그램의 보조로 일하고 있었다. 휴식 시간에 캐럴의 그림을 보고 있던 마이크에게 캐럴이 먼저 말을 걸었다.

캐럴은 큰 키, 넓은 어깨, 긴 금발 머리, 멋진 외모를 가지고 있는 마이크를 보는 순간 그가 무척 섹시하다고 생각했고 둘은 대화를 나누면서 둘은 서로 통하는 느낌을 받았다. 마이크는 재미있고 유쾌한 사람이었다. 마이크가 즉석에서 스탠드업 코미디를 펼치면 캐럴은 배꼽이 빠져라 웃었다. 게다가 마이크는 낭만적이고 정겨운 구석이 있었다. 둘 사이는 점점 가까워졌고 행복한 나날을 보냈다. 2년쯤 지나 캐럴은 돌연 마이크와 헤어졌다. 캐럴이 마이크를 결혼 상대로 여기지 않았기 때문이다.

"마이크는 직업적 성공과는 거리가 먼 사람이었어요. 처음에는 몰랐지만 차츰 말만 앞서고 행동은 하지 않는 모습이 눈에 들어오더군요. 마이크는 라디오 DJ가 되고 싶어 했어요. 하지만 별다른 노력은 하지 않은 채 여기저기 방송국을 옮겨 다니기만 했어요. 심부름꾼 노릇이나 하면서도 언젠가 기회가 생길 거라고 생각하는 것 같았어요. 저는 기반이 탄탄하게 갖춰진 남자와 결혼하고 싶었어요. 제가 바라는 남편감은 안정적인 직업을 갖고 있고 경제관념도 뛰어난 남자예요."

"부모님은 항상 마이크에게 친절하게 대하셨지만, 그가 없는 자리에서는 '저 애랑 깊이 사귀는 건 아니지? 넌 더 나은 사람을 만날 수 있단다'라고 하셨죠. 그럴 때마다 그저 친구일 뿐이라고 둘러댔어요. 부모님은 마이크를 깎아내릴 기회가 생길 때마다 그의 흠을 잡았어요."

부모 앞에서는 부인했지만 캐럴은 마이크를 꽤 진지하게 사귀고 있었다.

"부모님은 마이크와 헤어지라고 말씀하셨어요. 다 저를 위해서 하는 말이라고, 앞으로 더 괜찮은 남자를 잡을 수 있다고 하셨어요. 마이크를 사귀고 있는 걸 알면 다른 남자들이 데이트 신청도 안 할 거라고요."

"그럴 때면 엄마에게 짜증을 부렸지만 집에 가면서 마이크와의 관계에 대해 다시 생각해보곤 했어요. 엄마가 다 저를 위해서 하는 말이라는 걸 느끼고 있었거든요. 하지만 엄마는 마이크가 우리 관계를 위해 많은 부분을 양보하며 지내고 있다는 사실은 생각하지 못했어요."

언젠가부터 마이크와 캐럴은 자주 싸웠다. 캐럴은 마이크가 안정된 직장을 갖기 위해 별 노력을 하지 않는다고 여겼다. 마이크는 '일다운 일'을 찾아보라는 캐럴의 조언이 터무니없다고 여겼다. 매일 아침 신나게 일터로 달려갈 수 있을 만큼 좋아하는 일을 하고 있으니 언젠가는 성공하리라고 확신했다. 그는 캐럴이 자신을 믿어주고, 조금 더 인내심을 발휘해 자신을 지켜봐주길 바랐다.

점차 캐럴은 마이크를 한심하다는 듯이 바라보았다. 그의 미래가 밝아 보이지 않으니 결단을 내려 무능한 애인이 아닌 능력 있는 남편감을 찾아야 한다고 생각했다. 그녀는 그림을 포기하고 석사학위를 따기로 결심했다. 돈을 벌 수 있고, 이상적인 남편감들이 가득한 세계로 들어가는 것이 목표였다. 캐럴은 마이크와의 관계를 정리하고 대학원에 진학해 신문방송학을 공부하기로 했다. 모든 일이 순조로워 대학원 합격 통지를 받았고 아버지가 학비를 지원해주기로 했다. 캐럴의 아버지는 결혼해 아이를 낳고 집안에서 살림하면 될 텐데 왜 석사학위를 받으려고 하는지 의아했지만 그래도 딸을 돕기로 했다.

반면 캐럴의 어머니는 딸의 결정에 노심초사했다. 스무 살 초반, 캐럴의 목표는 아파트를 마련한 후 결혼하는 것이었다. 그때 캐럴의 어머니는 딸의 인생 계획을 듣고 무척 흐뭇했다. 자신도 젊었을 때 똑같은 경로를 밟았기 때문이다. 그런데 이제 와서 공부를 하겠다니, 도저히 이해할 수 없었다.

"제 계획을 제일 반대한 건 마이크였어요. 그는 대학원

따위는 집어치우고 당장 자기와 결혼하자고 했죠. 저는 '이 틀이 멀다 하고 라디오 방송국에서 밤을 새우고 오면서도 돈 한 푼 못 벌어오는 주제에 결혼을 하자는 거야?'라고 따졌어요. 마이크는 이제껏 쌓아온 우리 사랑이 아무 것도 아니냐고 했죠."

캐럴은 자신의 입장을 굽히지 않았고 마이크는 캐럴에게 인생에서 가장 중요한 것이 무엇인지 모른다고 소리쳤다. 캐럴은 적어도 자기에게는 목표가 있다며 되받아쳤다.

"싸움이 점점 추해졌어요. 마이크는 제 자존심을 건드리는 말까지 했어요. 제가 부모님에게 들은 말을 앵무새처럼 읊어댈 줄밖에 모른다나요. 이기적인 행동을 언젠가는 후회할 거라고도 했어요. 그렇게 실컷 퍼부어대고는 울기 시작하더군요. 그가 우는 모습을 보고 있자니 더 짜증이 났어요. 저는 잠자코 그가 먼저 이별을 고하기를 기다렸어요."

둘은 그렇게 헤어졌지만 캐럴은 마이크를 그리워했다.

"슬픔에 빠져 있던 저를 구원해준 건 부모님이었어요. 부모님은 제가 살던 집을 세주고 집에 들어와 살라고 하셨어요. 공부하면서 집안일까지 하기 힘들 테니 편하게 집에서 다니라고 하셨죠. 집으로 들어가자 저는 손 하나 까딱하지 않아도 되었어요. 제가 집으로 돌아온 게 무척 기쁘셨던 것 같아요. 그 이후 부모님과 어느 때보다도 가까워졌어요."

15개월 후 캐럴은 신문방송학 석사학위를 따고 대학원을 졸업했다. 아버지의 인맥 덕에 중견 PR업체에 취직도 했다.

"전 PR 일이 무척 재미있을 줄 알았어요. 하지만 들어가서 보니 하루 종일 전화나 받고, 기자들에게 보도자료나 돌리고 월급이 많지도 않았죠. 전 곧 일에 대한 흥미를 잃었어요."

일에 만족하지 못한 캐럴은 헬스클럽에 등록하고, 스포츠 댄스를 배우고, 자원봉사 활동을 하고, 독신들의 모임에 부지런히 쫓아다녔다.

"그 후 5년 동안 여러 남자들을 만났지만 눈에 차는 사람은 없었어요. 한 남자와는 5주 정도 데이트했는데, 그때는 사랑에 빠졌다고 생각했어요. 하지만 사회적으로 성공했어도 가끔 이기적이고 미성숙한 모습이 보여서 차버렸어요."

이제 서른한 살인 캐럴은 부모님을 실망시키고 있다는 부담감에 마음이 편치 않다.

"부모님은 그동안 저에게 많은 돈을 투자했어요. 하지만 저는 그 은혜에 보답하지 못하고 있어요. 부모님에게 필요한 건 석사학위나 괜찮은 직장이 아니라 지갑에 넣고 다닐 손자 손녀 사진이에요."

어느 날 캐럴은 레스토랑에서 우연히 마이크를 만났다. 그의 곁에는 임신한 아내가 있었다. 캐럴이 다가가 아는 척하자 마이크와 그의 아내는 따뜻하게 인사를 받아주었다. 마이크는 꽤 규모 있는 라디오 방송국의 팀장이 되어 있었다.

"마이크의 아내가 못생기고 심술궂기라도 했으면 통쾌한 기분이 들었을 텐데… 무척 아름다운 데다가 친절하고 상냥했어요. 그녀는 마이크가 세상에서 가장 멋진 남자라도 되는 양 그를 바라보더군요. 그 옆에서 마이크는 어땠냐고요? 그는 행복해 보였어요. 무척 잘 지내는 것 같았죠."

●●

어엿한 가정을 꾸리고 행복에 젖어 있는 마이크와 그의 아내를 본 캐럴은 그와 헤어지지 않았더라면 어땠을지 상상해보았다. 마이크는 괜찮은 남자였지만 둘의 사이는 여전히 삐걱거리고 있을 거 같았다. 마이크와는 처음부터 맞지 않았다고 위안을 삼았다. 하지만 옛 애인의 행복한 모습은 그녀에게 상처를 주었다. 마이크는 이상형에 가장 근접한 남자였다. 그는 활기차고 다정했지만 직장이 탄탄하지 않고 돈을 잘 벌지 못했다. 캐럴은 그를 사랑했지만, DJ가 되기를 꿈꾸는 가난한 남자와는 결혼할 수 없었다.

사람들은 캐럴에게 눈이 너무 높은 것 아니냐고 말했다. 그때마다 '그래, 내 기대치가 너무 높을지도 모르지. 하지만 그게 뭐 어때서? 난 절대 아무 남자나 만나고 싶지 않아'라고 생각하며 자신에게 꼭 맞는 상대를 찾아내겠다고 다짐했다.

완벽한 이상형을 만날 거라는 기대

콜레트 다울링Collete Dowing은 《완벽한 여자Perfect Women》라는

책에서 자신의 기대를 완벽하게 충족시켜주는 배우자감을 찾아 헤매는 사람을 별을 좇는 사람shopping for a star이라고 불렀다. 그런 사람들의 행동에는 단순히 자신을 진심으로 아껴줄 상대를 찾는 것 이상의 의미가 담겨 있다고 한다. 그들은 대개 자신을 부족하고 무능한 존재라고 느끼기 때문에 다른 사람에게서 자신에게 없는 완벽함을 찾는 것이다.

완벽한 상대를 찾고자 하는 바람은 열등감과 그 열등감을 다른 사람을 통해 해소하고자 하는 욕구에서 비롯된다. 별을 좇는 사람들은 연인과의 관계가 순조롭지 못한 것을 상대의 결점 탓으로 돌리지만, 진짜 이유는 그들 내면의 결점 때문이다. 자신에게 결점이 있다는 것을 인식하면 그들은 재빨리 상대에게서 탓할 거리를 찾아낸다. 그들이 찾는 것은 자신을 완벽하게 만들어줄 사람이다. 다울링은 또 이렇게 적었다.

> "자신이 무능력하다거나 부적절하다고 느끼는 여성들은 '저 남자가 나를 위해 무엇을 해줄 수 있을까?'를 따져본다. 그리고 상대가 자신의 부족한 부분을 채워주기에 충분하다는 생각이 들면 '사랑'에 대해 고려하기 시작한다."

여자만 별을 좇는 것은 아니다. 남자도 완벽한 여자를 찾아 헤맨다. 그들은 자존감을 북돋아주고, 자신의 완벽한 이미지를 거울로 비춰줄 사람을 찾는다. 부모의 지나친 사랑을 받고 자란 어른

아이는 대개 탐욕스러운 별 사냥꾼이 된다. 그들은 어린 시절에 자의식과 자존감을 채우지지 못하는 환경에서 성장했기 때문에 자신을 완벽하게 채워줄 사람이 필요하다고 말한다.

부모의 비뚤어진 사랑을 받고 자란 어른아이들이 대부분 그렇듯 캐럴도 알게 모르게 부모에게 의존하도록 교육받았다. 캐럴의 부모는 무의식적으로 캐럴의 독립을 가로막았으며, 캐럴이 의지해올 때마다 보상을 해주며 캐럴이 스스로 판단하기보다는 자신들의 판단을 따르도록 종용했다.

캐럴의 부모는 딸에게 큰 기대를 걸었다. 특히 캐럴이 어서 괜찮은 사윗감을 데려오길 바랐다. 자신들을 대신해 딸을 만족시켜 주고, 물질적 풍요를 제공해주며, 늘 감싸주고 돌봐주는 남자 말이다. 그들은 딸에게 그런 남자를 만나야 한다는 생각을 끊임없이 주입시켰다. 그들은 사윗감에 대해 까다로운 기준을 내세웠다. 캐럴이 마이크를 데려왔을 때 캐럴의 부모는 누구도 결코 합격점을 받을 수 없는 가혹한 잣대를 갖다댔다. 부모라면 그런 마음을 갖는 것이 당연하다고 말할지도 모르겠다. 물론 캐럴의 부모는 딸을 사랑했으며, 그들의 마음은 진심이었다. 하지만 거기에는 사랑 이외의 다른 감정이 얽혀 있었다. 바로 두려움이었다.

캐럴의 부모가 독립하고 싶어 하는 딸에게 아파트를 내준 것, 대학원에 다니겠다고 했을 때 시큰둥한 반응을 보였던 것, 그리고 딸의 남자친구를 깎아내렸던 행동 뒤에는 캐럴이 무능력해 혼자서는 아무것도 할 수 없다는 두려움이 감춰져 있었다. DJ가 되기를 꿈꾸며, 수입도 일정치 않은 데다 일하는 시간도 불규칙한 남자는 딸의 미래를 위협하는 존재였다.

자녀를 끔찍이 사랑하는 부모는 자녀의 행복을 위협하는 존재가 나타나면 거의 집착에 가까울 정도로 신경을 곤두세운다. 자녀에 대한 사랑이 지나친 사람들은 자녀가 위험한 상태에 놓여 있다거나, 고통을 받고 있다고 느끼면 자신들 또한 동일한 고통을 느낀다. 서로 감정적인 분리가 되어 있지 않기 때문이다.

사랑하는 딸을 구하기 위해, 동시에 자기 자신을 구하기 위해 캐럴의 어머니는 때로는 직접적인 말을 통해, 가끔은 미묘한 언급을 통해 딸에게 영향력을 행사했다. 결국 캐럴은 남자친구와의 관계를 다시 생각해보지 않을 수 없었다. 부모의 영향력 아래 있었던 캐럴은 부모의 두려움을 내면화하고 혼자서는 아무것도 못할 것이라고 믿었다. 그래서 부모를 대신해 자신을 돌보아줄 강하고 부유하며 안정적인 배우자감을 찾기 위해 혈안이 되었다. 그런 사람만이 그녀의 부족한 부분을 채워주고 두려움을 잠재워줄 것이기 때문이다.

캐럴은 서로를 격려하는 사랑이나 구체적인 결혼생활에 대해서는 단 한 번도 생각해보지 않았다. 자신이 상대방의 욕구를 충족시켜줄 수 있을지에 대해서는 전혀 고려하지 않은 채, 상대가 자신의 욕구와 필요를 채워줄 수 있는지에만 신경 썼다. 그녀는 상대가 자신의 욕구와 필요를 끊임없이 충족시켜주기만을 바랐다.

캐럴에게 마이크가 눈에 차지 않았던 것은 당연한 일이었다. 비정규직으로 일해왔던 마이크는 몇 년 후 자신의 직업적 목표를 재평가했고 한 라디오 방송국에서 자신의 적성과 재능, 경력에 어울리는 일을 찾았다. 그는 대부분의 사람들이 그러하듯 스스로를 시험하면서 성장했고, 달성 불가능한 목표와 달성 가능한 목표를 분리할 수 있는 성숙한 어른이 되었다. 하지만 캐럴은 결혼 상대로 적합한 남성 유형을 정해놓고, 그 조건들을 이미 갖추고 있는 남자만을 찾으려 했다.

캐럴이 마이크와의 결혼을 생각할 때 경제적인 면을 고려하지 말았어야 한다는 뜻은 아니다. 경제적 능력은 현실적으로 매우 중요한 문제다. 하지만 마이크가 부유했다 한들 캐럴이 그와의 결혼을 주저 없이 결심하지는 못했을 것이다. 만약 마이크 아닌 다른 남자를 만나고 있었다 하더라도 결코 성에 차지 않았을 것이다. 어떤 남자도 캐럴의 미래에 대한 두려움을 잠재워줄 수 없기 때문이다.

현실을 직시해야 하는 이유

현실을 직시하지 않고 부모의 환상과 기대, 두려움에 젖어 사는 것은 인간관계에 지대한 영향을 끼친다. 부모의 기대가 곧 우리의 기대가 되기 때문이다. 부모의 기준과 판단은 우리에게 내면화되어 친구, 연인에게 투영된다. 부모가 은연중에 암시하거나 직접적으로 말하는 사윗감, 며느릿감에 대한 높은 기대는 고스란히 내면에 자리 잡는다. 자신에게 어울리는 짝에 대한 부모의 의견을 아무 비판이나 의문 없이 그대로 받아들인다.

어떤 사람을 만나면 그의 외적인 조건을 자동적으로 머릿속으로 계산해보고 상대방의 약점을 발견하면 가차 없이 점수를 깎는다. 남편감, 아내감에게 가능성이나 잠재력 이상과 확실한 보장을 원한다. 상대방이 기댈 수 있을 만큼 강하고 튼튼하기를 바란다. 상대가 진심으로 아껴주는 것만으로는 충분치 않다고 여긴다. 배우자에 대한 높은 기대치를 고려하면, 어떤 사람을 만나든 쉽게 관계를 끝내는 것은 당연한 결과다.

이따금 높은 기대를 충족시켜주는 사람을 만나 결혼에 골인하기도 한다. 하지만 그 뒤로 불행의 연속이다. 부모의 과도한 사랑을 받고 자란 사람은 배우자를 원하는 대로 바꾸기 위해 잔소리하거나 달래거나 교묘히 조종하거나 위협하거나 말리거나 통제하려 시도한다. 그 결과는 쓰디쓴 실망이다.

이들의 숨겨진 무의식적인 동기는 바로 '거울'을 찾는 것이다. 자신이 누구인지 정의 내려주고, 진정한 모습을 알려줄 누군가를 찾는다. 거울이 되어줄 완벽한 상대를 찾는 이유는 무엇일까? 그것은 스스로의 정체성이 매우 희미하기 때문이다. 어린 시절에는 부모가 보여주는 모습을 통해 스스로가 완전하고 분리된 존재라는 느낌을 받았다. 그런데 부모는 제대로 된 거울 역할을 해주지 못했고 자식을 통해 자신들의 욕구와 바람을 충족시키고자 했다. 그 결과 부모와 완전히 분리되지 못한 불안정한 자아를 가진 채 성인이 되어 단 한순간도 내면의 완전함을 느끼지 못한다. 더 강한 누군가에게 의존할 때에만 완전함을 느낄 뿐이다.

어릴 때 부모가 거울 역할을 얼마나 제대로 해주었는지에 따라 성인이 된 후 얼마나 위대한 별을 찾아야만 하는지가 결정된다. 어른아이의 눈에는 사랑을 받을 자격을 갖춘 매력적이고 똑똑하고 부유한 사람이 어디에도 없는 것 같다.

강한 사람일수록 타인에게 더 많은 사랑을 줄 수 있다. 부모는 물질과 관심, 사랑을 넘치도록 주었지만 자기애만은 주지 못했다. 어린 시절에 절대 충족시킬 수 없는 불가능한 기대 속에서 자라고, 숨 막힐 듯한 과보호를 받고, 있는 그대로의 모습을 거부당했기에 사랑이란 원래 그런 것이라는 믿음을 가지게 되었다. 그래서 의심과 적개심, 두려움에 찬 눈으로 사랑을 바라보게 되었다. 자신이 사랑받을 자격이 있는 존재라고 생각하지만, 실제로는 사랑이 찾아와도 쉽게 받아들이지 못한다.

자신에게 자존감과 관련된 문제가 있다는 사실을 인식하고, 문제의 원인을 찾기 위해 내면을 성찰하고, 스스로를 사랑하겠다는 목표를 세우지 않는 한 언제까지나 파랑새를 찾는 아이처럼 자기 안에 있는 무언가를 먼 곳에서만 찾으며 허송세월하게 될 것이다. 완벽하다는 느낌은 자신의 내면을 채울 때에만 얻을 수 있다.

CHAPTER _ 06

가까워지면 밀어내고 싶은 마음

“여자친구와의 관계가 심각한 단계로 접어들자 당장 터미널로 달려가 첫차 표를 끊어서 멀리 달아나고 싶다는 생각이 들었어요. 예전에도 그런 일이 많았죠. 상대와 가까워지고 여자친구가 저에게 기대기 시작하면 왠지 숨이 막히는 것 같았어요.

여자친구가 ‘우리 관계’, ‘필요’ 같은 말을 꺼내면 저는 그 즉시 꼬리를 잘라버리고 도망치곤 했어요. 전 자유롭게 살고 싶어요.”

- 짐(37세, 주식중개인)

존 레논과의 하룻밤을 꿈꾸었던 여자 이야기를 들어본 적 있는가? 존 레논과 함께 밤을 지새우는 것이 평생소원인 여자가 있었다. 그녀는 세상에서 자신을 행복하게 해줄 수 있는 사람은 오직 존 레논뿐이라고 여겼다.

어느 날 밤 그녀는 술집에서 존 레논과 닮은 가수를 만났다. 그녀는 그의 모습에 반해 그를 유혹했고 하룻밤을 보냈다. 다음 날 아침 그녀는 그 가수에게 작별 키스를 했다. 그가 멋지긴 해도 진짜 존 레논은 아니었기 때문이다. 그 후로도 그녀는 존 레논과 닮은 남자들을 무수하게 만났고 만남은 모두 짧았다. 관계를 먼저 끝낸 것은 언제나 그녀 쪽이었다. 친구들이 이번에는 또 뭐가 문제냐고 물으면 그녀는 한숨지으며 답했다. "괜찮은 사람이긴 한데, 존 레논은 아니잖아".

그러던 어느 날 그녀는 뉴욕에서 존 레논의 친구 중 한 명을 우연히 알게 되었다. 존 레논의 친구와 그녀는 근사한 데이트를 하며 일주일을 보냈지만, 이번에도 그녀가 먼저 그 남자를 차버렸다. 멋진 남자이긴 했지만 그 역시 존 레논은 아니었으니까.

그녀의 간절한 바람을 들은 그 남자는 이별 선물로 그녀에게 진짜 존 레논을 소개시켜주었고 그녀는 뛸 듯이 좋아했다. 존 레논을 처음 보는 순간 온 몸에 전류가 흐르는 것 같았고 그날은 생애 최고의 날이었다. 그날 밤 그녀는 존 레논과 함께 밤을 지새웠다. 다음 날 아침, 그녀는 아무렇지 않은 표정으로 집으로 돌아왔다. 그러고는 이렇게 말했다. "그 사람, 괜찮긴 했지만 진짜 존 레논은 아니었어. 그래서 차버렸지. 난 후회하지 않아".

그토록 바라던 존 레논을 만나고도 먼저 차버린 것은 우리의 모습과 다르지 않다. 어느 날 그렇게나 갈망하던 완벽한 상대가 우리 삶에 찾아온다. 하지만 몇 달 교제하고 나면 천생연분 같았던 그 사람이 어찌된 일인지 더 이상 좋게 느껴지지 않는다. 예전에는 똑똑한 사람을 사귀고 싶어했지만 이제는 성숙한 사람을 만나기를 바란다. 안정적인 사람을 원했지만, 지금은 판에 박히지 않은 사람을 만나고 싶어 한다.

온갖 모임에 나가고, 데이트 앱에 가입하고, 결혼정보회사에 등록하고 친구에게 괜찮은 사람 소개시켜달라고 조르는 동안에 사실 친밀한 관계를 두려워한다는 것은 꿈에도 생각하지 못한다. 하지만 어린 시절에 부모의 과도한 사랑을 받고 자란 어른아이의 내면에는 친밀감에 대한 공포가 뿌리 깊게 박혀 있다. 누군가를 만나고 사랑을 시작하지만 친밀감이나 서로에 대한 헌신으로 끝맺지 못한다.

부모의 지나친 사랑과 결코 충족시킬 수 없는 높은 기대치에 짓눌려 자란 사람은 불안감에 시달리며 무엇보다도 안정감을 느끼고 싶어 한다. 그럼 친밀한 관계를 맺기 불안해하는 이유는 무엇일까? 그 원인을 파고 들어가다 보면, 언젠가 버려질지 모른다는 두려움, 본 모습을 들킬지 모른다는 두려움이 자리하고 있다. 누군가와 친밀해지기 위해서는 버림받는 것에 대한 두려움과 자신의 본모습이 드러날지 모른다는 사실을 감수해야만 한다. 이를 어려워하는 이유는 어린 시절의 경험 때문이다. 이제 각각의 두려움을 하나씩 파헤쳐보자.

나를 잃을 것 같은 두려움

어릴 때 부모의 과도한 사랑을 받고 자란 사람은 누군가 자신을 사랑하도록 허용하면 그 사람의 욕구와 필요에 자신이 함몰되고 말지도 모른다는 두려움에 시달린다. 그들은 자신의 자유, 자율성, 정체성을 잃게 될지 모른다고 무의식적으로 생각한다.

예쁘고 똑똑한 크리스티나를 만나는 론의 사례를 들어보자.

"크리스티나와 함께 있으면 항상 즐거웠어요. 하지만 그녀에게 푹 빠져 있는 건 아니었어요. 저는 주말마다 만나 데이트하는 그런 관계를 원치 않았어요. 둘 사이의 관계에 얽매여

다른 인간관계를 소홀히 하게 되는 것은 싫었거든요. 다행히 크리스티나는 많은 걸 요구하는 여자가 아니었어요.”

크리스티나는 인쇄소를 운영하면서 소규모 상점들을 대상으로 간판 만들어주는 일을 했다.

“크리스티나는 큰돈을 벌지는 못하는 것 같았어요. 일이 없을 때는 생활이 어려울 정도로 쪼들렸어요. 우리가 결혼한다면, 그녀는 봉을 잡는 셈이지만 제 인생은 한 등급 내려가는 거였죠. 하지만 경제적인 부분만 제외하면 크리스티나는 여러모로 매력적인 여자였어요.”

론은 데이트를 하면서도 그녀와 거리를 두기 위해 노력했다.

“크리스티나는 저에게 푹 빠진 것 같았어요. 저에게 맞춰주기 위해 늘 변신했죠. 하지만 전 그녀가 저를 너무 사랑하지 않길 바랐어요. 만난 지 한 달 정도 지난 후부터는 특별한 데이트를 준비하지 않았어요. 그녀의 아파트에서 TV나 보다가 침대로 가는 식이었죠.”

크리스티나도 그런 데이트에 불만을 표하지 않았다.

“사실 크리스티나를 계속 만났던 이유는 그녀가 침대에서 제가 원하는 대로 기꺼이 해주었기 때문이에요. 제가 가끔 2주 넘게 연락하지 않아도 그녀는 별다른 반응을 보이지 않았어요. 그러다가 지루함이나 따분함을 견디지 못한 제가 다시 찾아가면 아무렇지도 않은 듯 받아주었어요.”

론과 크리스티나는 서너 번 헤어지고 만나는 것을 반복했다.

“한번은 이별을 선언한 후 ‘이번에는 정말 끝이다!’라고 다짐했어요. 하지만 한 달 후 저는 늦은 밤 그녀의 아파트 문을 두드렸어요. 크리스티나는 처음엔 저를 밀어냈지만 결국 들여보내주더군요."

론은 그날 밤 늦게 그녀의 집에서 나왔고 그렇게 자신의 성적 욕구를 채우면서도 전혀 죄책감을 느끼지 않았다.

"제게 크리스티나가 옛 남자친구에 대해 털어놓은 적이 있어요. 그 남자가 원했던 건 오로지 섹스뿐이었고, 매우 잔인하게 굴었다고 하더군요. 그녀는 아무도 사귀지 않는 것보다는 그런 남자친구라도 있는 게 낫다고 생각해서 그 사람을 꽤 오래 사귀었다고 했어요. 크리스티나는 그 이야기를 고백하며 저는 그 사람과 달리 자기를 아껴주었으면 좋겠다고 말했죠. 하지만 그 이야기를 듣고 나니 오히려 그녀가 더 하찮은 존재로 느껴졌어요."

"처음엔 제가 나쁜 놈이라는 걸 인정하기가 싫었어요. 저는 제가 정직하고, 다른 사람의 기분을 배려해주는 괜찮은 남자인 줄 알았거든요. 하지만 크리스티나를 대할 때 저는 형편없는 남자였어요."

시간이 흘러 론은 크리스티나가 자신을 진정으로 사랑하고 있음을 깨달았다. 그녀와 거리를 두기 위해 노력했던 행동에 상처받았다는 것도 알았다. 물론 크리스티나는 그런 말을 하지 않았다. 그런데 크리스티나가 상처받으면서도 조용히 고통을 감내하고 있다는 사실 때문에 론은 분노했다.

"그런 크리스티나의 모습이 꼭 순교자처럼 굴었던 엄마 같았어요. 엄마는 지금도 연락도 없이 제 집에 불쑥 찾아와서는 여기저기 헤집고 다니며 물건들을 집어들고 '이거 어디서 샀니? 얼마 주고 샀어?' 하고 꼬치꼬치 물어요. 제가 대답하면 '나한테 미리 얘기해주지 그랬니? 그럼 더 싸고 더 질 좋은 물건을 사올 수 있었을 텐데'라고 하시죠. 지난번에는 엄마가 세탁물 바구니를 뒤지고 있는 걸 보기도 했어요. 엄마는 집 구석구석에 어떤 물건들이 있는지 모조리 알아야 직성이 풀리는 분이에요."

론은 어릴 때부터 어머니의 과보호에서 도망치려 애썼다. 제발 그만하라고 말하기도 했고 나중에는 아예 어머니를 피해 다녔다.

"널 위해 이렇게 희생하고 있는데, 고분고분하게 굴 수 없니?"

어머니의 잔소리가 시작되면 론은 즉시 자신의 방으로 피해버렸다. 그는 어머니가 원하는 것을 주고 싶었지만 잘 안 되었다. 어머니의 근심에 찬 얼굴을 보고 있으면 질식할 것 같았지만 한편으로는 죄책감이 들었다.

몇 년이 흘러도 론과 어머니의 관계는 전혀 바뀌지 않았다.

"그게 다 저를 사랑하기 때문이라는 건 알고 있어요. 하지만 잔소리와 걱정이 줄줄 이어지면 나도 모르게 화가 나요."

론은 계속되는 긴장성 두통 때문에 심리 치료까지 받았다.

"심리 치료사가 제게 여성을 바라보는 시각에 문제가 있다고 진단했을 때 동의할 수 없었죠. 크리스티나 이야기를 듣고 갈은 여자였던 심리 치료사가 제 속을 긁으려고 일부러 지껄인 소리라고 생각했어요."

심리 치료사는 론에게 '여자'를 묘사할 때 주로 사용하는 형용사들을 적어보라고 했다. 그가 적은 형용사들은 다음과 같았다. '교활한, 강압적인, 연약한, 감정적인, 숨 막히는, 의존적인, 징징거리는'

••

론이 적은 형용사들은 어머니의 모습이었다. 갈등의 주된 원인은 어머니가 론의 사생활을 존중해주지 않는다는 것이었다. 누구나 혼자만의 물리적, 정서적 공간이 필요하다. 하지만 론의 어머니는 그러한 공간을 인정해주지 않고 수시로 경계를 넘나들었다. 여기서 경계란 다른 사람이 절대 침입할 수 없는 자신만의 물리적, 정서적 공간이 시작되는 지점을 말한다.

자궁에서 세상으로 갓 나온 아기와 어머니 사이에는 어떤 경계도 없다. 아기는 '엄마가 곧 나'라고 믿는다. 하지만 아기가 성장하기 위해서는 물리적, 정서적 분리 과정을 통해 자신과 타인 간의 건강한 경계를 구축하는 법을 배워야 한다. 자기 자신을 잃지 않으면서도 서로 친밀함을 느낄 만큼 상대와의 거리를 유지할 수 있을 때 건강한 경계를 구축했다고 할 수 있다. 이를 구축한 사람은 상대의 요구나 욕구를 적절히 수용하고, 자신의 욕구를 적절히 표현할 수 있다. 그래서 압도당하거나 질식당한다는 느낌을 받지 않으면서도 상대방을 사랑하고, 상대에게 무엇인가를 줄 수 있다.

하지만 지나친 사랑을 쏟아 붓는 부모 밑에서 자란 사람은 건강한 경계를 구축하는 법을 배우지 못한다. 부모는 자녀를 자신들의 연장으로 여기면서 자신들의 욕구와 필요를 충족하려 든다. 당연히 자녀의 사생활은 존중되거나 보호받지 못한다. 그 결과 아이는 다른 사람들이 자신을 삼켜버리고, 올가미처럼 조이고, 그의 공간을 침범할지 모른다는 두려움을 느끼며 성장한다.

론의 어머니는 자신과 아들의 경계가 어디서부터 시작되는지 깨닫지 못했다. 그래서 아들을 과보호하고, 일거수일투족에 참견했다. 론은 어머니의 그러한 행동에 자신의 영역이 침범당했다는 느낌을 받았다. 문제의 근본 원인은 자식과 친밀감을 유지하려는 어머니의 욕구였다. 그녀는 론이 자신에게서 분리되어 나가는 것을 결코 허락할 수 없었다.

힘없는 아이에 불과했던 론은 그런 어머니에게 당당히 맞설 수 없었다. 어린 꼬마는 질식할 것 같은 어머니의 보호 아래서 자신을 방어하기 위해서 간접적인 수단으로 학습된 무관심의 가면을 썼다. 그는 어머니 앞에서 감정을 억누르며 자신을 드러내지 않게 되었다. 어머니에게 무신경하게 반응하고, 쌀쌀맞게 굴었으며, 심지어 무례하게 행동하기도 했다. 그는 그것만이 간섭에서 벗어날 수 있는 유일한 길이라고 믿었다. 그렇게 어머니와의 거리를 확보해 자신만의 공간을 보호하려 했다.

건강한 경계는 부모의 협조가 있을 때에만 유지된다. 부모는 자녀를 양육하고 보호하는 동시에 자녀를 흔쾌히 놓아줄 줄도 알아야 한다. 어머니와 편안함을 느낄 수 정도의 거리를 두는 데 실패했던 론은 다른 여성들에게도 자신의 경험을 투사했다. 그는 자신을 보호하기 위해 엄격한 경계선을 그었다. 그는 주변 사람들과의 관계를 통제하지 못할지도 모른다는 두려움에 방어적으로 행동하고 거리를 두려 했다. 여자친구인 크리스티나는 그의 어머니와는 딴판이었지만, 론의 선입견은 달라지지 않았다. 그에게 여자는 의존적이고, 연약한 척 행동하고, 징징거리는 존재였다. 크리스티나와 너무 가까워지면 그녀의 욕구가 자신을 삼켜버릴 것만 같아서 크리스티나가 매력적으로 느껴질 때마다 연락을 끊고 2주가 넘게 잠적하곤 했다. 또 그녀가 다정하게 다가오거나 사랑을 표현하면, 그녀를 함부로 대하고 이기적으로 행동했다.

부모의 지나친 사랑을 받고 자란 사람은 상대의 나약한 모습을 두려워해 요구사항이 많은 사람들을 위협으로 느낀다. 또 언제나 받기만 할 뿐 다른 사람을 위해 무엇을 준다는 것은 상상하지 못한다. 자신의 욕구와 필요를 충족시키는 것만으로도 벅차기 때문에 그들에게 뭔가를 요구하는 것은 한 번도 배워보지 못한 외국어로 말해보라고 하는 것과 같다.

그들은 상대방이 자신에게 끌리고 있다거나 그 사람이 나약하다는 것을 감지하면, 밀어내기 시작한다. 냉랭한 태도에 상대는 당황하며 불안한 마음을 드러내고 무엇을 잘못 했는지 묻는다. 그 말을 들으면 돌연 죄책감이 들면서 마음이 불편해지고 짜증과 화가 치밀어오른다. 그래서 무심한 척 어깨를 으쓱대며 말한다. "아무것도 아니야. 너 가끔 이상하게 그런 질문을 하더라. 왜 매번 같은 질문을 하는 거야?" 상대는 거리를 두려 할 때마다 똑같은 질문을 하고, 교묘히 빠져나가길 반복하는 사이는 점점 멀어진다.

이런 식으로 함몰될지도 모른다는 두려움에 상대의 불안을 부추긴다. 마음을 열고 솔직하게 말했다면 상대는 오히려 이해해줬을지도 모른다. 하지만 그런 행동이 내면의 불안감과 친밀함을 회피하려는 동기에서 나온 것임을 깨닫기는 어렵다. 상대를 피하기 위해 낡은 방어기제를 사용해 자신의 감정을 숨기고 상대에게서 요리조리 빠져나가려고 하며, 애매모호한 태도를 보인다. 이런 태도는 그토록 두려워하고 있는 함몰을 더욱 부추길 뿐이다. 우리가 상대를 피하고 움츠러들수록 상대는 걱정스러운 마음에 점점 더 다가오고 경계를 넘어 침범하려 들 것이기 때문이다. 그러면 결국 더욱 강한 누군가를 찾아 달아나버린다.

다른 사람들과 친밀한 관계를 맺기 위해서는 자신의 약한 모습도 인정하고 보여줄 수 있어야 한다. 또한 연인 같은 친밀한 관계를 맺기 위해서는 어느 정도 서로에 대한 구속을 허용하고 자유를 포기해야 한다. 하지만 부모와의 관계에서 어떤 사생활도 보호받지 못했던 사람은 자신의 약점을 보여주고, 일정 선의 구속을 허용하는 것도 두려워할 수 있다.

그런 사람들에게 결혼은 무시무시한 악몽처럼 느껴질 수 있다. 그래서 그들은 종종 함몰되어버릴지도 모른다는 두려움을 자극하지 않는 사람들에게 매력을 느낀다. 강압적이고 권위적인 아버지 밑에서 자란 한 여성은 지금까지 멀리 떨어진 도시나 다른 나라에 사는 남자친구만 사귀었다고 털어놓는다. 현재 사귀고 있는 남자친구는 파리에 살고 있다. 둘은 1년에 한 번, 휴가 때에만 만날 수 있지만 그녀는 매우 만족스러워한다.

"피터가 미국으로 이사 오면 더 좋겠지만, 지금처럼 지내는 것도 상관없어요. 요즘엔 떨어져면서도 사랑을 잘 유지하는 사람들이 많아요".

물론 그 말도 맞다. 하지만 남자친구와 적당한 거리를 유지하려는 그녀의 태도는 친밀감을 두려워하는 것에서 왔다. 연인과 물리적으로 멀리 떨어져 있는 것은 함몰될지도 모른다는 두려움을 완화시켜준다. 어떤 사람들은 공간적인 거리 대신 시간적인 거리를 방어 수단으로 삼는다. 그들은 과거 연인에 대한 환상을 품은 채 새로운 사람을 만나기를 거부한다. 이따금 과거 연인의 소식을 전해 들으며 그 사람과 다시 만나는 꿈을 키운다. 그 사람만이 자신을 행복하게 해줄 수 있다고 생각하면서 다가오는 사람들을 모두 거절한다. 그렇게 마음속에 빈자리를 간직한 채 그 사람이 다시 돌아와 그곳을 채워주기를 간절히 바란다.

사랑은 하되 서로 구속하지 않으므로 함몰될 가능성이 전혀 없는 관계는 매력적이다. 또한 친밀감을 두려워하고 있다는 사실에 직면할 기회를 차단한다. 어쨌든 사랑이라는 감정에 푹 빠져들 수 있으면 되는 것 아닌가?

관계에 함몰되어버릴지도 모른다는 두려움을 느끼는 사람들은 위협적이거나 손에 넣을 수 없거나 완전히 자기중심적인 사람에게 매력을 느낀다. 자신의 약점을 솔직히 인정하고 보여주는 것을 약함, 무관심과 냉담함, 자아도취를 강함이라 오해하기 때문이다. 강한 사람을 찾아 만나지만 어느 날 갑자기 상대가 먼저 거리를 두기 시작한다. 그들이 안전하고 편하다고 느끼는 사람들 역시 친밀감 문제로 고통받고 있을 가능성이 높다. 그런 관계가 양쪽 모두를 만족시켜주는 경우는 거의 없다.

버려질지도 모른다는 불편한 생각

부모의 지나친 사랑을 받고 자란 어른아이는 사랑하는 사람이 자신을 버리고 떠날지도 모른다는 두려움을 느끼는 경우가 많다. 그들은 상대가 자신을 버리고 떠나지는 않을까 노심초사하며 상대에게 집착하기도 한다. 물질과 사랑을 쏟아 붓거나, 자신의 존재를 인식시키려 애쓰는 것이다. 케빈은 여자를 사귈 때마다 잘해주려고 노력하지만 번번이 차였다고 털어놓는다.

●●

"저는 쉽게 사랑에 빠지고 그 감정을 잘 숨기지 못하죠. 계속 전화를 걸고, 작은 선물을 사주고, 카드를 보내고, 예고 없이 직장에 찾아가고, 언제나 열과 성을 다해 노력해요. 단 하루라도 여자친구를 보지 못하면 초조하고 불안해요."

"그 때문에 여자들은 대부분 부담스러워하며 뒤로 물러서요. 저도 알고 있지만 멈출 수 없어요. 그러다 결국 차이면 부모님은 저를 위로해주세요. 이유는 모르겠지만 부모님을 제외하고는 모두가 저를 떠날 거라는 두려움이 있어요. 오직 부모님만이 항상 제 곁에 있을 거예요."

●●

그의 버려질지도 모른다는 두려움은 자기충족적 예언self-fulfilling prophecy이 되었다. 그는 상대에게 지나치게 집착함으로써 그러한 두려움을 현실로 만들었다. 사실 그가 고른 상대는 대부분 관계에 함몰될지도 모른다는 두려움에 사로잡힌 사람들이었다. 그의 성급하고 지나친 사랑에 상대가 점점 두터운 방어막을 친 것은 당연한 일이었다.

같은 문제로 고민하고 있는 바이올렛의 말을 들어보자.

●●

"연인들은 다투었다가도 언제 싸웠냐는 듯 금방 화해하면서 지내잖아요. 하지만 제 남자친구는 한번 싸우고 나면 오래가는 편이에요. 다시 웃는 얼굴로 저를 대하려면 마음을 가라앉힐 시간이 필요하대요. 전 그가 뚱한 상태로 있는 걸

두고 볼 수 없어서 그의 마음을 풀어주려고 노력하면 더 화를 내요. 지난번에는 저 때문에 미칠 것 같다고 말하더군요. 하지만 저는 모든 게 괜찮다는 걸 확인하기 전에는 불안하고 초조해 견딜 수 없어요."

●●

바이올렛은 연인이 화를 내더라도 그것이 곧 헤어지자거나 버리겠다는 뜻은 아니라는 사실을 배우지 못했다. 그녀는 어릴 때 분노를 겉으로 표현해본 적이 없고 상대의 인정과 승인이 없으면 자신이 불완전한 존재라고 느꼈다. 그녀 내면의 빈 공간은 사랑하는 누군가와 친밀한 관계를 맺고 있을 때에만 채워진 것처럼 느껴졌다. 누군가에게 속해 있지 않는 한 자신이 불완전한 존재에 불과하다고 느끼는 것은 어린 시절 부모와의 관계에 기인한다. 부모들은 자녀가 자신들에게서 분리되어 나가려 시도할 때마다 불안과 두려움을 심어주었다.

아이는 부모를 떠나 모험을 하고 싶어했지만, 의존성을 버리려는 시도는 번번이 좌절되었다. 부모는 신체적으로나 심리적으로 늘 자신들의 통제권 아래 두려 했고 그 결과 신체적으로는 안전할지 몰라도 심리적으로는 매우 불안정한 사람이 되었다. 또 부모의 언어적, 비언어적 메시지를 지속적으로 주입받은 부모의 불안을 내면화하게 되었다.

부모는 이미 성인이 된 자녀가 독립하겠다는 의사를 표하거나,

자기주장을 내세우면 즉시 반대의견을 내놓거나 우울해하는 기색을 보인다. 그리고 그런 반응은 자녀에게 감정적으로 버려진 듯한 기분을 느끼게 만든다. 반면 자녀가 무기력해하거나 의존적인 모습을 보이면 부모는 즉각 관심이라는 당근을 준다. 그런 부모에게 길들여진 아이는 복종과 의존이라는 안전한 길을 택한다.

그들에게 홀로 서는 것은 두렵고 걱정스러운 일이다. 친밀한 관계 속에서만 온전히 살아 있음을 느끼기 때문에 다른 사람들과 융합되기를 갈망한다. 그들은 누군가의 인정과 승인을 받을 때에만 안정감과 힘을 느낀다. 자기주장을 하는 것은 버려질지 모른다는 두려움을 불러일으킨다. 그래서 관계에 집착하고, 상대에게 무엇인가를 끝없이 요구하며, 상대에게 의존하는 사람이 된다.

부모들은 때로 지나친 통제를 통해 자녀에게 사랑을 표현했다. 지나친 통제 또한 버려질지도 모른다는 두려움을 자녀에게 심어준다. 아이는 가까운 사람들을 통해 자신의 정체성을 확립한다. 아이의 정체성이 확립되는 결정적인 시기에 부모는 자신이 누구인지를 거울로 비춰주는 존재였다. 자녀를 과도하게 통제하고 자신들이 바라는 틀에 끼워 맞추는 데에만 열중하느라 자녀에게 잘못된 그림을 거울로 비춰주었다. 그들은 자녀를 부속품이나 소망을 대신 이루어줄 도구로 여기면서 자녀의 개성이나 정체성이 발휘될 공간을 전혀 허락하지 않았다.

그 결과 아이는 자신을 통제해줄 사람이 없으면 방향 감각을 잃고 마는 어른이 되었다. 자기만의 장점을 인식할 수 없는 사람이 된 것이다. 아이는 혼란스럽고 불안정한 정체성 때문에 항상 누군가에게 의존해야 하는 사람이 되었다. 정체성 혼란은 친밀한 관계를 통해서만 잠재워진다. 만약 친밀한 관계를 맺고 있는 상대가 없으면 외롭고 버림받은 느낌이 들어 부모를 대신해 정체성을 줄 수 있는 사람을 찾는다. 그리고 그런 사람을 만나 사랑에 빠지지만 그가 자신을 버리고 떠날까 봐 내내 두려워한다. 상대가 떠난다는 것은 상대와의 관계를 통해 얻은 자아상을 잃는 것을 의미하기 때문이다.

하지만 자존감을 얻기 위해 다른 사람에게 매달리는 것은 상황을 더욱 악화시킬 뿐이다. 내면의 안정을 찾기 위해 외부의 원천에 의존하는 것은 실망으로 가득 찬 인생을 예정해놓은 것이나 다름없다. 자신의 인생을 다른 사람 손에 맡겨놓고선, 상대가 원하는 것을 주지 못하면 분노 표한다. 다른 사람의 변덕에 좌우되는 안정감은 결코 완전하거나 영구적이지 않다.

버려질지도 모른다는 두려움을 해소하고 싶다면 의존하는 태도를 버리고 다른 방법을 찾아야 한다. 상대에게 버림받을지도 모른다는 두려움에 사로잡힌 사람은 새로운 관계를 시작하는 것을 회피하려고 거만한 척하거나 고고한 척하면서 자신을 방어한다. 그리고 혼자 남겨진다. 또 어떤 사람은 스스로를 방어하기 위해 세상 누구도 충족시킬 수 없는 까다로운 기준을 세우기도 한다. 그 결과 또한 외로움이다.

본모습을 감추기 위해서

상대가 자신의 진정한 모습을 알고 나면 더 이상 사랑하지 않을 것이라 믿고 방어적인 태도를 보이기도 한다. 다음 달에 결혼하는 데니즈와 앨런은 잘못된 믿음 때문에 심각한 위기를 맞았다. 데니즈는 앨런이 자신을 속이고 있다는 사실을 우연히 알게 되었다.

●●

은행에 갔다가 앨런 회사 동료의 아내를 만났는데, 짧은 안부인사를 주고받던 중 앨런이 회사를 그만두었다는 사실을 알게 된 것이다. 데니즈는 뒤통수를 얻어맞은 기분이었다.

그날 저녁 7시 정각에 늘 그랬듯이 앨런이 그녀를 데리러 왔다. 데니즈는 낮에 있었던 이야기를 꺼냈고 그러자 앨런은 당황하며 데니즈와 눈도 마주치지 못하며 머뭇거리다가 3주 전에 직장에서 해고되었다고 털어놓았다. 그런데 그 사실을 숨기고 매일 아침 7시에 양복을 입고 서류가방을 든 채 출근하는 것처럼 집에서 나갔던 것이다.

데니즈는 무척 화가 났다. 앨런이 직장에서 해고당했기 때문이 아니라 그 일을 숨겨왔다는 사실에 충격을 받았다.

"날 정말 사랑한다면 누구보다 나를 믿고 얘기해야 하는 거 아니에요? 어떻게 그렇게 감쪽같이 속이다가 직장 동료의 아내에게 그런 소식을 듣게 할 수 있죠? 이제 더 이상 앨런을 믿지 못하겠어요. 그가 솔직하지 못하다는 것을 알고 나니 사소한 모든 일에 의심이 생겨요. 나에게 거짓말한 게 그것뿐일까요?"

불행하게도 앨런의 거짓말은 거기에서 그치지 않았다. 앨런은 자신이 회장 직속 비서라고 말했지만, 사실은 회장 직속 비서를 도와주는 보조 비서였다. 또한 데니즈에게 자랑했던 것처럼 회사에서 능력을 인정받았던 것도 아니었다. 앨런은 언젠가 꼭 성공한 기업인이 될 거라며 떠벌리곤 했지만, 실제로는 자신의 미래나 능력에 대한 확신이 없었다.

앨런은 왜 거짓말을 했을까? 그가 어깨를 축 늘어뜨리며 말한다.

"전 결혼을 앞두고 있었고, 데니즈의 부모님은 사윗감에 대해 크게 기대하고 있었어요. 많은 사람들의 기대를 저버리는 게 두려웠어요. 사실대로 말하면 분명 저를 다른 눈으로 봤을 거예요. 전 금세 새로운 일자리를 구할 줄 알았어요. 그럼 아무 탈 없이 넘어갈 수 있었겠죠."

●●

물론 가끔 진실을 밝히기가 힘들 때도 있다. 하지만 상황을 모면하기 위한 작은 거짓말은 눈덩이처럼 불어나기도 한다. 앨런에게 성격적인 결함이 있는 것은 아니었다. 그가 거짓말을 한 것은 자신의 본모습이 드러날지 모른다는 두려움 때문이었다.

부모의 지나친 사랑을 받고 자란 아이들은 자신의 결점을 숨기고 싶어 한다. 가끔은 사실을 과장해 말하기도 한다. 그런 충동의 기저에는 자신이 너무나도 보잘것없어서 사람들이 그 사실을 알게되면 자신을 싫어할 것이라는 두려움이 자리하고 있다. 그 두려움은 자신이 성취하거나 획득했던 모든 것이 충분하지 못하다거나 만족스럽지 못하다는 믿음에서 나온다. 그들은 자신의 실패를 과장하고 확대하는 경향이 있다.

그런 경향이 극단으로 치달을 경우, 그 사람의 인생 전체가 거짓으로 점철되기도 한다. 고3이었던 헬렌은 친한 친구 두 명과 같은 대학에 지원했지만 혼자만 불합격했다. 그녀는 실망감과 창피함에 한동안 친구들과 연락도 끊고 두문불출했다. 그러던 어느 날, 그녀는 대학 캠퍼스에 나타나 친구들에게 특별 입학 허가를 받았으며, 전액 장학금을 약속받았다고 말했다. 그녀는 기숙사로 이사한 후 교재를 사고, 매일 수업을 들으러 나갔다. 헬렌의 행동을 수상쩍게 여긴 친구들은 대학 입학관리처에 전화를 해보았고 놀라운 사실을 들었다. 헬렌이 대학에 합격한 적도, 등록한 적도 없다는 것이었다.

심각한 우울증에 걸린 누나의 존재를 숨기고 싶어 하는 샘의 사례도 있다. 샘의 누나는 우울증으로 수차례 입원과 퇴원을 반복했으며, 현재는 사회복귀 시설에서 지내고 있다. 샘에게 누나는 다른 사람들에게 절대 알리고 싶지 않은 비밀이었다. 친한 사람들에게는 누나가 유럽에 살고 있다고 말했다. 게다가 여자친구를 사귈 때마다 관계가 진지해질 기미를 보이면 도망쳤다.

"제 핏속에 정신병 유전자가 흐르고 있다는 사실을 사람들이 알까 봐 두려웠어요. 결혼을 해서 아이를 낳았는데 정신병이 유전되면 어떡하죠? 그래서 어떤 여자와도 깊은 관계를 맺지 않았어요. 사랑이나 결혼 같은 건 필요 없다고 위안하면서요."

헬렌과 샘의 사례는 극단적이긴 하지만, 부모의 지나친 사랑을 받고 자란 어른아이 중에는 남들에게 강하고 멋진 모습을 보여주어야 한다는 강박관념에 시달리는 경우가 많다. 나약하고 결점투성이인 본모습으로는 충분치 않다고 여겨 자신의 모습을 과장한다. 모두 엄청난 거짓말을 하는 것은 아니다. 진실한 감정을 감추고 사람들과 거리를 두는 것 또한 실체를 숨기고 싶어 하는 사람들이 흔하게 보이는 행동 유형이다. 그들은 장점은 강조해서 드러내고, 약점은 숨기는 편이 덜 위험하다고 생각한다.

그들은 자신의 약점이 끔찍한 비밀이라도 되는 양 필사적으로 숨기려 애쓴다. 밝혀질까 봐 두려워하는 실패의 경험이나 약점을 파헤쳐보면 문제는 그 사건이나 감정 자체가 아니라 그들이 거기에 부여하는 의미임을 알 수 있다. 그들이 실패나 약점을 부정적으로 바라보는 경향은 부모에게서 물려받은 것이다.

자녀를 지나치게 사랑하는 부모는 다른 집 아이들과 비교하며 자신의 자녀가 얼마나 착하고 훌륭한지 확인하려고 한다. 그들은 동료나 이웃, 교사, 친척들의 눈에 아이가 착하고 훌륭하게 보이길 바란다. 아이는 부모를 기쁘게 해주기 위해 스스로를 포장하고 부모에게 순종하는 법을 배운다. 아이는 받아들여지지 않을 소망은 일찌감치 포기한 채 진정한 자신을 부정하고, 부모가 기대하는 것을 성취하기 위해 노력한다. 아이는 차츰 자신의 부족한 모습이 겉으로 드러날까 봐 과민 반응하는 사람이 된다.

부모의 지나친 사랑을 받고 자란 사람은 약점을 숨기고 남들 눈에 좋아 보여야만 사람들의 관심과 사랑을 받을 수 있다고 믿는다. 실제로 그들은 자신의 본모습을 숨겨야만 부모에게 사랑받을 수 있었기에 다른 사람들에게도 부모를 통해 습득한 방어기제를 사용한다.

자신의 본모습이 드러날지 모른다는 두려움과 버려질지 모른다는 두려움은 서로 관련되어 있다. 진짜 모습을 보여주면, 상대가 자신을 버리고 떠날까 봐 두려워하는 것이다. 사람은 누구나 완벽하지 않고 부족한 면은 때로 인간적인 매력이 되기도 한다. 하지만 부모의 지나친 사랑을 받고 자란 어른아이는 부족함을 드러내는 것을 꺼리며 가면을 쓴 채 피상적이고 방어적이며 무감각한 태도를 보이는 사람이 된다.

진정한 모습을 숨김으로써 얻는 이득은 다른 사람과 거리를 둘 수 있다는 점이다. 사람들은 그가 본모습을 드러내지 않는다는 사실을 알아차리거나 별 관심을 두지 않은 채 그저 취약하고 무능한 사람이라고 치부해버릴지도 모른다. 어른아이는 거절당할까 봐 두려워 진실을 숨기거나 꾸며낼지 모르지만, 그 이면에는 거절당하지 않을 경우 초래될 친밀함에 대한 두려움이 숨어 있다. 다른 사람에게 비밀을 밝힐 정도로 가까워지는 것은 어른아이를 불편하게 만든다. 하지만 속마음을 보여주지 못하면, 결코 사랑받고 있다거나 이해받는다는 느낌이 들지 않는다.

버려질까 봐, 상대에게 함몰될까 봐, 본모습을 들킬 것 같아 두려움에 빠진 사람은 인식하지 못하는 사이에 다른 사람들을 밀어내고 있는지도 모른다. 미묘한 방식으로 사람들을 밀어내는 행동에는 어떤 것들이 있을까? 아래 목록을 보면서 자신의 행동을 점검해보라.

말을 너무 많이 한다

떠오르는 모든 생각과 의견을 모조리 털어놓아야 할 것 같은 강박관념에 시달리고 있지는 않은가? 그렇게 해야만 상대와 친밀한 관계를 유지할 수 있다는 잘못된 믿음 때문에 말을 하지 않으면 관계가 끊어질지도 모른다고 생각한다.

어릴 때부터 부모는 어떤 생각을 하고 있는지, 어떤 행동들을 했는지 모조리 털어놓으라는 압력을 가했을 것이다. 아무리 말을 많이 하더라도 부모는 더 많은 것을 알고 싶어 했다. 하지만 이야기를 해준 대가로 부모가 속내를 털어놓는 일은 거의 없었다.

결코 지루해하거나 따분해하지 않는 관객의 스포트라이트를 받고 자라 자기 말만 하고 상대의 말은 듣지 못하는 사람이 된 것이다. 친밀감은 두 사람이 서로 생각과 감정을 공유할 때에만 생겨난다. 대화가 일방적으로 흐르면 안 된다. 늘 자기 말만 하면 상대는 무시당하고 있다고 느낄 것이다.

때로는 불안감을 억누르고자 말을 너무 많이 한다. 침묵이 길어지면 우리의 본모습이 드러날지도 모른다고 두려워하기 때문에 아무말 없이 가만히 있는 상태를 견디지 못한다. 또는 관계를 통제하기 위해 말을 많이 하기도 한다. 다른 사람이 생각과 감정을 털어놓는 것은 두려운 일이라 대화를 독점하면 듣고 싶지 않은 말을 피할 수 있다. 가끔 뻐기기 위해 말을 많이 할 때도 있다. 그런 경우 공격적인 언사를 던지기도 한다. 상대방은 당연히 기분이 언짢겠지만 기분 나쁜 내색을 하지 않으며 어서 말이 끝나기를 기다린다. 이런 일이 반복되면 결국 화를 내거나 멀리하게 된다.

말을 너무 많이 하는 것은 다른 사람에게 함몰될지도 모른다는 두려움이 무의식적으로 작동한 결과일 수 있다. 그 시도는 대개 상대가 멀어지는 것으로 성공을 거둔다.

논리적으로 설명하려 드는 것

감정을 억누르고, 자신의 감정을 논리적, 분석적으로 설명하려 드는 것은 자신의 취약성을 숨기기 위한 방책일 수 있다. 과도한 주지화Intellectualization 경향은 사람들을 멀어지게 만든다. 26세의 시스템 분석가인 루이즈는 약혼자가 처음으로 사랑을 고백한 순간을 잊지 못한다.

●●

"우리는 침대에 누워 있었어요. 그가 저를 안고 '루이즈,

사랑해'라고 말했어요. 평소에는 그런 적이 없었기 때문에 저는 깜짝 놀랐죠. 그는 냉정한 사람이었고, 저를 사랑하는지 확신하지 못하고 있었거든요."

"저는 그가 사랑한다고 말한 것이 진심인지 다시 확인하고 싶어서 그가 굿나잇 키스를 했을 때 물어보았어요. '방금 했던 말 무슨 뜻으로 그런 거야?'"

"그는 잠시 뜸을 들이더니 '사랑의 정의를 오랫동안 생각해봤어. 나는 사랑이란 나 자신을 확대시켜서 상대의 영혼이 성장할 수 있도록 도와주는 것이라는 결론에 이르렀어. 당신이 영적으로 성장할 수 있도록 돕고 싶어' 그러는 거예요."

"저는 그를 빤히 쳐다보면서 '나를 사랑한다고 말한 게 무슨 뜻인지 물어본 건데 뭐가 그렇게 어려워?' 하고 다시 물었어요."

"그러자 그가 가라앉은 목소리로 '왜 화를 내는 거야? 영적인 성장이 얼마나 중요한 건데. 사랑이란 자기 내면의 본질을 상대와 공유하는 거야. 내가 당신에게 그런 것처럼'이라고 답했어요."

●●

루이즈는 사랑에 대해 철학적으로 말하는 약혼자의 모습이 우스꽝스럽게 느껴졌다. 사랑하는 사람의 영혼의 성장을 돕고 싶다는 말이 잘못된 것은 아니었지만 감정을 사무적으로 표현하는 게 마음에 들지 않았다. 하지만 루이즈의 남자친구에게 감정을 솔직하게 털어놓는 것은 무척 어려운 일로 감정 표현은 자신을 무방비 상태로 노출시키는 것과 다름없었다. 그래서 그는 주지화라는 안전한 방식을 통해 자신의 마음을 표현했던 것이다.

부모에게 과도한 사랑을 받고 자란 어른아이는 사랑한다고 말하는 것을 어려워하는 경우가 많다. 그래서 감정을 숨기고, 자신의 약한 모습을 보이지 않으려 한다. 하지만 친밀한 관계를 맺으려면 어느 정도 감정을 드러내야 하는 법이다. 서로 감정을 표현하지 않는 관계는 불만족스럽고 피상적일 수밖에 없다. 안전하긴 해도 어떤 보상도 주어지지 않는다. 그러나 이상과 논리는 감정을 느끼지 않기 위해 사용하는 방어 수단이다.

냉소적이거나 거만한 태도

풍자나 비꼼, 비아냥거림은 분노나 적개심의 간접적인 표현일 수 있다. 약간의 농담은 해가 되지 않는다고 생각하여 짓궂은 발언을 하기도 하는데 이것은 사실 다른 사람들과 거리를 두고 싶어 하는 무의식적 동기의 발현일 수 있다. 때로는 수줍음을 감추기 위해, 불안함으로부터 자신을 보호하기 위해 거만한 척하기도 한다. 나약한 모습을 노출시키느니 다른 사람들을 속여서 강한 척하는 게 낫다고 생각하는 것이다.

냉소적이거나 거만한 태도는 공격성을 수동적으로 표현하는 것에 불과하다. 부모의 과도한 관심과 사랑 속에 공격성을 직접적으로 표현할 수 있는 기회를 빼앗긴 채 자란 사람은 분노를 표출하기 위해 수동적-공격 전략passive-aggressive strategies을 개발한다. 공격성을 직접 표현하는 것보다는 훨씬 더 안전하기 때문이다. 상대방은 냉소적이거나 거만한 태도에 대해 혼란을 느끼지만 적어도 보복은 하지 않는다. 대신 그런 사람들을 멀리하거나 되받아쳐 공격한다. 결과적으로 친밀감은 저해된다.

음식이나 술, 마약에 빠지는 심리

음식을 마구 먹어서 과체중이 되는 것은 자신을 덜 매력적으로 보이게 해서 이성의 관심을 차단하기 위한 무의식적 작용일 수 있다. 술 마시고 엉망으로 취해 있는 모습을 보이는 것도 마찬가지다.

음식, 술, 마약 등 그 대상이 무엇이든 중독은 자기만의 세계에서 살 수 있게 해준다. 한 대상에 푹 빠져서 집착 수준에 이르면 다른 사람들과 현실적인 관계를 맺을 수 없게 된다. 집착의 대상은 사람보다는 물질인 경우가 많다. 중독에 빠지면 도취감, 위로, 피상적인 자존감을 얻을 수 있지만 진정한 친밀감과는 멀어진다.

늘 뾰로통하게 반응하는 이유

어린 시절 삐친 척하거나, 상처받은 척하거나, 슬픈 척하는 것은 부모에게서 원하는 것을 얻어내기 위한 최상의 무기였다. 그런 식으로 행동하면 부모는 즉시 달려와 문제를 해결해주었다. 그래서 어른이 되어서도 같은 무기를 계속 사용하지만 그 효과는 부모에게 그랬던 것만큼 뛰어나지 않다. 한 여성의 말을 들어보자.

"제가 크레이그에게 뾰로통한 얼굴로 '당신은 날 사랑하지 않는 것 같아'라고 말하면 그는 미치려고 해요. 사실 전 사랑한다는 말을 듣고 싶어서 그런 말을 하는 건데……."

그녀는 남자친구의 사랑을 확인하고 싶은 것이다. 하지만 자신이 바라는 바를 직접적으로 요구하는 법을 모르기 때문에 '크레이그, 날 사랑한다고 말해줘'라고 할 수 없다. 문제는 상대방에게 원하는 것을 받아내더라도 별 만족을 느끼지 못한다.

원하는 것을 얻기 위해 우는 소리를 하거나, 입을 꾹 다문 채 화를 내거나, 뾰로통해 있는 것이 좋을까? 바라는 바를 상대를 교묘히 조종해서 얻어야만 더 만족스러운가?

모든 사람의 내면에는 어린아이가 존재한다. 이 아이는 응석받이처럼 항상 사랑과 관심, 애정을 갈구하며 만족을 모른다. 내면의 아이는 완전한 어른이 되는 것을 방해하기도 하는데 다른 사람에게서 응석받이의 모습을 발견하면 자신의 단점을 보는 것 같아 그를 멀리한다.

그렇다고 의존적인 대상에게 매력을 느끼는 사람이 전혀 없다는 뜻은 아니다. 의존적인 상대를 돕는 데서 만족을 느끼는 사람도 분명 있다. 하지만 대개는 상대를 돌보느라 자신의 욕구나 필요는 충족시키지 못할 것이기에 멀리한다.

마음의 문을 닫고 뾰로통한 태도로 사람들을 대해 관계를 통제하려 는 것은 분노를 표현하는 수동적-공격 반응이기도 하다. 그러한 행동은 버림받을지도 모른다는 두려움의 파생물이다.

다가오는 사람들에게 적대적이거나 무관심한 태도를 보인다

바쁘다는 핑계로 상대에게 신경 쓰지 않는다거나, 부재중 전화가 와 있는 것을 보고도 전화를 걸지 않는다거나, 상대가 속 깊은 이야기를 꺼냈는데 화제를 돌린다거나, 다정다감한 태도를 약하고 감정적이며 쓸데없이 동정심이 많은 것으로 치부해버리면 사람들과 점점 멀어지게 마련이다.

무관심하거나 냉담한 태도를 보이는 것은 구태여 자신의 감정을 공공연하게 드러내지 않으면서도 분노를 간접적으로 표현할 수 있는 방법이다. 무관심과 냉담함은 '나는 너보다 나은 사람이야. 난 너에게 별로 신경 쓰지 않아'라는 메시지를 효과적으로 전달할 수 있다. 그런 태도에 상대는 기분 나빠하거나, 자신이 뭔가 잘못한 것은 아닌지 의아하게 여길 수 있다.

친밀감을 느끼고 싶다면 상대의 장점을 칭찬하고 서로를 기분 좋게 해주는 법을 알아야 한다. 매번 다른 사람의 기분을 불쾌하게 만든다면, 상대는 머지않아 당신에게 안녕을 고할 것이다.

자신이 옳다고 여긴다

상대가 의견을 제시할 때마다 "그래 네 말도 맞아. 하지만……"이라고 말하는 사람이 있다. 그런 행동의 동기는 관계에 대한 통제력을 행사하고 싶은 욕구다. 항상 자신이 옳아야 한다고 여기기에 의견을 제시하고 결론을 내리고, 상대에게서 모순된 부분을 짚어낸다. 그러면 상대방은 공격받았다고 느끼기 때문에 결국 관계가 소원해질 수밖에 없다.

자신이 옳아야 한다고 생각하는 사람들은 언제나 반대 의견을 제시하거나 소수의 인기 없는 견해를 대변한다. 그렇게 해야만 토론에 재미를 더할 수 있다고 합리화한다. 하지만 의견을 솔직히 말하는 것과 상대방의 오류를 일일이 지적하는 것은 분명 다르다.

어떤 사람들은 상대와 밀접한 관계일수록 상대의 잘못을 바로잡아주어야 한다고 믿는다. 그러한 성향은 어린 시절에 경험한 부모의 사랑에서 비롯된 것이다. 아마도 그들 부모는 "내가 너를 사랑하지 않았다면 이런 말을 하지 않았을 거야"라는 허울 좋은 말로 포장하며 문제나 잘못을 지적했을 것이다. 하지만 그것은 누구의 진실이었을까.

그러한 부모 밑에서 자란 사람은 누군가를 아끼고 사랑한다면, 논리적 오류를 지적해주어야 한다고 생각한다. 하지만 잘못된 점을 지적하고 고치려는 태도에 상대는 모욕감과 적대감을 느낄 뿐이다. 그들은 서로 말로 공격과 수비를 주고받는 게임을 벌인다. 여러 차례 공격에 성공해 상대방의 점수를 깎아내리면 게임에서는 이기겠지만 그 사람과의 관계는 끝이 나버릴지 모른다.

항상 자신이 옳아야만 한다고 생각하는 태도의 이면에는 무력감이 숨어 있다. 그들은 상호작용과 유연성을 두려워한다. 그들은 사랑할 준비가 되어 있는 사람을 만나더라도 다른 의견을 절대 받아들이지 않는 완고한 태도 때문에 상대를 밀어내고 만다. 그들은 상대가 옳다고 인정하는 것은 함몰당하는 것을 의미한다고 여기기 때문에 상대를 깎아내리고 자신을 방어하기에 급급하다. 결국 그런 태도 때문에 친밀함과 점점 멀어진다.

우울함이 가로막는 것

때로 우울증은 친밀함을 막기 위한 방어기제로 사용된다. 직접적으로 동정심과 관심을 이끌어내는 법을 모르는 사람은 상대의 연민과 관심을 유도하기 위해 무의식적으로 우울증을 이용하기도 한다. 우울증은 사람들과의 열린 대화를 가로막고 무기력을 키운다. 이런 태도가 지속되면 주변 사람은 지치고 화가 난다. 우울함을 표함으로써 처음에는 주변 사람들의 동정과 관심을 받을 수 있을지 모르지만, 몇 달 이상 지속되면 주변 사람들은 더 이상 애정어린 지지와 관심을 보여주지 않을 것이다. 우울증이 깊어갈수록 사람들과의 상호작용은 줄어든다. 주변 사람들은 자신의 관심과 사랑이 아무 도움도 되지 못하고 심지어 상황을 더욱 악화시켰을지도 모른다고 생각해 결국 그 사람을 멀리하게 된다.

위에 나온 여러 방식으로 사람들을 밀어내는 것은 결코 의식적으로 이루어지는 일이 아니다. 두려움 때문에 무의식적으로 친밀함을 피한다.

이쯤 되면 모든 인간관계 문제가 부모 탓이라는 생각이 들지도 모르겠다. 하지만 당신은 이제 성인이다. 부모가 사고방식과 가치관 형성에 많은 영향을 끼친 것은 사실이지만, 우리의 인간관계는 이제 우리 손에 달려 있다. 다른 사람을 원망하거나 탓하기만 해서는 문제를 해결할 수 없다.

더 이상 무력하지 않으며, 부모의 생각과 영향력에서 자유로운 존재이며 스스로를 새롭게 정의 내릴 수 있다. 어린 시절의 경험에서 벗어나 원하는 모습으로 살아갈 수 있으며 부모의 판단에 기댈 필요가 없다. 살아가면서 어려움에 부딪힐 때마다 부모를 탓하기만 하는 것은 어른답지 못한 처사다. 친밀감과 관련된 문제로 고통받아왔다면 이제부터 해결하기 위해 노력하면 된다. 모든 문제의 해결은 문제에 대한 자각에서 시작된다. 현재를 고통스럽고 혼란스럽게 만든 원인이 친밀감에 대한 두려움이라는 사실을 알았으니, 이제부터 그것을 길잡이 삼아 문제를 극복해 나가면 된다.

CHAPTER _ 07

변하기 위해 끊어낼 결심

“어떤 여자와 결혼하고 싶으냐고요? 드라마나 영화에 나오는 것 같은 현모양처요.”

– 밥(34세, 디자이너)

상견례 자리에서 남자 쪽 아버지가 예비 며느리에게 덕담을 건넨다.

"넌 정말 복이 많은 거야. 착하고 유머 감각 있고 능력 있는 남자와 결혼하니 말이다. 귀한 우리 아들을 남편으로 맞이하다니 새아기, 너는 금덩이를 선물로 받은 거나 다름없어."

그 말을 들은 예비 신부의 부모가 식탁 밑으로 서로의 옆구리를 찌른다. 그들 눈에는 딸이 예비 사위보다 훨씬 더 잘났기에 금덩이를 받은 거라는 말에 민감하게 반응한다. 신부의 아버지가 예비 사위에게 말한다.

"내 딸이 금덩이를 받은 거면, 자네는 금덩이보다 훨씬 더 가치 있는 것을 받는 거네. 사랑스러운 내 딸은 다이아몬드야!"

이렇게 왕족의 결혼식이 시작된다. 어른아이들은 친밀감에 대한 두려움, 높은 기대치, 많은 걱정과 우려에도 불구하고 결혼에 골인한다. 결혼은 부모에게서 벗어날 수 있는 계기다. 서로 얽혀 있던 가족 구성원들은 자녀의 결혼 앞에서 모순되는 갈등을 느낀다. 부모는 자식이 감시의 눈길과 사랑의 통제를 벗어나는 것에 대해 불안을 느낀다. 그래서 그들은 자녀를 놓아주려 하지 않고 자녀도 부모에게서 벗어나는 것을 불안하게 여긴다.

부모의 지나친 관심을 받고 자란 사람이 상호의존적인 유대에서 벗어나 결혼생활에 전념하려면 어떻게 해야 할까? 자녀가 부모에게서 벗어나려 한다면 관계에는 어떤 일이 생길까? 반대로 결혼 이후에도 부모의 통제권에서 벗어나려 하지 않는다면 어떤 일이 벌어질까? 낸시는 롭과 결혼하면서 이러한 문제들에 맞닥뜨렸다.

●●

"우리는 부모님 댁에서 결혼식을 올렸어요. 그게 불행의 시작이었는지도 몰라요. 우리 가족은 무척 가까웠어요. 서로의 인생이 분리되어 있지 않았죠. 롭은 우리 가족에게 '외부인'이었어요."

낸시의 부모가 대놓고 롭을 외부인 취급한 것은 아니었다. 적어도 처음에는 롭을 받아들이는 것처럼 보였다. 하지만 롭은 절대 부모의 눈에 차는 사윗감이 아니었다.

"부모님은 어쩔 수 없이 롭을 받아들인 거였어요. 물론 롭 앞에서는 늘 상냥하셨고 엄마는 롭을 '우리 사위'라고 부르며 잘해주셨어요. 하지만 전 부모님이 그를 못 미더워 한다는 걸 알고 있었어요. 두 분은 그를 진심으로 존중해주진 않았어요. 아버지는 롭을 '등신 같은 놈'이라고 불렀대요. 동생한테서 그 말을 들었을 때 화가 나긴 했지만, 놀라진 않았어요."

낸시는 부모에게 그가 괜찮은 사람이란 걸 증명하려 했지만 부모는 롭의 다른 면을 보려 하지 않았다.

"부모님이 롭을 좋아하게 되기를 바랐어요. 그런데 제가 롭의 직장 문제를 부모님한테 말해버렸죠. 롭은 광고업계에서 일했는데 두 번이나 승진에서 탈락했어요. 롭은 별로 대수롭게 여기지 않았지만, 저는 속이 탔어요."

낸시는 끙끙 앓다가 롭이 출장을 갔을 때 부모에게 그간의 이야기를 쏟아냈다.

"예전부터 문제가 생기면 부모님과 의논하곤 했어요. 그래서 롭에 대한 걱정을 털어놓는 것도 당연했죠. 하지만 롭에게는 말하지 않았어요. 우리끼리 자기 얘길 했다는 걸 알면 싫어할 테니까요."

낸시의 아버지는 롭이 잘난 척하는 게 문제라고 승진하려면 더욱 충성스러운 직원이 되어야 한다고 진단 내렸다. 한참 시간이 지난 어느 날, 낸시의 어머니는 롭이 미덥지 못하다고 말했다.

"롭은 좋은 남편이 아닌 것 같아. 친구들과 어울려 술집이나 다니고. 어쩜 그렇게 사람이 성숙하질 못하니. 밖으로 나다니지 말고 집에서 너랑 축구 경기나 보면 좀 좋아?"

낸시는 어릴 때부터 부모의 말에 큰 영향을 받았고 부모의 생각과 믿음을 고스란히 수용했다. 낸시가 롭의 문제에 대해 부모에게 보고 할 때마다 부모는 어떻게 그를 조종할지 세세하게 코치해주었다. 부모의 간섭과 개입이 이어지자 낸시는 자신이 큰 실수를 했음을 깨달았다.

"부부 일을 부모님한테 시시콜콜 얘기했던 게 잘못이었어요. 부모님은 심리학자라도 되는 양 롭의 행동 동기를 분석했어요. '롭은 TV를 보지 말아야 해. 자기 문제를 회피하기 위해 TV를 보는 거야' 사실 롭은 광고회사에서 일하는 사람이고, TV 보는 건 일의 연장인데 말예요."

"문제를 약간 털어놓으면 부모님은 모든 일을 확대 해석하셨어요. '네 남편은 이렇게 해야 해. 저렇게 해야 해'를 몇 번이나 들어야 했죠."

낸시가 부모에게 새로운 정보를 주지 않았더라면 아마 상황은 그렇게 악화되지 않았을 것이다.

"부모님한테 지칠 대로 지친 저는 어느 날 이제 그만하라고 소리를 질렀어요. 정말 어처구니없는 건 다음 날 부모님을 찾아가 하소연했다는 거예요. 제 혀를 깨물어버리고 싶은 심정이었죠. 부모님이 롭에 대해 비판적인 말을 늘어놓는 것도 신물 났어요. 하지만 부모님한테 우리 부부 생활에 대해 끝없이 늘어놓았어요. 무슨 일이 생기면 입이 근질거려 참을 수 없었죠."

어느 날 롭은 주요 고객이었던 한 업체가 자신에게 더 이상 일을 맡기지 않을지도 모른다고 말했다. 그날 밤 둘은 서로 소리를 질러대며 싸웠다. 낸시는 부모에게 들었던 롭에 대한 비판들을 따발총처럼 쏘아댔다. 롭은 격노했다.

"당신 부모가 그런 말들을 했을 거라고 예상은 했어. 하지만 당신도 내가 멍청한 패배자라고 생각한 거야? 내가 회사에서 능력을 인정받지 못한 건 가정에 충실했기 때문이야.

당신과 함께 더 많은 시간을 보내기 위해 야근도 하지 않았어. 그래서 부장의 눈 밖에 났는지도 모르지. 하지만 내가 일하느라 집에 늦게 들어오면 당신과 당신 부모님은 가정에 소홀하다고 비난했을 거야. 내가 어떻게 하든 꼬투리를 잡았을 거라고."

몇 주 동안 냉전기를 보낸 후 둘만의 힘으로는 해결이 불가능하다고 생각한 그들은 부부상담을 받기도 했다. 낸시는 상담을 받으면서 롭과 결혼했으면서도 정서적으로는 완전히 헌신하지 못했다는 것을 알았다.

"그를 한번도 신뢰한 적이 없었다는 걸 깨달았어요. 문제가 생길 때마다 부모님에게 달려갔죠. 저는 롭이 아닌 부모님에게 충실했어요."

●●

부부 사이에 갈등이 생긴 것은 낸시가 롭에게 정서적으로 전념하지 못했기 때문이다. 낸시는 부모에게서 완전히 독립하지 못한 상태였다. 성인으로서 정체성을 확립하기 위해서는 부모로부터의 분리가 반드시 필요하다. 분리란 맞지 않는 구속의 끈을 끊어내는 것을 의미한다.

낸시는 두려움 때문에 부모에 대한 의존의 끈을 놓지 못했고, 낸시, 롭, 낸시의 부모 사이 삼각관계의 원인이 되었다. 그 안에서 롭은 늘 뒷전이었다. 문제가 되는 것은 롭의 직장이었다. 롭이 번번이 승진에서 탈락하자 낸시는 미래에 대한 불안을 느꼈다. 그녀가 자신의 두려움을 솔직하게 털어놓고 그것을 해결하기 위해 택한 사람은 롭이 아니라 부모였다.

사실 부모에게 말한다고 해서 뾰족한 수가 생기는 것도 아닌데 그녀는 부모에게 털어놓고 싶은 충동을 억제하지 못했다. 이는 낸시가 부모에게서 정서적으로 독립하지 못했다는 것을 보여준다. 그녀는 죄책감 속에 자신들의 문제를 부모에게 계속 털어놓음으로써 삼각관계를 더 단단하게 만들었고 계속 고통받았다.

낸시는 어째서 부모에 대한 의존을 버리지 못하고, 부모의 인정을 받고 싶어 하는 사람이 되었을까? 그녀는 심리 상담을 받으면서 어린 시절 부모의 기대에 부응하지 못했을 때 죄책감을 느끼고 자아비판을 했던 경험을 돌아보았다. 그래서 부모의 기대에 못 미치는 남자와 결혼한 것에 대해 죄책감을 느꼈다. 그러던 차에 롭이 승진에서 탈락한 것이 참담한 실패로 느껴졌다. 롭의 승진은 낸시가 부모의 인정을 받을 수 있는 기회였다.

상담을 받으면서 낸시는 자신이 부모와 건강하지 못한 관계를 맺고 있다는 불편한 진실을 직시하게 되었다. 그동안 낸시는 부모에게 어떤 비판의 말도 들어본 적이 없었고 열일곱 살 때 취직을 하겠다며 고등학교를 자퇴했을 때도 부모는 그녀를 이해해주었다. 다른 부모라면 꾸짖거나 타일러보기라도 했을 것이다. 하지만 낸시의 부모는 '조금만 더 노력해보지 그랬니? 너에게 얼마나 재능이 많은데……'라고 아쉬워했을 뿐 전혀 화내지 않았다. 낸시가 무책임하게 행동하거나, 실수하거나, 어리석은 결정을 내려도 그들은 상황을 해결할 수 있는 방법과 핑계 댈 구실을 만들어주었다. 그들에게 가장 중요한 것은 남들 눈에 딸이 완벽해 보이는 것이었다. 딸의 단점을 인정하는 것은 부모로서 실패를 의미했기에 딸을 향한 어떤 분노나 비판도 억제했다.

그런데 낸시의 결혼을 계기로 그들은 그동안 쌓아왔던 불만과 분노를 롭에게 표출했다. 딸에 대한 불만과 분노를 꾹꾹 눌러왔던 그들에게 외부인은 좋은 희생양이었다. 기대에 부응하지 못한 아들과 딸에 대한 불만이 며느리나 사위에게 전이되는 것은 흔한 일이다. 그렇게 하면 가족을 묶어주는 사랑의 끈을 파괴하지 않고 쌓아온 분노를 발산할 수 있기 때문이다. 자녀의 문제는 자녀 배우자의 결점으로 교묘히 옮겨간다. "사위(며느리)가 더 부자였더라면, 더 책임감이 있었더라면, 더 똑똑했더라면 내 딸(아들)은 아무 걱정 없이 살 수 있었을 텐데".

낸시 부모는 딸이 결혼한 순간부터 롭의 단점을 파헤치기 시작했다. 롭이 승진에서 누락되자 낸시의 부모는 그것이 롭의 한계라고 속단했다. 그 한계는 그들의 불안이었고 롭의 단점이라 여긴 것은 사실 가치관의 차이에 불과했다. 하지만 자녀를 지나치게 사랑하는 부모는 그러한 차이를 인정하지 않는다. 딸도 자신들처럼 그것을 단점으로 여겨야 한다고 생각했다. 그래야 딸이 자신들에게서 정서적으로 분리되지 않을 것이기 때문이다. 낸시는 심리 상담을 통해 부모가 롭에 대해 비판하는 것을 즐기고 있었다는 사실을 알게 되었다. 부모가 롭의 결점을 지적하는 걸 듣고 있으면 자신에게는 아무 잘못이 없는 것처럼 느껴졌기 때문이다.

냅시처럼 부모의 과도한 사랑을 받고 자란 사람은 부모가 자신의 배우자를 비난하는 것을 무의식적으로 환영하기도 한다. 어른아이는 배우자를 비난하는 부모를 자신의 행복을 위해 싸우는 멋진 투사로 여긴다. 그래서 부모 자식 사이는 더욱 끈끈해진다. 낸시도 자신 안에 그런 무의식적인 동기가 있었음을 인정했다. "부모님은 롭이 저를 숭배하고, 저를 위해 일하고, 행복하게 해주어야 한다고 생각하셨어요. 사실 저도 롭이 그렇게 해주길 은근히 바라고 있었죠."

결혼 후에도 부모의 손에서 벗어나지 못하는 사람이 많다. 부모에 대한 과도한 의존은 배우자와의 관계를 망치는 지름길이다. 거기에는 물론 부모 탓도 있다. 때로 부모는 자녀의 인생에 불쑥 끼어들어 요구하지도 않은 조언을 해주기도 하고, 곤경에서 구해주기도 하고, 집이나 돈을 주기도 하고, 결혼생활에 대해 시시콜콜한 이야기를 털어놓도록 유도하기도 하며, 그들에게 기대도록 만들기도 한다.

하지만 자식들에게도 책임이 없는 것은 아니다. 부모가 끼어들어 감 놔라 배 놔라 하는 것에 대해 입으로는 불평하면서도, 먼저 그들을 찾아가 조언을 구하거나 그들의 개입을 불러들이기도 한다. 하루에 다섯 번씩 부모에게 전화하고, 부족한 생활비를 원조받기 위해 손을 벌리고, 배우자보다 부모를 기쁘게 하는 데 더 많은 시간과 에너지를 소모한다. 이것은 법적으로 성인이고 결혼을 했어도 정서적으로는 성숙하지 못하다는 증거다.

결혼을 한 뒤에도 부모로부터 독립하지 못한 채 모순된 태도를 보이면 부모는 다시 품 안으로 다시 불러들여 인생을 통제하려 든다. 무의식적으로 새로 꾸린 가정의 문과 부모의 문 사이를 왔다 갔다 하며 상황에 따라 우리를 더 편하게 해주는 쪽에 기댄다.

성숙한 어른은 부모의 집의 열쇠를 부모에게 돌려주고 방문할 때마다 노크를 해야 한다. 아들이나 딸 노릇을 그만두라는 의미가 아니라 부모에게서 분리되어 독립적인 성인이 되어야 한다는 뜻이다. 독립된 자아를 형성하는 것은 힘들지만 꼭 완수해야 하는 삶의 과제다. 의존적으로 편안하게 사는 것과 독립적인 어른이 되는 것 사이에서 갈등할 때 부모가 먼저 손 내밀고, 무엇이든 해줄 준비가 되어 있다면 그 유혹은 한층 더 달콤하다. 부모에게 기대는 것은 편하고 쉽고 안전하다. 아낌없이 사랑을 퍼주는 부모만큼 기대고 의지할 만한 존재가 세상 천지에 또 어디 있겠는가? 배우자는 받은 만큼 주어야 하는 존재이기 때문에 부모만큼 편하고 안정적이지 못하다.

많은 사람들이 부모와 완전히 분리되지 못한 탓에 배우자와 파탄에 이른다. 자녀를 놓아주지 않으려는 부모들은 자녀의 배우자를 대할 때 겉으로는 환대하는 척하지만 무의식적으로는 적대시한다. 건강한 부모는 자녀가 자신들에게서 독립해 새로운 가정을 꾸리는 것을 성장의 신호로 받아들이고 환영하지만, 비뚤어진 사랑을 하는 부모는 그런 분리를 못마땅하게 여긴다. 그들에게 자녀의 분리와 독립은 가족의 붕괴와 통제력 상실을 의미한다. 자녀의 배우자를 적대시하는 것은 어찌 보면 당연한 일이다.

자신에게 얼마나 헌신하고 충성하는지를 두고 배우자와 부모를 경쟁시키는 것은 삼각관계를 구축하는 갈등의 요인이 된다. 그렇게 되고 싶지 않다면 부모와의 관계를 어른답게 재정립해야 한다. 배우자와 친밀하고 헌신적인 관계를 맺고 싶다면, 부모에게 전적으로 의지하던 습관을 버려야 한다. 평생을 함께할 반려자를 신뢰할 수 없다면, 반려자에게 헌신하겠다는 결심이 서지 않았다면, 부모의 말에 흔들린다면 아직 결혼할 준비가 안 된 것이다.

결혼한 후에도 부모와 끈끈한 사이를 유지하는 것에는 나름의 보상이 있다. 부모가 주는 정서적인 안정감, 책임에 대한 면죄부, 재정적인 원조 등은 부모에게 계속 충성하도록 유혹하는 미끼가 된다.

하지만 독립은 우리에게 더 큰 보상을 준다. 부모에게서 완전히 떨어져나와 독립하면 스스로의 삶을 통제함으로써 성취감을 느낄 수 있다. 그리고 배우자와 함께 만든 새로운 가족의 울타리 안에서 진정한 친밀감과 충만감을 맛볼 수 있다. 그럼 부모에게 의존하지 않고도 인생을 잘 헤쳐 나갈 수 있을까? 부모와의 끈끈한 관계를 끝낸다면 어떤 일이 벌어질까? 사랑하는 사람을 만나 인생의 전환점을 맞은 데이비드는 부모에게 의존해 살아왔던 나약한 모습을 버리기로 결심했다.

● ●

데이비드는 팜과 사랑에 빠졌다. 하지만 그의 부모는 팜을 만나보기도 전에 결혼을 반대했다.

"팜이 유대교가 아니라는 이유로 반대했어요. 그렇다고 부모님이 독실한 유대교 신자였던 것도 아니었어요. 유대교 휴일을 지킨 적도 없었고, 오히려 크리스마스 때마다 성대한 만찬을 즐겼죠. 그런데 갑자기 독실한 유대교 신자처럼 구는 게 어이없었어요."

"전 부모님의 반대에도 결혼을 강행했고, 결국 두 분은 결혼식에 참석하지 않으셨어요. 두 분의 감정과 의견을 존중하기로 마음먹었지만, 그래도 그때 기억이 상처로 남아 있어요. 전 그게 부모님 뜻이라면 어쩔 수 없다고 생각했어요. 팜은 부모님한테 시간을 주자고 하더군요. 저도 자식인데 연락을 완전히 끊을 수는 없어서 부모님을 찾아가 빌고 사정했지만 아버지는 완강하셨죠."

"결혼 전에 부모님과 저는 사이가 좋았어요. 부모님이 원하는 것은 뭐든 다 열심히 했고요. 반에서 1등으로 졸업하고 로스쿨에 들어갔고 부모님한테 자랑스러운 아들이었죠. 팜을 만나기 전까지는 부모님 뜻을 거슬러본 적이 한 번도 없었어요."

"결혼한 후 얼마 지나지 않아 어머니가 팜과 저를 만찬에 초대하셨어요. 저는 우리를 인정해주기로 한 줄 알았죠. 아무리 미워도 자식 이기는 부모는 없잖아요. 순진하게도 부모님이 팜을 만나고 나면 마음을 돌릴 거라고 생각했어요."

"부모님은 단 한순간도 팜을 따뜻하게 대하지 않으셨고 심지어 테이블 맞은편에 앉아 있는데도 없는 것처럼 완전히 무시했어요. 부모님은 제 선택이라는 건 받아들이지 못하시고 팜이 저를 꼬드겨 빼앗아갔다고 생각하는 것 같았어요."

"6개월 동안 그 상태로 매주 부모님 집에서 열리는 만찬에 참석했죠. 부모님은 계속 팜을 투명 인간 취급했고, 저는 부모님에 대한 죄책감 때문에 아무런 행동도 하지 않았어요. 그러던 어느 날 팜이 헤어지자고 했어요. '당신이 선택해. 결혼생활을 유지하고 싶다면 부모님이 나에게 예의를 갖추도록 해줘. 더 이상 무시당하기 싫어. 당신 죄책감에 장단 맞추며 평생을 살 수는 없어. 당신 부모님이 용서할 때까지 기다릴 수도 없고. 아내로서 설 자리를 만들어주지 못하겠다면 이쯤에서 끝내자.'"

처음에는 야속하고 서운했지만 데이비드는 부모에게 시간을 더 주면 분명 달라질 거라고 팜을 설득했다. 하지만 팜은 동의하지 않았다. 그녀는 자신의 입장을 굽히지 않았고, 그런 그녀 앞에서 데이비드는 무력감을 느꼈다. 팜을 인정해 달라고 부모에게 맞서는 것은 엄청난 불안과 두려움을 자아내는 일이었다. 아내인지 부모인지를 선택하도록 몰아붙인 팜에게도 분노를 느꼈다.

불면의 나날을 보낸 끝에 데이비드는 팜을 선택하기로 했고 아버지를 찾아가 말했다.

"아버지가 팜을 어떻게 생각하시는지 잘 압니다. 하지만 팜은 제 아내예요. 아무리 가족이라도 팜에게 무례하게 구는 걸 보고만 있을 수는 없습니다. 전 팜을 사랑하고 함께 있을 때 가장 행복합니다. 물론 부모님도 사랑하지만 부모님과 팜 중에 선택해야 한다면 전 팜 옆에 있을 겁니다. 앞으로 팜을 존중하겠다고 약속하지 않으면 다시는 오지 않겠습니다."

데이비드의 이야기는 동화처럼 해피엔딩은 아니었다. 하지만 데이비드가 용기 있게 맞선 후, 그의 부모는 팜에게 경우 없는 행동을 하지 않았고 흉보지도 않았다. 새로운 관계는 어색하고 부자연스러웠지만 예전보다 훨씬 나아진 것은 틀림없었다.

"부모님은 예전처럼 사랑과 관심을 부담스러울 정도로 쏟아붓진 않아요. 부모님과의 사이는 다른 사람들도 확연히 느낄 수 있을 만큼 멀어졌어요. 최근 로펌을 옮기면서 경제적으로 힘든 시기를 겪었지만 팜과 함께라서 극복할 수 있었어요. 예전 같으면 부모님이 달려와 도와주셨겠죠. 그래도 이제는 힘들더라도 스스로 문제를 해결하는 편이 더 만족스러워요. 팜과 결혼하지 않았다면 이런 기쁨을 모르고 살았을 거예요."

요즘도 데이비드 부모님은 휴일마다 만찬을 열어 데이비드 내외와 데이비드의 여동생 내외를 초대한다.

"저와 달리 여동생 내외는 아직도 부모님과 무척 가깝게 지내고 있어요. 여동생은 하루에 다섯 번은 어머니에게 전화하는 것 같아요. 매제는 여동생과 부모님이 자신을 떡 주무르듯 주무르도록 그냥 놔둬요. 부모님은 매제에게 정말 살갑게 대하는데 가끔 질투가 느껴질 정도예요. 지금도 어떨 때는 부모님에게 조언을 구하거나 뜻대로 해서 인정을 받고 싶다는 충동이 일기도 해요. 부모님은 여전히 저를 아끼지만, 아무래도 예전 같진 않거든요. 그럴 때면 마음이 울적해져요."

"그런 일로 기분이 우울해질 때마다 팜을 생각해요. 그리고 우리 아들과 제가 선택한 미래를 보죠. 세상 그 무엇도 우리 가족과 바꿀 수 없어요. 사랑을 주는 기쁨을 알게 되니 이제야 비로소 어른이 된 것 같아요."

●●

연인과의 낭만적인 관계는 가족의 끈끈한 유대와 의존성의 문제를 수면 위로 떠오르게 한다. 가족이라는 울타리 안에서 안락함과 안정감을 누리면서 지내왔는데 사랑에 빠지면 견고했던 울타리에는 금이 가기 시작한다. 데이비드가 자신만의 새로운 울타리를 세우는 것은 결코 쉽지 않았다. 하지만 그러한 정서적인 분리와 독립이 없다면 낭만적인 사랑과 건강한 결혼생활은 결코 찾아오지 않는다.

부모에게서 완전히 분리되려면 부모를 변화시키려는 노력을 중단해야 한다. 부모에게 생각과 감정을 강요하는 것은 그만큼 부모도 그들의 생각과 감정을 강요할 수 있다는 것을 의미한다. 이제 부모의 승인이나 안내가 없더라도 인생을 잘 헤쳐 나갈 수 있으며, 그것은 부모도 마찬가지다.

서로의 삶에 너무 깊이 개입하지 않더라도, 신경 쓰고 돌보면서 잘 지낼 수 있다. 종속과 구속은 사랑과 동의어가 아니다. 부모가 자신과 배우자를 통제, 관리하도록 허락하고, 행동을 지배하고, 문제를 대신 해결하도록 허락하는 것은 사랑이 아니다. 성장하기 위해서는 과거의 행동 패턴을 포기해야 한다.

사랑을 쉽게 생각하는 사람도 많지만, 사실 제대로 사랑하는 것만큼 힘든 일도 없다. 사랑만큼 성숙도를 시험하는 과제도 없으며, 그만큼 큰 보상을 주는 도전도 드물다. 제대로 사랑하기 위한 첫 관문은 부모에게서 독립하는 것이다. 어린 시절에 응석받이로 자랐다거나, 숨 막힐 듯한 사랑에 길들여져 있다면 결혼생활에 해를 끼칠 수 있는 덫을 스스로 설치해놓고 있지는 않은지 항상 경계해야 한다.

당신이 부모의 지나친 사랑을 받고 자랐다면 아래에 나오는 심리적인 문제들로 인해 결혼생활이나 연인과의 관계에 악영향을 끼칠 수 있다. 모든 변화는 자신의 행동이나 사고의 패턴을 인식하는 것에서 시작한다는 사실을 명심하라. 심리적 자각이라는 첫걸음을 떼면 그다음부터는 문제 해결이 훨씬 쉬울 것이다.

역할 체인지

사람은 자신이 편안하게 느꼈던 환경을 재현하고자 하는 경향이 있다. 배우자 선택도 마찬가지다. 사람들은 과거 자신의 모습을 재현시켜줄 배우자를 선택하곤 한다.

아동 학대 전문가들에 따르면, 어린 시절에 학대받은 경험이 있는 사람은 학대 성향이 있는 배우자를 찾을 가능성이 높다고 한다. 알코올 중독자 부모 밑에서 자란 아이는 알코올 중독 성향이 있는 배우자와 결혼한다. 구타당하며 자란 아이는 자신을 정서적, 신체적으로 학대하는 사람과 사랑에 빠진다. 냉정하고 무관심한 부모 밑에서 자란 아이는 정서적으로 무심한 사람을 찾아 결혼한다. 어릴 때 학대를 받았던 사람은 자신을 진정으로 사랑해주고 배려하는 사람은 어쩐지 자신에게 어울리지 않는다고 생각한다. 그런 상대는 너무 낯설어서 의심과 불안을 불러일으키기 때문에 오히려 학대를 편안하게 느낀다.

숨 막힐 듯 넘치는 사랑을 받아본 경험은 학대 경험 못지않게 큰 영향을 끼친다. 통제적이고 의존적이며 질식시킬 듯한 부모의 사랑과 관심에 대해 이따금 적개심을 느끼기도 하지만, 그런 순간을 제외하면 대부분 그 사랑을 고맙게 여긴다. 일거수일투족을 관찰당하는 괴로움에 시달리긴 했지만, 어쨌든 관심과 사랑을 받으며 자랐기 때문이다.

사람들은 어린 시절의 경험을 성인이 되어서도 무의식적으로 반복하곤 한다. 그 경험이 긍정적인 것이었든 부정적인 것이었든 상관없다. 프로이트는 그러한 성향을 '반복 강박repetition compulsion'이라 명명했다. 반복 강박이란 특정한 행동이나 성향을 되풀이하지 않겠다고 결심하고서도 똑같은 일을 반복하는 무의식적인 충동을 말한다.

긍정적인 행동이나 성향을 반복하는 것은 타당하고 바람직해 보인다. 그런데 고통스럽고 불만족스러운 경험을 반복하는 이유를 이해하기는 어렵다. 심리학자들은 새롭고 강한 무기를 가지고 과거와 전쟁을 벌이기 위해 그런 행동을 반복한다고 설명한다. 과거를 다시 무대 위로 올려 해결되지 못한 문제와 싸워 이기고픈 충동에서 그렇게 한다는 것이다.

결혼만큼 과거를 재현해 다시 쓰고 싶은 충동을 불러일으키는 것도 드물다. 부모의 지나친 사랑을 받고 자란 사람이 자신과 비슷한 부류의 사람을 만나는 경우는 흔치 않다. 그들은 부모의 알코올 중독, 폭력, 유기, 무관심 등 학대를 받아본 경험이 있는 사람을 배우자로 택하는 일이 많다. 그 이유는 무엇일까? 학대는 가까운 사람들을 희생자로 만든다. 그래서 학대받으며 자란 아이는 상대에게 끊임없이 퍼주는 사람으로 성장하는 경우가 많다. 학대받으며 자란 아이는 다른 사람의 문제에 너무 깊이 신경 쓰느라 정작 자신은 돌보지 못하게 된다. 학대 받은 아이는 타인을 지나치게 사랑하는 사람이 될 가능성이 높다.

부모의 지나친 사랑 속에 자란 사람은 열악한 환경에서도 살아

남은 상대를 강하고 거대한 존재로 여기며 매료된다. 학대받으며 자란 사람은 상대를 보살펴주고 관리해주며 뭐든 아낌없이 준다. 도움을 주는 사람과 도움을 받는 사람, 숭배자와 숭배받는 사람은 서로를 천생연분이라 여길 수도 있다. 양쪽은 어린 시절에 끝나지 않은 숙제를 완수하려는 무의식적 동기의 지배를 받으며 열정적으로 그 관계에 빠져든다.

그들은 배우자에게서 어린 시절에 좋게 느꼈던 것들을 찾는다. 상대가 자신을 돌봐주고, 걱정해주고, 보호해주기를 바란다. 의존하고 싶은 욕구의 대상이 부모에게서 배우자로 전이된다. 하지만 배우자가 부모처럼 해주기를 바라는 욕구와 바람이 완벽히 충족되는 경우는 드물다.

"나 잘하고 있는 거야? 내가 뭘 하면 좋을까? 내 옷 어때? 내 머리 어때? 이건 어떻게 생각해? 나 어떻게 해야 하지?" 질문에 대한 배우자의 대답이 부모가 해주었던 대답만큼 만족스럽지 않고 어린 시절에 익숙했던 분위기를 똑같이 재현할 수 없다는 사실을 깨달으면 실의와 좌절에 빠진다.

올해 25세의 회계사인 론다의 사례는 배우자에게 부모와 똑같은 역할을 기대했을 때 어떤 문제가 생길 수 있는지를 보여준다. 론다의 남편 마크는 부모의 지나친 사랑을 받고 자란 전형적인 어른아이였다.

● ●

"마크는 저에게 너무 많은 것을 요구해요. 우리는 맞벌이를 하고 있어요. 매일 저녁 녹초가 되어 집으로 돌아와도 마크는 집안일을 전혀 거들지 않아요. 제가 시켜야 간신히 시늉만 내죠. 어떤 때는 일부러 일을 못하는 척해서 화를 돋우기도 해요. 또 제가 다른 일을 하느라 정신없는 것을 뻔히 알면서도 아스피린이나 면도기, 자동차 열쇠가 어디 있느냐며 소리를 지르죠. 찾아보지도 않고 저부터 불러요. 그는 안내문이나 설명서 읽는 것도 싫어해서 설명서를 읽어보지도 않고 전자제품을 무턱대고 주물럭거리다 망가뜨리기도 해요. '이거 어떻게 하는지 잘 모르겠는데' 한마디하고는 거실에 벌려놓은 채 그냥 일어나버려요."

론다를 괴롭히는 것은 자신이 늘 손해 보고 있다는 느낌이다. 론다는 결혼생활을 유지하기 위해 혼자 너무 무거운 짐을 지고 있다고 생각한다.

"마크는 늘 관심을 독차지하고 싶어 해요. 그렇다고 제게 똑같이 관심을 주는 것도 아니에요. 그는 자기 고민은 몇 시간이고 들어주길 바라지만, 제 고민은 전혀 귀담아듣지 않죠. 모든 걸 자기 방식대로만 하려고 해요. 참다못해 불만을 토로하면, 자기를 제 기준으로 판단한다며 화를 내요. 결국 제가 바뀌어야 한다는 말로 끝이 나요. 정말 미칠 노릇이죠."

마크는 결혼으로 자신에게 익숙한 가정의 모습을 재현하고자 했다. 자신이 말하지 않더라도 론다가 알아서 자신의 욕구를 충족시켜주기를 기대했다. 그의 인생에 큰 영향을 끼친 어머니와 할머니는 그가 말하기도 전에 필요한 것을 눈앞에 대령해주곤 했으니 말이다. 마크는 심리 상담을 받으면서, 자신이 론다에게 과도한 요구를 해왔다는 사실을 깨달았다. 그동안은 론다가 자신을 진정으로 사랑하지 않는다고 생각했다.

●●

마크와 론다의 사례에서 볼 수 있듯, 결혼생활을 통해 어린 시절의 경험을 재현하려 시도하는 것은 좌절과 갈등을 불러올 뿐이다. 배우자에게 부모의 역할을 기대하는 사람은 자신을 이해해주지 않는 배우자에게 불만을 느끼게 된다. 또한 배우자가 자신을 충분히 사랑해주지 않는다고 믿게 된다. 시간이 지나면 그들은 '세상에 부모님만큼 나를 사랑해주는 사람은 없어'라고 결론을 내린다. 운좋게 부모와 똑같이 사랑을 퍼주는 상대를 만난다 해도, 그들은 여전히 좌절과 괴로움에 시달린다. 지나친 사랑과 함께 속박과 통제, 그에 대한 적개심과 분노도 함께 따라올 것이기 때문이다. 결국 자신의 의존성과 수동성, 능력 부족에 좌절하고 분개하게 될 것이다.

반복 강박에 사로잡힌 사람은 부모와 비슷한 성격을 가진 배우자를 만나는 경향이 있다. 자신을 통제하고, 자신에게 지나치게 기대하고, 요구하는 배우자를 보며 어머니 혹은 아버지와 똑같은 사람이 옆에 누워 있다고 생각한다. 그들은 애써 부모와 정반대되는 사람을 골랐지만, 어찌할 수 없는 운명이 배우자를 자신의 부모와 똑같은 사람으로 바꾸어놓았다고 생각한다. 그러면서 해묵은 전쟁을 재현한다. 올해 31세의 로니의 하소연을 들어보자.

●●

"엄마는 제 체중에 끔찍하게 신경 쓰셨어요. 표준 체중보다 살찌는 건 절대 용납 못하셨죠. 저는 결혼하면 엄마에게서 해방될 거라고 믿었어요. 마이클은 제 몸무게에 전혀 신경 쓰지 않는 것 같았고 결혼하고 처음에는 모든 게 좋았어요. 밥을 먹을 때마다 노려보는 엄마와 마주치지 않아도 되니까요."

"그런데 언제부터인가 음식을 먹을 때마다 마이클에게 일일이 보고하기 시작했어요. 그럴 이유가 전혀 없는데도요. '이 원피스 좀 끼는 것 같지 않아? 마지막 케이크 한 조각은 안 먹을 걸 그랬나 봐. 그치?' 그러면 마이클은 저를 멀뚱하니 쳐다보며 되려 제가 어떻게 하고 싶은지 물어봤어요. 저는 원하는 답을 얻을 때까지 다시 물었죠. '다이어트를 해야 할까? 당신 생각은 어때?' 그는 대답했죠. '내가 뭐라고 말해줬으면 좋겠어? 대체 왜 그런 질문을 하는 거야? 당연히 내 아내가 뚱뚱한 건 싫지. 하지만 지금 이대로도 좋아. 당신이 하고 싶은 대로 해. 살을 빼고 싶으면 빼고 싫으면 말고' 그렇게 말했어요."

●●

그녀가 진정 바란 것은 무엇이었을까? 그녀는 비판과 조언, 통제를 원했던 건 아니었을까? 그녀에게 사랑이란 무엇을 하고, 무엇이 되어야만 하는지 말해주는 것을 의미했다. 로니는 어머니가 그랬듯 남편이 경찰관 역할을 해주어야만 사랑받고 있다고 느꼈다. 그런데 마이클이 어머니처럼 행동하지 않자, 그가 자신을 사랑하지 않는다고 여기게 되었다.

로니는 결혼한 지 2년 만에 살이 30킬로그램이나 쪘다. 마이클은 로니의 모습에 차츰 실망하면서 화를 내고 잔소리를 하기 시작했다. 로니는 그의 충고와 통제에 적대감을 표하면서 오히려 보란듯이 음식을 더 먹어댔다. 그런 충돌은 여러모로 로니와 어머니의 갈등과 비슷했다. 그 싸움에서는 어느 쪽도 승자가 아니었다.

로니는 과거 상황을 재현하고 싶은 충동을 느꼈고, 마이클을 어머니로 바꾸는 데 성공했다. 로니가 마이클을 그렇게 몰아간 이유는 익숙한 과거로 돌아가고 싶어서, 그리고 똑같은 상황에서 이번에는 꼭 승리하고 싶어서였다. 승리한다면 옛 상처를 치유하고 여한을 풀 수 있을 것이었다. 그 승리는 로니가 살찌더라도 마이클이 변함없이 사랑해준다는 사실을 확신할 때에만 가능했다.

부모에게서 분리되는 것은 누가 옳은지 시시비비를 가리는 전쟁에서 빠져나오는 것을 의미한다. 부모와 그런 전쟁을 벌이는 것은 부모에게 종속되어 있음을 보여주는 징후다. 전쟁의 원인이 무엇이었든 간에 결혼을 통해 과거에 이기지 못한 전쟁을 무대 위에 다시 재현하는 데에만 급급해한다면 그토록 바라는 승리는 결코 손에 넣지 못할 것이다. 과거와 다름없는 케케묵은 무기를 사용한다면 말이다. 아무리 배우자를 도발하더라도, 배우자는 부모가 했던 대로 행동하지 않을 것이다.

무의식에 존재하는 반복 강박은 결코 이길 수 없는 상황을 재현하도록 한다. 하지만 내면에 반복 강박이 있다는 사실을 인식하고 나면, 그것을 자아 성장의 기회로 만들 수 있다. 똑같은 문제가 생기더라도 배우자와 관계 맺는 방식을 변화시킬 수 있기 때문이다.

자기 내면의 문제를 자각하고 자신을 변화시켜 부부관계를 개선하는 데 성공한 리사의 사례를 보자. 리사는 아버지의 통제에서 벗어나기 위해 결혼을 했지만, 남편이 아버지보다도 더 엄격한 완벽주의자라는 사실을 알게 되었다. 그녀는 처음 만난 순간부터 남편에게 끌렸다. 남편은 똑똑하고, 자신감 넘치며, 리더십 있고, 도움의 손길을 먼저 내밀어주는 남자였다. 게다가 그는 리사의 아버지처럼 비판적이지 않았다. 리사는 아버지와 딴판인 이런 남자라면 믿고 결혼할 수 있겠다고 생각했다.

하지만 리사는 결혼한지 얼마지나지 않아 남편이 아버지와 달리 도움을 가장해 자신을 통제하려 든다는 사실을 깨달았고 분노했다. 그녀는 예전에 아버지가 자신을 통제하려 들 때마다 수동적-공격으로 대응했다. 아버지가 무슨 일을 시키면 잊어버린 척하거나, 위축된 상태로 가만히 있거나, 아버지가 싫어할 행동을 골라 했다. 그녀는 남편에게도 과거와 똑같이 대응했다. 그 결과 예전처럼 암담하고 음울한 날이 이어졌다. 그러던 어느 봄날, 리사는 지역 대학에서 주최하는 자기주장을 당당히 펼치지 못하는 사람을 위한 심리학 강좌에 등록했다. 그녀는 강의가 끝난 후 교수를 찾아가 자신의 문제를 털어놓았고 교수는 집단 치료에 참여해 볼 것을 권유했다.

리사가 집단치료 모임에 나간지 꽤 지났을 때 다른 참가자들이 리사의 행동을 지적했다. 그들은 진심 어린 조언을 해도 리사가 별 반응을 보이지 않고, 너무 움츠러드는 것 같다고 말했다. 그들의 말에 상처받은 리사는 다음 모임에 두 차례나 빠졌다. 그것은 상처를 앙갚음하는 리사만의 방식이었다. 모임에 나가지 않는 동안 리사는 더욱 비참한 기분이 들었고 우울증에 시달렸다. 그녀는 자신을 변화시켜야겠다고 결심하고 용기를 내 다시 집단치료 모임에 나갔다.

리사는 자신의 감정을 솔직하게 표현하기 시작했다. 누군가에게 조종당하고 있다는 느낌이 들 때마다 큰 소리로 자기 의견을 말하고, 스스로 결정을 내릴 권리를 요구하는 법을 배워나갔다. 그녀는 다른 사람이 조언을 해줄 때 민감하게 반응하고, 반발심에 조언과 정반대로 행동했던 과거의 모습을 버리기 시작했다. 이제 그녀는 누군가 조언을 해주면 그것을 피드백으로 여기고, 판단해서 받아들일지 말지 결정할 수 있게 되었다.

리사는 집단 치료 모임에서 배운 이 기술을 결혼생활에도 적용해보기로 했다. 예전에는 남편이 그녀를 통제하려 들 때마다 적개심을 품고 움츠러들었지만 이제는 달랐다. 그녀는 남편에게 원하는 바를 당당히 말했다. "내가 어떻게 행동할지는 내가 정할래. 당신이 나를 사랑하는 마음에 서 도와주려는 건 알아. 하지만 이제부터는 내 식대로 해볼게".

리사는 집단 치료 모임을 통해 배운 내용을 남편에게 털어놓고, 이제부터 스스로 결정 내리는 법을 연습할 필요가 있다고 말했다. 남편도 리사의 말에 공감했다. 그렇다고 리사를 통제하고 싶어 하는 남편의 성향이 하루아침에 사라진 것은 아니었다. 하지만 남편이 통제적인 성향을 보이려 할 때마다 예전과 다른 방식으로 대응하고, 감정을 솔직하게 표현하면서 둘 사이의 갈등은 조금씩 해소되었다. 이제 리사는 훨씬 더 주체적으로 살아갈 수 있게 되었다.

리사의 사례에서 볼 수 있듯, 결혼생활에서 발생하는 갈등을 근본적으로 해결하고 싶다면 먼저 자기 내면의 문제를 자각해야 한다. 그러면 삶에 대한 통제력을 포기하지 않으면서 자신의 문제를 털어놓는 법을 배울 수 있다.

반복 강박이 늘 정서적인 교착 상태만을 불러오는 것은 아니다. 어린 시절부터 키워온 문제를 해결하겠다는 의지를 가지고, 누구도 승리할 수 없는 상황을 반복하지만 않는다면 생산적인 결과를 얻어낼 수 있다. 또한 그 과정에서 갈등이 항상 파괴적인 것만은 아니라는 사실을 배우게 된다. 그것은 더 큰 이해와 신뢰로 이끈다.

욕구를 충족시키기 위해 부모에게 달려간다

부모는 요청만 하면 뭐든 기꺼이 내준다. 그래서 남편이나 아내에게는 선뜻 요구하기 어려운 것들을 얻기 위해 부모에게 간다. 사랑일 수도 있고, 이해일 수도 있고, 돈일 수도 있다. 베스의 경우 그것은 다이아몬드 반지였다. 베스는 다이아몬드 반지를 가지고 싶었다. 그녀는 어릴 때부터 환상적인 결혼식을 꿈꿨다. 다이아몬드 반지는 그 환상의 필수 요소 중 하나였다. 하지만 베스의 약혼자 개리는 경찰관이었는데, 그의 월급으로는 다이아몬드 반지를 사줄 형편이 안 되었다.

이때 베스의 어머니가 묘안을 내놓았다. 결혼 준비 때문에 바쁘고 정신없는 예비 사위를 대신해 딸과 함께 반지 고르는 걸 도와주겠다고 했다. 개리는 고마워하며 결혼반지에 책정해놓은 예산은 800달러이며, 아무리 비싸도 900달러를 넘지 말았으면 좋겠다고 했다. 베스는 어머니와 함께 보석상에 가서 1.5캐럿짜리 다이아몬드 반지를 샀다. 다이아몬드 캐럿이나 가격에 대해 전혀 몰랐던 개리는 괜찮은 반지를 잘 샀다고만 생각했다. 둘은 별 탈 없이 결혼했다.

하지만 결혼생활은 순탄하지 못했다. 문제는 돈이었다. 결혼 3주년을 앞두고 둘이 싸우다 베스는 이성을 잃은 나머지 해서는 안 될 말을 해버렸다. "다이아몬드 반지 하나 못 사는 주제에. 이 반지가 어디서 난 건지 알아? 엄마가 반 이상 돈을 대서 산 거라고!"

배우자가 해주지 못하는 것을 부모에게 받는 것만큼 삼각관계를 공고하게 만드는 것도 없다. 베스는 긍정적인 대답을 들을 수 없다면 아예 부탁하지 않는 편이 낫다고 생각했기 때문에 처음부터 개리에게 물어보지도 않았다. 개리는 장모와 베스가 자신을 속였다는 사실에도 화가 났지만, 베스가 다이아몬드 반지를 받고 싶다는 말을 한 적이 없다는 사실에 더욱 기분이 나빴다. 베스가 다이아몬드 반지를 정말 받고 싶다고 말했더라면 그는 어떻게든 사주었을지도 모른다. 개리는 결혼이라는 중대사에서 자신만 배제되었다는 느낌을 받았다.

배우자에게는 감정과 생각을 솔직하게 털어놓지 못하면서 부모에게 기대는 것은 부부 사이의 친밀감을 가로막는다. 많은 사람들이 결혼생활이 꿈꾸어왔던 것과는 거리가 멀다고 불평한다. "난 가끔 꽃을 받고 싶은데 남편은 내 마음을 몰라, 아내가 내 말을 조금 더 귀담아들었으면 좋겠어. 아내는 왜 내 말을 들어주지 않는 걸까, 남편에게 사랑한다는 말을 더 자주 듣고 싶어".

하지만 그들이 배우자에게 원하는 바를 말했던 적이 있을까? 그들은 원하는 바를 말하지 않고, 따라서 원하는 것을 얻지 못해 불만족 속에서 지낸다. 어렸을 때는 말하지 않아도 부모가 알아서 욕구를 충족시켜주었지만, 이제는 직접 말하지 않으면 아무도 알아주지 않는다.

원하는 것이 생길 때마다 즉시 부모에게 달려갔던 과거의 습관을 버리고, 스스로에게 질문을 던져보아야 한다. '나는 이것을 진정 원하는가? 내 힘으로 그것을 얻을 수는 없을까? 내가 이렇게 조급하게 구는 건 과거의 습관에 젖어 있기 때문이 아닐까? 아니면 원하는 것을 얻을 수 없는 상황에 처했기 때문일까?'

당신은 진정한 욕구를 충족시켜줄 수 없는 사람과 결혼했는지도 모른다. 그렇다면 그 관계를 계속 유지할 필요가 있을지 배우자와 진지하게 대화한 후 결단을 내려야 할지도 모른다. 하지만 조급하고 참을성 없이 굴었던 것이 어린아이처럼 다른 사람에게 기대려는 경향에서 나온 것이라면 관계 개선을 위해 더 노력해볼 필요가 있다.

원하는 것이 있을 때마다 부모에게 달려가곤 했다면 이제부터는 배우자에게 원하는 것을 솔직하게 표현하는 법을 연습해야 한다. 그것이 더 건강한 방식이기 때문이다. 노력만 하면 부모에 대한 사랑을 저버리지 않으면서도 독립적으로 살아갈 수 있다.

인생을 대하는 태도

인생에 대한 태도나 믿음이 부모에게서 오는 경우가 많다. 결혼이나 배우자에 대한 생각도 마찬가지다. 대부분 결혼에 대한 부모의 기준을 별다른 고민이나 심사숙고 없이 받아들인다.

물론 결혼과 배우자에 대한 높은 기대에도 불구하고 낭만적인 사랑에 빠질 수 있다. 그렇다고 상대가 높은 기대를 충족시켜줄 수 있다거나, 결혼에 대한 기대가 사라지는 것은 아니다. 여전히 배우자가 자신을 거울로 비춰주고, 완벽하게 만들어주고, 무조건적인 사랑을 주고, 내면의 공백을 메워줄 거라는 착각에 사로잡혀 있다. 그런 기대 속에 이루어지는 결혼은 결코 만족스럽지 않다. 사랑하는 사람과 함께 있으면서도 늘 부족하다고 느끼며, 그 부족한 부분을 채우기 위해 신기루를 좇으며 인생을 허비한다.

어릴 때부터 부모는 결혼 상대자로는 어떤 사람이 괜찮은지, 그리고 절대 결혼해서는 안 될 상대에 대해서 수없이 충고와 경고를 해주었다. 알다시피 부모가 원하는 상대를 찾기란 사막에서 바늘을 찾는 것만큼이나 어려운 일이다. 필연적으로 부모의 까다로운 조건을 충족시키지 못하는 사람을 만나 결혼한다. 그리고 이따금 배우자에게 실망하거나 화나는 일이 생길 때마다 '부모님 말이 맞았어'라고 생각한다.

샘도 그랬다. 그는 카렌을 만나 불같은 사랑에 빠졌고, 부모의 반대에도 불구하고 결혼을 강행했다. 요즘 들어 부모의 말이 맞았다는 생각에 후회에 잠기곤 한다.

●●

"아버지는 카렌이 성숙하지 못한 것 같다며 결혼을 반대했어요. 아버지 눈에는 그녀가 이기적이고 제게 맞지 않는 여자로 보였던 거예요."

"아버지는 제가 진실한 사랑을 하기에는 아직 어리다며 결혼을 다시 한 번 생각해보라고 설득하셨어요. '그 애가 그렇게 좋으면 한 번쯤 같이 잘 수도 있겠지. 하지만 잠을 잤다고 해서 꼭 결혼해야 하는 건 아니잖니'라고요."

"그 말을 듣고 속으로 구역질이 났어요. 그게 부모가 자식에게 할 소리인가요? 책임감 있게 행동하라고 말하는 게 정상이죠."

샘과 카렌은 결혼을 했고 5년이 지난 지금 후회하고 있다.

"아버지 말이 옳았어요. 카렌은 이기적이에요. 돈만 생기면 쇼핑몰로 달려가 옷을 사곤 해요. 미래를 위해 저축할 생각은 전혀 없어요. 또 카렌은 외식을 자주 하지 않는다고 늘 불평해요. 하지만 아내가 그렇게 돈을 써대는데 외식비라도 아껴야 하지 않겠어요?"

"아이를 낳자고 조른 것도 카렌이었어요. 그런데 아이를 낳자마자 집에 있는 게 답답하다며 복직하겠다고 선언했어요. 그리고 아이가 아플 때마다 아이 돌보는 책임을 저에게 떠넘겼죠."

● ●

샘은 카렌이 자신의 어머니 같은 현모양처가 되어주기를 바랐다. 그의 부모도 현모양처를 만나야 한다고 강조하곤 했다. 때로 배우자가 자신의 기대를 충족시켜주지 않거나 부모가 보여준 아내상, 남편상과 다른 모습을 보여줄 때 실망하고 비판적인 태도를 보인다.

또한 배우자가 부모를 공경하지 않거나, 행복한 대가족을 만드는 데 협조하지 않으면 분노한다. 배우자가 매주 부모 집에서 열리는 저녁 만찬에 가지 않겠다고 하면 고민에 빠진다. 부모에게 걸려온 전화를 배우자에게 넘겨주었는데 배우자가 살갑게 대화하지 않을 때도 화를 낸다. 배우자의 행동을 원망하거나 탓하기에 앞서, 그러한 기대와 바람이 어디에서 나온 것인지 진지하게 돌아볼 필요가 있다. 배우자가 당신의 기대와 바람을 완벽히 충족시켜줄 때 과연 더 행복해질까?

부모의 기대를 충족시켜주지 못하는 상대를 만나 결혼하면 불편한 마음을 오랫동안 떨치지 못한다. 하지만 결혼생활과 배우자에 대한 부모의 조언은 완전히 맞다고도, 틀리다고도 할 수 없다. 또 그것이 행복을 보장해주는 것도 아니다. 이 점을 깨닫는 것이 진정한 분리와 독립을 시작하는 첫걸음이다. 부모가 이상적으로 생각하는 아내감, 남편감을 만나 결혼하면 부모는 행복하겠지만 당신도 행복할지는 미지수다.

부모의 관심에서 탈출하는 법

웨인은 자신을 어린애 취급하는 부모에게서 늘 벗어나고 싶어 했다. 웨인의 부모는 항상 그를 과보호했으며, 그의 생활에 사사건건 간섭했다. 웨인은 열여덟 살 되던 해에 지금의 아내와 결혼해 도망치듯 뉴욕을 떠나왔다. 웨인과 아내는 미네소타 주 세인트 크로익스에 있는 초등학교 교사로 취직해 새 삶을 꾸렸다. 웨인의 부모는 경제적 사정 때문에 아들 집을 자주 방문할 수 없었다. 그래서 한 달에 한번 정도 전화를 걸어 안부를 묻곤 했다.

미네소타에 정착한 웨인은 부모에게 자신이 어떻게 살고 있는지에 대해서 말을 아꼈다. 너무 많은 정보를 흘렸다가는 걱정과 조언으로 가득 찬 편지들이 우편함을 가득 메울 것이 뻔했기 때문이다. 현재 웨인은 부모와 가끔 편지로 왕래하며 지내고 있다. 그래서 과연 웨인이 행복해졌을까? 웨인은 이따금 몰려오는 죄책감에 괴로워했다. 그는 부모의 과도한 통제에서 벗어난 것이 다행스러우면서도 한편으로는 부모를 그리워하고 있었다. 특히 중요한 결정을 내릴 때마다 자신이 아직도 아버지의 영향력에서 벗어나지 못하고 있다는 것을 깨달았다. 몸은 부모에게서 멀리 떨어져 있었지만 그는 여전히 부모에게 무엇인가를 증명해 보여야 한다는 강박관념에 시달렸다.

부모의 지나친 사랑을 받고 자란 사람은 결혼을 통해 부모와의 문제를 해결하려 시도하기도 한다. 결혼을 유일한 탈출구로 보고 서둘러 결혼한 후 몇 천 킬로미터 떨어진 곳으로 도망치듯 이사한다. 혹여 부모와 가까운 거리에 살더라도 그들은 문제를 해결하기 위해 다른 방식을 시도한다. 부모가 질문하면 단답형으로 퉁명스럽게 대답하는 등 부모에게 어떤 것도 털어놓으려 하지 않는다.

이른 나이에 결혼해 멀리 떠나고, 부모에게 어떤 정보도 주지 않으려 하지만 그런 방법은 부모와의 갈등을 해결하는 데 전혀 도움이 되지 않는다. 부모와의 케케묵은 갈등과 그로 인한 고통은 여전히 남아 있다.

적극적으로 갈등을 해결하려 하지 않는 한 부모와의 문제는 평생 그림자처럼 따라다니며 괴롭힐 것이다. 밥은 린과 결혼하며 자신이 부모에게서 완전히 독립했다고 생각했다. 린이 그의 어머니와 불쾌한 언쟁을 벌인 후, 부모와 연락도 끊고 살았다. 하지만 그 일이 있은 후 린이 하는 행동 하나하나가 마음에 들지 않았다. 두 사람은 사사건건 말다툼했다.

밥이 부모에게서 벗어나기 위해 한 결혼은 역효과를 냈다. 그의 잠재의식에 자리잡은 죄책감은 끊임없이 행복한 결혼생활을 훼방놓았다. 린과 사이가 좋지 않은 부모에게 밥이 상처받고 실망하고 화를 낸 것은 당연한 일이었다. 문제는 밥이 부모의 반대에 드러내놓고 맞서거나, 린에게 헌신하지 못했다는 점이다. 그는 부모의 반대에 충격을 받았으며, 결과적으로 이러지도 저러지도 못했다.

이러한 종류의 덫을 빠져나갈 수 있는 유일한 방법은 문제를 솔직히 털어놓고, 배우자에게 헌신하는 것뿐이다. 당신이 밥의 경우와 비슷한 덫에 걸려 있고, 거기서 빠져나오고 싶다면 부모로부터 탈출을 시도하기보다는 부모와 마음을 터놓고 대화하라. 의견을 당당히 말하고, 필요하다면 반대 의사도 주저 없이 표현해야 한다. 당신이 솔직하게 말하면 처음에는 갈등을 빚겠지만 관계를 파괴하지 않으면서 서로 충돌하는 부분을 해결해 나갈 수 있다. 그리고 배우자에게 도움을 청하라.

물리적으로 멀리 떨어져 있다고 해서 부모와의 갈등을 피할 수 있다고 생각해서는 안 된다. 세상에는 부모가 이미 오래전에 세상을 떠났음에도 여전히 부모의 그림자에 갇혀 살아가는 사람이 많다. 부모와 관계 맺는 방식은 다른 관계에도 전이될 수 있다. 부모의 통제에 질식할 것 같은 느낌이 들 때마다 어딘가로 도망치고 싶은 것은 당연하다. 하지만 문제를 직시하지 않고 피하기만 하면 언젠가 막다른 골목에 와 있는 자신을 발견하게 될 것이다.

부모와의 관계에서 오랜 기간 쌓인 분노와 실망이 이제 극에 달했음을 인정하고 그러한 감정들을 표현해야 한다. 처음에는 이해심 많은 친구나 심리 상담가처럼 객관적인 조언을 해줄 수 있는 사람의 도움을 받는 것이 좋다. 부모와의 왜곡된 관계에서 비롯된 심리적인 문제를 해결하지 않는 한, 결코 본연의 모습을 찾아 진정한 자유를 누릴 수 없다. 부모를 바꾸려 시도하기보다는 당신의 믿음과 태도, 관계 맺는 방식부터 변화시켜야 한다. 먼저 타인과 관계 맺는 방식을 변화시키면, 그 관계의 역학도 자연스레 바뀐다. 관계를 지배하는 규칙이 변해야 관계를 바꿀 수 있다.

조부모가 손자 손녀의 응석을 받아주도록 내버려둔다

부모에게 손자 손녀를 안겨주는 것만큼 큰 선물은 없다. 부모의 지나친 사랑을 받고 자란 사람에게 자식을 낳았을 때 생길 수 있는 최선의 결과는 비로소 부모를 이해하게 된다는 것이다. 반면 최악은 자식을 두고 부모와 해묵은 갈등을 되풀이할 수 있다는 것이다. 손자 손녀를 두고 한판승을 벌이며 부모가 아이들을 음식으로 꾄다고 불평한다. 조부모는 손자를 오냐오냐 떠받든다. 부모가 되어 아이 양육에 너무 서투른 것 같다는 생각이 들면 어느 순간 의문을 품게 된다. '애들 부모가 대체 누구야? 애들 양육 방식을 결정하는 건 누구지?' 조부모는 자신들이 손자 손녀를 돌보아야 한다고 생각한다. 자식을 키워본 경험을 내세워 아이를 더 잘 키울 수 있다고 믿으며 평생 숙련시켜온 양육 기술을 사용해볼 두 번째 기회를 잡고 싶어 한다.

아이 양육은 양쪽 모두에게 뜨거운 감자가 될 수 있다. 필요할 때는 부모에게 아이를 떠맡겼다가 그렇지 않을 때는 그들이 냉큼 물러나주었으면 한다. 아이를 키우다 보면 부모의 도움이 절대적으로 필요할 때가 있다. 부모의 경험에는 가치가 있기 때문이다. 게다가 뉴스를 보면 온통 흉흉한 이야기들뿐이다. 어린이집에서 일어나는 충격적인 소식을 들은 날은 잠 못 이룬 채 밤새 뒤척인다. 아이를 믿고 맡길 곳은 부모밖에 없는 것 같다. 그래서 부모가 도와주기를 바라면서도, 당신만의 양육 방식에 과도하게 참견하지 않기를 바란다.

이 문제에 대한 손쉬운 해결책은 없다. 양쪽 모두 만족할 만한 양육원칙을 찾기 위해서는 상당한 노력을 들여야 한다. 아이 양육에 일관성이 없으면 아이는 정서적으로 안정되지 못한다. 양육 방침을 두고 벌이는 부모와 조부모의 갈등 속에서 아이는 영악해지는 법을 배우거나 혼란에 빠질 것이다.

아이 양육을 부모에게 계속 의지할 생각이라면 차라리 아이를 완전히 맡기고 과도한 간섭과 참견을 참아내야 한다. 부모에게 손자 손녀의 양육자가 되어달라고 청해놓고, 그들이 아이들의 부모

노릇을 한다고 놀라서는 안 된다. 당신 뜻대로 아이를 키우고 싶다면 그렇게 하고 책임도 당신이 져야 한다.

부모의 지나친 사랑을 받고 자란 사람은 배우자와 어린 시절의 경험을 재현하며 갈등을 반복하는 경우가 많다. 결혼은 케케묵은 가족 내 갈등과 불화를 반복하는 장이 된다. 하지만 결혼이 새로운 출발점이 될 수도 있다. 그러기 위해서는 새로 꾸린 가정을 최우선 순위에 놓아야 한다. 그러면 결혼을 통해 독립성을 유지하면서도 부모를 삶에서 배제하지 않는 새로운 가족관계를 만들 수 있다.

당신을 지나치게 사랑하는 부모에게 독립하는 것은 용기 있는 행동이다. 누구도 부모와 어린 시절의 좌절 혹은 실망에서 완전히 자유로울 수 없다. 속박을 풀고 싶다면 자신을 신뢰할 수 있어야 한다. 스스로의 문제를 자각하고, 숨거나 피하고 싶은 충동을 물리치고, 문제에 정면으로 맞서는 과정에서 어느새 자유를 찾은 자신의 모습을 발견하게 될 것이다.

CHAPTER _ 08

비교하면 할수록 불행해진다

"고등학교 때 저는 줄곧 이런 말을 들어야 했어요. '너는 왜 사촌 셸던처럼 올 A 학점을 받지 못하는 거냐? 네가 걔보다 훨씬 더 똑똑하잖니?' 대학 입시 때는 이런 말을 들어야 했죠. '너 같은 수재가 왜 예일대에 못 들어가니? 네 반밖에 못 따라오는 사촌 셸던은 한 번에 붙었다던데.' 대학을 졸업하고 첫 직장에 들어갔을 때 아버지는 이런 말을 하셨죠. '월급이 고작 그것밖에 안 되니? 네 사촌 셸던은 연봉이 몇 만 달러나 된다던데.' 전 아버지의 말을 통해 한 가지 진실을 깨달았어요. '나는 내 사촌 셸던을 증오한다.'"

– 데일(30세, 엔지니어)

“난 왜 이리 멍청한 걸까. 내가 ○○처럼 똑똑했더라면…….”

“이 볼품없는 몸매. ○○처럼 예쁘면 얼마나 좋을까.”

“내 인생은 왜 이리 시시한 걸까. ○○처럼 재미있게 살고 싶어.”

“난 뭐든 형편없지. ○○처럼 될 수만 있다면…….”

이런 바람이 낯설지 않게 들리는가? 많은 사람들이 자신을 엄격한 잣대로 판단하고 비판하면서 살아간다. 마음속에 들어앉은 내면의 비판자는 당신이 똑똑하지 못하다거나, 매력적이지 않다거나, 훌륭하지 못하다고 말한다.

이렇게 자기회의적인 사람이 된 이유는 무엇일까? 어린 시절에 그렇게나 많은 사랑과 관심, 칭찬을 받고도 어째서 끊임없는 자기비판의 덫에 빠지고 만 것일까? 과도한 사랑을 받고 자란 사람에게 평생 이어지는 자아비판의 불을 지핀 것은 부모의 엄청난 기대였다. 부모의 기대에 미치지 못했을 때 그들은 실패자가 된 것처럼 느낀다. 자신에 대한 부정적인 생각들로 고통받고 있는 사람들의 이야기를 들어보자.

브라이언 아버지는 유명한 피아니스트였어요. 저는 여섯 살

때부터 아버지에게 피아노를 배웠어요. 처음에는 정말 재미있었는데 언젠가부터 악몽이 되었어요. 제가 거실에서 피아노를 치면, 아버지는 방에서 고함을 치셨어요. "아니지! F가 아니라 F샵이야!", "G 메이저가 아니라 G 마이너로 쳐야지!", "박자 좀 맞춰라. 점점 빨라지고 있잖아!" 저는 피아노 앞에 앉는 것조차 두려워하게 되었어요. 지금은 피아노 근처에도 가지 않아요. 아버지가 갑자기 나타나 버럭 소리를 지를 것만 같아서요.

앨리슨 부모님한테 크게 혼난 기억이 없어요. 부모님은 때리거나, 소리 지르거나, 외출금지 명령을 내린 적이 없어요. 아무리 잘못해도 '무척 실망했다'는 한마디뿐이었어요. 저는 그 말이 너무 싫었어요. 존재 자체를 부정당하는 느낌이 들었거든요.

앤디 부모님은 크리스마스 때마다 사람들을 집으로 초대해서 형과 저를 친척들 앞에 전시시켰어요. 손님들이 돌아간 후 늘 야단을 맞았어요. "왜 그렇게 꿀 먹은 벙어리처럼 있었던 거니?", "할머니한테 뽀뽀해드렸어야지", "고모에게 수영 메달 보여드렸지어야지" 우리가 아무리 조심하고 예의 바르게 해도 소용없었어요. 엄마는 늘 말도 안 되는 트집을 잡아 형과 저를 혼내셨어요.

빌리 어렸을 때 저는 여동생과 사이가 좋은 편이었어요. 물론 가끔 싸우기도 했지만요. 하지만 엄마는 우리가 싸우는 걸 용납하지 못하셨어요. 언제나 세상에서 가장 친한 친구처럼 지내길 바라셨죠. 엄마는 동화처럼 늘 웃음이 넘치고 갈등이나 다툼이 없는 행복한 가정의 모습을 원하셨고 조금이라도 어긋나는 모습을 보이면 무척 우울해하셨어요. 그냥 내버려두었다면 더 잘 지냈을지도 몰라요. 하지만 엄마는 사사건건 개입해서 더 친해지라고 강요하셨어요. 그 결과 여동생과 저는 같은 방에 있는 것도 불편하게 여기는 사이가 되었어요.

크리스틴 학교 다닐 때 일이에요. 수학 심화반 수업을 신청했는데, 들어보니 내용이 너무 어려웠어요. 그래서 엄마에게 다른 수업을 듣겠다고 말했죠. 담당 선생님도 제 수준에 맞는 다른 수업을 듣는 게 나을 것 같다고 엄마한테 권했죠. 하지만 엄마는 일반 수업을 듣느니 심화반에서 D학점을 받는 게 낫다고 말씀하셨어요. 제가 조금만 더 노력하면 그 수업을 따라갈 수 있다면서요.

에반 아버지는 늘 저에게 최고가 되라고 말씀하셨어요. 아버지에게는 최선을 다하는 것보다 최고가 되는 것이 더 중요했어요. 그런 말을 들을 때마다 숨이 막히는 것 같았죠. 아버지는 공부는 말할 것도 없고, 운동할 때도 1등을 해야 한다고 강조하셨어요. 과정은 전혀 중요하지 않고 오로지 결과만 보셨죠.

부모의 높은 기대는 자녀를 질식시킨다. 부모는 열심히 노력하면 안 되는 게 없다고 말한다. 부모가 자녀를 신뢰하고, 성공을 바라는 것은 당연한 일이다. 하지만 자녀를 지나치게 사랑하는 부모들은 비현실적으로 높은 기준을 갖다댄다. 독일의 정신과 의사인 카렌 호르나이Karen Horney는 그런 비현실적 기대를 '강제적인 의무의 횡포tyranny of the shoulds'라고 불렀다.

> "너는 정직하고 관용적이며 사려 깊고 정의롭고 의젓하고 용기 있고 이타적이어야 한다. 너는 완벽한 연인, 남편, 선생님이 되어야 한다. 너는 모든 고통을 참아낼 수 있어야 하며, 모든 사람을 좋아해야 하고, 부모와 아내, 국가를 사랑해야 한다. 혹은 반대로 너는 어떤 대상에도 집착해서는 안 된다. 너는 어떤 문제에 부딪혀도 쉽게 해결해야 한다. 너는 어떤 일을 겪더라도 상처받았다고 느껴서는 안 된다. 항상 평온하고 침착해야 한다. 너는 항상 인생을 즐겨야 한다. 혹은 반대로 모든 쾌락과 즐거움을 초월해야 한다. 너는 모든 일에 자발적이어야 한다. 늘 너의 감정을 잘 통제해야 한다. 너는 모든 것을 알고 이해하며 예측해야 한다. 너는 자신에게나 주변 사람들에게 문제가 생겼을 때 즉시 해결할 수 있어야 한다. 너는 어떤 역경이든 극복해야 한다. 너는 피곤을 느껴서도 안 되고 아파서도 안 된다. 너는 괜찮은 직업을 구해야 한다. 너는 서너 시간은 족히 걸릴 일이라도 한 시간 이내에 해치울 수 있어야 한다."

절절하게 공감되지 않는가? 부모의 기대에 부응하지 못했을 때 자녀는 좌절감을 느낀다. 그 좌절감 속에서 내면의 비판자가 탄생하고 부모나 주변 사람들이 말이나 행동으로 보여주는 메시지를 자양분 삼아 점점 거대해진다. 기대가 높을수록, 그 기대를 충족시킬 가능성은 낮아지며, 좌절감과 비판 강도는 커진다.

앞서 나왔던 브라이언의 이야기를 떠올려보자. 브라이언은 아버지의 높은 기대와 강압적인 교육과 비판 때문에 피아노 옆에 가는 것도 질색하게 되었다. 브라이언의 아버지는 아들에게 도움을 주려는 의도로 그렇게 했을 테지만, 그의 완벽에 가까운 기준은 역효과를 낳았다. 브라이언의 아버지는 브라이언이 못하는 것에 초점을 맞추었고, 즐기기보다는 완벽을 추구하기를 바랐다.

비판적인 평가가 계속 이어지자 피아노는 기쁨이 아닌 긴장과 불안의 원인이 되었다. 이처럼 자녀를 향한 지나치게 높은 기대는 의도하지 않았던 결과를 초래한다. 기대치가 높을수록 아이들은 정반대로 갈 가능성이 높다. 어렸을 때 들은 비판적인 말은 왜곡된 메시지를 심어준다.

넌 더 잘할 수 있어	→	나는 아무것도 못하는 형편없는 존재야
그건 너 혼자 하기 어려우니 대신해주마	→	나 혼자서는 절대 못해
아빠한테 말대꾸하지 마라	→	나 혼자서 생각하고 결정해서는 안 돼
항상 친절해야지	→	누구에게도 화난 모습을 보이면 안 돼
일을 이렇게 훌륭히 해내다니, 엄마 아빠는 널 사랑한다	→	나는 성공해야만 사랑받을 수 있어. 완벽하지 않으면 실패한 거나 다름없어

내면의 비판자는 부정적인 생각을 먹으며 자라고 결국 자존감을 파괴한다. 자신을 다른 사람과 비교하며 자괴감에 빠질 때마다 내면의 비판자는 짜릿함을 느낀다. 내면의 비판자가 하는 말에 사로잡히면 다른 사람들이 별 뜻 없이 한 말도 비판으로 받아들이게 된다. 어느새 내면의 비판자가 내뱉는 독설에 익숙해져 감히 반발할 생각도 하지 못하게 된다.

내면의 비판자는 끝없이 남과 비교하고, 남에게 비판과 판단을 투사하고, 칭찬을 들어도 믿지 않고, 문제를 부풀리고, 흑백논리로 사고하게 만든다. 내면의 비판자가 어떻게 기만하고 사람을 우롱하는지 하나씩 파헤쳐본 후 어떻게 하면 그 교묘한 책략에서 벗어날 수 있는지 알아보자.

타인과
비교 멈추기

우리 사회는 성공을 강조한다. 그래서 남들에게 어떻게 보일지, 돈을 얼마나 버는지, 어디에서 사는지, 어떤 사람들과 교제하는지에 신경 쓰면서 살아간다. 또 이웃이 새로 산 자동차, 직장 동료의 승진, 친구의 경제적인 능력을 부러워하며 그들만큼 훌륭하지 못하다는 사실을 자책한다.

자녀를 지나치게 사랑하는 부모들은 자녀를 남들과 비교하는 경우가 많다. "넌 왜 형처럼 못하니?", "네가 톰보다 운동신경이 훨씬 뛰어난데, 어째서 넌 떨어지고 틈만 붙은 거냐?", "빌리가 이번 시험에서 전 과목 A학점을 받았다는구나. 어찌나 자랑하던지", "메리가 스탠퍼드 대학에 합격했다. 정말 대단하지 않니?"

자녀가 가장 사랑받을 때는 바로 성공했을 때다. 물론 그런 순간에 부모가 자랑스러워하고 칭찬하는 것은 전혀 이상한 일이 아니다. 하지만 자녀는 실패했더라도 그런 사랑을 받을 수 있었을까 의심한다. 그래서 부모를 기쁘게 하기 위해 끝없이 성취해야 한다는 압박감에 시달린다. 하지만 이따금 기대에 미치지 못하는 결과를 내기도 한다. 그럴 때마다 부모를 실망시켰다는 생각에 스스로를 자책한다.

어릴 때 들은 메시지들은 평생토록 이어지는 신념 체계의 핵심이 된다. 삶이란 타인과의 끝없는 경쟁을 의미이며 단 한순간도 마음 편히 쉬지 못한다. 남과의 경쟁에서 꼭 이겨야 한다는 생각 때문에 휴가를 엉망으로 만들고 만 제롬의 이야기를 들어보자. 제롬은 44세의 자동차 영업사원으로 세인트 토머스 섬으로 겨울 휴가를 떠났다.

●●

"세인트 토머스에서의 휴가는 멋졌어요. 탁구 토너먼트에 참가하기 전까지는요. 첫 상대는 뉴저지에서 온 대머리 남자였어요. 처음엔 그를 우습게 여겼지만, 곧 만만치 않은 상대라는 걸 알았어요. 저는 갑자기 승부욕에 발동이 걸려서 거기에 생사라도 걸린 양 치열하게 공을 주고받았어요. 결국 역전에 역전을 거듭한 끝에 2점 차로 지고 말았어요."

"전 쉬기 위해 그곳에 간 거였어요. 그런데 탁구 경기에서 지고 나니 기분이 참담했어요. 해변에 누워서도 그 생각이 떠나지 않았어요. '그때 서브를 더 강하게 했어야 했는데, 그때 백핸드 드라이브를 날려서 코를 납작하게 만들었어야 했는데' 결국 전 골이 난 상태로 호텔 방으로 들어갔고 그날 하루를 망쳤어요. 지금도 그 생각만 하면 분하다는 생각뿐이에요."

●●

제롬의 이야기에서 알 수 있듯, 내면의 비판자는 미끼를 던져 경쟁과 비교 게임에 빠져들게 만든다. 이 게임의 룰은 공정하지 않고 결코 객관적이지 않다. 탁구 시합에 졌다고 해서 그의 인생이 실패한 것도 아니고 그의 존재 가치가 낮아지는 것도 아니다. 하지만 그는 상대와 자신을 비교하면서 끔찍한 기분에 사로잡혔다. 이처럼 내면의 비판자는 기분을 엉망으로 만들고 만다.

나를 판단하는 시선들

내면의 비판자는 부정적인 생각들을 다른 사람들에게 투사한다. "사람들로 가득 찬 방으로 걸어 들어갈 때, 모두 저를 보고 수군거리는 것만 같아요", "남자들은 모두 남을 통제하려는 성향이 있다고 생각해요. 우리 아버지처럼요", "제 직장 상사는 항상 친절하지만, 제가 큰 실수를 저지르기만을 기다리고 있다는 걸 알아요. 마치 먹잇감을 노리는 독수리처럼요". 사람들은 자신이 객관적이라고 생각하고 그 생각 자체는 별문제가 되지 않는다. 하지만 정도가 지나쳐 계속 불안감을 느끼고, 기회를 회피하고, 다른 사람들의 시선 때문에 아무 행동도 하지 못한다면 내면의 비판자에게 휘둘리고 있는 상태라고 보아도 좋다.

자신이 얼마나 주관을 객관화하고 있는지를 확인하고 싶다면 스스로를 어떻게 평가하는지 목록을 적어보라. 그리고 그 목록을 다른 사람들이 당신에 대해 하는 말들과 비교해보라. 두 목록이 얼마나 유사한가? 분명 남들에게 비판받을 것이라 생각했는데 의외로 칭찬을 받아본 경험이 얼마나 자주 있었는가? 스스로에 대해 어떤 가정들을 하고 있었는지 확인해보라. 이 과정을 통해 왜곡된 사고에서 해방될 수 있을 것이다.

해가 되는 칭찬의 말

칭찬이 아이에게 부정적인 영향을 끼칠 수도 있다는 사실은 납득하기 어려울 수도 있다. 하지만 과도한 격려가 해가 되는 경우도 있다. 걸음마를 배울 때부터 뭐든지 잘했다거나 예쁘다거나 똑똑하다는 소리만 듣고 자란 아이는 가족이라는 안전한 울타리 밖으로 나갔을 때 충격받고 좌절할 수도 있다. 울타리 안과 너무나도 다른 냉정한 현실에 적응하지 못하는 것이다. 아이들은 학교에 입학한 후 특히 그런 일을 자주 겪는다. 아이들은 자신에 대한 타인들의 평가가 그다지 호의적이지 않다는 사실에 충격을 받는다.

"수지 화이트가 나보고 두꺼비같이 생겼대", "프랭클린 선생님이 나보고 게으름뱅이에 응석받이래", "조이 리가 나 대신 1루수가 되다니 말도 안 돼". 아이들은 불안감을 느끼기 시작한다. 아이들 마음속에는 의심이 싹튼다. '부모님이 나에게 거짓말했던 걸까? 세상에 믿을 사람은 아무도 없는 거야?' 아이들은 칭찬을 믿지 않기 시작한다. 그편이 더 안전하기 때문이다. 다른 사람의 칭찬을 들으면 겉으론 미소 짓지만, 마음속으로는 절대 믿지 않는다.

과도한 칭찬의 또 다른 부작용은 아이의 자존감이 성취에 따라 좌우된다는 점이다. 한 아버지가 수영부에 합격한 아들을 크게 칭찬했다고 가정해보자. 잘한 일에 대해 칭찬하는 것은 자연스럽고 당연하다. 하지만 성취를 이루었을 때에만 칭찬한다면, 아이는 타인의 기대에 부응하지 못하는 것을 실패로 받아들일 것이다. 그들은 끝없이 무엇인가를 성취해야만 하며, 매 순간 냉혹한 내면의 비판자의 판결을 기다리는 사람으로 자란다. 칭찬받을 때에만 자존감을 느끼는 사람은 가능한 모든 방법을 동원해 다른 사람들의 칭찬을 유도하려 든다. 그들은 자신이 아닌 다른 사람들에게 만족을 주려는 목적으로만 행동하고 성취하는 사람이 된다.

칭찬은 노력한 부분을 정확히 짚어서 말해줄 때에만 효과가 있다. 집에서 늘 칭찬만 받아온 아이는 가족의 울타리 밖으로 나갔을 때 상처를 받는다. 아이는 누구 말을 믿어야 할지 혼란에 빠지고 자신의 능력을 의심하게 된다. 자녀의 능력을 부풀리는 부모 아래에서 아이는 자신의 능력을 객관적으로 평가할 기회를 얻지 못한다. 그 결과 자신이 무엇을 할 수 있고, 무엇을 할 수 없는지 판단하지 못하는 분별력 없는 어른이 된다.

장점을 과대평가받으며 성장한 아이는 극도로 자기비판적인 어른이 될 수 있다. 자녀를 지나치게 사랑하는 부모는 아이에게 끊임없이 이런 말을 한다. "네가 제일 잘해", "네가 제일 예뻐", "네가 최고야".

사람은 누구도 완벽할 수 없다. 놀라운 일을 성취하지만 때로는 실패하기도 한다. 그런데 칭찬만 받고 자란 사람은 자신이 불완전한 존재라는 사실을 받아들이지 못한다. 그들은 자신의 재능이 제대로 발휘되지 못한다는 생각에 쉽게 자괴감에 빠진다.

타인의 시선을 끌기 위해

자녀를 지나치게 사랑하는 부모들이 가장 활력 있고 기운 넘치는 순간은 자녀의 문제를 해결해줄 때다. 부모들은 자녀에게 문제가 생겼다는 사실을 직감적으로 알아채고 자녀를 보호해야 한다는 의무감과 욕구를 멈추지 못한다. 그런 욕구는 본능적인 것이고, 그에 따라 행동하는 것은 자연스러운 일이다. 하지만 보호 욕구가 지나치면 파괴적인 결과를 낳는다. 자녀가 겪는 온갖 사소한 문제들에 일일이 신경 쓰다 보면 본의 아니게 문제에만 초점을 맞추게 된다. 질의 경우가 그러했다. 질의 말을 들어보자.

●●

"부모님은 항상 제 비위를 맞춰주셨어요. 다른 사람들이 보면 지나칠 정도였죠. 저는 공립학교에 다녔는데 학교에서 문제가 생기자 부모님은 즉시 사립학교로 전학시켜주셨어요. 또 열일곱 살 때 남자친구와 헤어져 힘들어하자 저를 위로해주기 위해 스키 여행을 보내주셨어요. 부모님이 저한테 '잘 지내고 있지?'라고 묻는 것은 '뭐가 문제인지 말해보렴. 우리가 어떻게든 해결해주마'라는 거예요."

●●

자녀를 지나치게 사랑하는 부모는 자녀의 문제를 확대해서 본다. 그러면 아이가 위험에 처했다는 생각에 불안해지고 불안은 사실을 왜곡해 바라보게 한다. 불안에 사로잡힐 때 부모와 자녀는 도움 주는 자와 도움 받는 자의 관계가 된다. 그런 부모 밑에서 자라는 자녀들은 자신이 어려움에 처했을 때 부모의 사랑과 관심을 끌 수 있다는 사실을 깨닫는다. 문제가 생겼다며 힘든 척하면 부모가 즉시 달려와 토닥여주는 것을 경험하며 '부모님이 아니면 누가 나를 돌봐주겠어?' 하고 생각해 문제를 부풀리는 데 익숙해진다.

그런 사람들은 성인이 되어서도 어린 시절의 행동 유형을 답습한다. 문제를 과장해 털어놓음으로써 상대를 교묘히 조종하려 들지만 모든 사람이 그 미끼에 걸려들지는 않는다.

내면의 비판자에게서 벗어나지 못하는 사람은 스스로를 파괴하는 행동을 반복할 수 있다. 또 자신의 존재 가치를 확인하기 위해 타인의 인정과 승인을 갈구하고 거절이 두려워 사람과 기회를 회피한다. 그러면서 모든 일을 완벽히 처리해야 한다는 생각에 꾸물거리며 지체한다. 그리고 자신의 단점이 드러날까 봐 감정을 솔직하게 털어놓지 못한다. 실수를 저지르고, 뒤이어 내면의 비판자에게 호되게 질책받을 때마다 그들의 학습 능력은 저하된다. 내면의 비판자가 끼치는 가장 나쁜 영향은 자아비판적인 특성이 아끼는 사람들을 밀어내게 한다는 점이다.

자아비판적인 사람들은 감정적 대가를 톡톡히 치러야만 한다. 어떤 일에서도 기쁨을 느끼지 못하며, 성공을 두려워하고, 죄책감과 수치심에 시달리고, 사람들을 방어적으로 대하고, 자존감이 약하며, 창의성 부족으로 고통받는다. 그것들을 하나씩 살펴보자.

자신을 바라보는 척도, 자존감

자존감은 자신을 어떻게 느끼는지 보여주는 자기평가 척도라 할 수 있다. 부모의 과도한 사랑을 받고 자란 사람들은 대개 자기를 형편없이 평가한다. 자아상self-concept은 생애 초기에 형성되는데 어린 시절에 다양한 언어적, 비언어적 메시지를 통해 자신이 누구인지를 배운다. 어린아이는 진실과 허구를 식별하는 능력이 부족하기에 자신에 대한 다른 사람들의 기대를 내면화한다. 아이에게 가장 영향력을 미치는 존재는 부모다. 아이는 부모의 기대에 영향을 받으며 자신에 대한 기대를 세운다.

타인의 기대를 내면화하는 과정에서 아이는 혼란을 느끼기도 한다. 자신이 어때야만 하는지에 대한 규칙들과 자신이 실제로 어떠한지에 대한 관찰이 서로 다를 수 있기 때문이다. 부모의 기대가 높을수록 아이는 더욱 혼란스러워한다. 부모에게 지나친 사랑을 받고 자란 결과 낮은 자존감에 고통받게 된 마샤의 이야기를 보자.

마샤는 다른 사람이라면 혼자서도 재량껏 처리하는 사소한 문제들까지 상사에게 질문하곤 했다. 그러다가 결국 능력없는 인물로 찍혀 중요한 프로젝트에서 배제되고, 승진에서 누락되었다. 고민하던 마샤는 결국 심리 치료를 받기로 했다. 심리 치료사가 마샤에게 자신의 이상적인 모습과 현재 모습을 적어보라고 했을 때 그녀는 다음과 같이 적었다.

현재의 내 모습	내가 원하는 모습
키 159센티미터	키 171 센티미터
약간 통통한 몸매	날씬한 몸매
평범한 인상	화려한 인상
수줍음 타는 성격	외향적이고 재미있는 성격
외로운 싱글	의사와의 결혼
우울함	항상 행복함

마사의 현재 모습과 그녀가 원하는 모습은 큰 차이가 있다. 마샤는 상담을 받으면서 자신이 부모와 사회의 가치관과 기대에 따라 살아왔다는 사실을 깨달았다. 그녀가 원하는 모습은 부모의 기대에 맞춘 것이었다. 그녀가 어린 시절을 떠올리며 말한다.

"부모님은 항상 저에게 조금만 더 노력하면 더 잘할 거라고 말씀하셨어요. 칭찬을 하더라도 꼭 이런 식이었어요. '정말 잘했구나, 마샤 하지만 다음번에는 조금 더 노력해보렴. 그럼 더 좋은 결과가 나올 거야' 그런 말이 저한테는 상처가 되었어요."

마샤의 부모는 칭찬해줌으로써 딸에게 동기를 부여해주려고 했을 것이다. 하지만 마샤는 점점 자신감을 잃었다. 그 이유는 무엇일까?

"조금 더 노력하라는 말은 결국 최고의 성과를 내지는 못했다는 뜻이나 다름없어요. 부모님은 항상 저에게 가능성이 있다고 말씀하셨죠. 그것은 저를 인정하거나 칭찬해주는 말이 아니에요. 그런 말을 들을 때마다 저는 기대와 현실 사이의 괴리를 느꼈죠. 가능성이 있다는 건 현재 상태로는 충분하지 못하다는 얘기니까 칭찬하는 거라 할 수 없어요."

부모가 거창하고 과장된 기대를 걸 때 자녀는 비현실적인 기대의 포로가 되어버린다. 마샤는 낮은 자존감 때문에 방향을 잃고 방황하다가, 현실적인 목표를 세우고 자신을 있는 그대로 받아들이는 법을 배우고 나서야 안정을 되찾았다.

하지만 현실적인 목표를 세운다고 해서 모든 문제가 해결되는 것은 아니다. 자존감을 키우려면 능력을 발휘하여 성취감을 맛볼 수 있어야 한다. 주어진 과업을 적절히 수행할 때 스스로 능력있는 존재라고 믿게 된다. 그런데 자녀를 지나치게 사랑하는 부모는 자녀에게 주어진 과업을 대신해줌으로써 자녀가 성취감을 느낄 수 있는 기회를 박탈한다. 그 결과 아이들은 능력을 쌓을 도구와 경험을 빼앗기고, 자존감을 키울 기회도 얻지 못한다. 그래서 부모의 지나친 사랑을 받고 자란 사람은 혼자서는 아무것도 하지 못하게 된다. 그들은 자신의 본능이나 능력을 신뢰하지 못하기 때문에 남들에게 기댈 수밖에 없으며 무력감에 빠지게 된다.

자존감은 우리가 하는 모든 일에 영향을 미친다. 우리는 자신이 어떤 사람인가에 대한 인식에 근거해 타인과 사건들에 반응한다. 스스로를 신뢰하지 못하는 사람은 어떤 문제에 부딪히면 방어적으로 대응할 가능성이 높다. 또한 비판이나 약점의 노출에 대한 두려움 때문에 수많은 기회를 놓치며 살아간다. 혹은 사람들이 자신을 해칠지도 모른다는 생각에 먼저 상대를 공격하기도 한다.

낮은 자존감이 문제가 되는 이유는 다음 세대로 이어질 수 있기 때문이다. 자신이 가지지 못한 것을 자녀에게 줄 수는 없는 법이다. 이 악순환의 고리를 끊기 위해서는 자신이 진정으로 원하는 것이 무엇인지 자각하고 내면의 강건함을 개발하고 능력을 키우는 데 집중해야 한다.

결정을 내리는 데 대한 공포

자녀를 지나치게 사랑하는 부모들은 자녀가 조금만 힘들어 보여도 즉시 구원의 손길을 내밀고픈 충동을 느낀다. 자녀를 돕기 위해서라면 아홉 살짜리 딸의 숙제를 대신해주는 것이든, 서른아홉 살 된 아들의 세금 환급 신청을 하는 것이든 개의치 않는다. 그들은 항상 해결책을 들고 달려간다. 그리고 그 대가로 자녀의 모든 것을 통제하려 든다. 어린아이에게 부모의 조언은 성장을 위한 안정적인 발판이 되어줄 수 있다. 하지만 자녀가 청소년기, 청년기에 접어든 이후에도 조언을 퍼붓는 것은 자녀를 무기력하고 의존적인 존재로 만들 뿐이다. 자식을 위해서라면 뭐든지 해주는 부모 밑에서 자랐다는 한 여성의 말을 들어보자.

●●

"전 늘 엄마 말에 순종하며 살아왔어요. 엄마는 당신의 방식대로 따르라고 강요하셨어요. 제가 조금이라도 싫은 기색을 보이면 엉망진창으로 살고 있는 언니 얘길 꺼내셨죠. '봐라. 그렇게 엄마 말 안 듣더니 지금 네 언니 사는 꼴이 어떤지' 언니는 엄마 말을 듣지 않아서 인생이 꼬였는지도 몰라요. 하지만 적어도 언니에게는 언니만의 인생이 있잖아요. 저는 아직도 엄마가 없으면 옷도 고르지 못하는 바보예요."

●●

컴퓨터 컨설팅 사업을 하고 있는 마크도 마찬가지다. 그는 사업을 시작하고 나서 사소한 결정조차 내리지 못해 진땀을 빼야 했다.

● ●

"사무실에서 쓸 명함과 사무용품 구입 목록을 정하는 데 1년이 넘게 걸렸어요. 어느 날 더 이상은 질질 끌 수 없다는 생각에 사무실을 박차고 나가 사무용품점에 갔어요. 5분 내에 자신이 원하는 물건을 사서 나가는 사람들이 정말 부러웠어요. 어떤 물건들을 살지 결정하는 건 저에게 엄청나게 괴롭고 식은땀 나는 일이에요. 어렵사리 구입한 사무용품들을 들고 사무실로 돌아왔는 명함을 만들 차례였죠. 저는 그래픽 디자이너에게 전화를 걸었고 그는 로고 샘플 책 세 권, 색상 견본 열여덟 장, 폰트 수십 개, 종이 샘플 열 장을 가지고 왔어요. 그 사람이 샘플을 하나하나 넘기기 시작하자 정신이 아득해지는 것 같았어요. 전 속마음을 들키지 않기 위해 애써 침착한 척했지만 지금도 그때 생각만 하면 가슴이 두근거려요. 지금까지 그때 사다둔 사무용품들로 버티고 있어요."

"저는 천천히 보고 결정할 테니 샘플들을 놔두고 가라고 했어요. 그날 저녁 그걸 집으로 가져가 아내에게 보여줬고, 아내는 슥 훑어보더니 5분 만에 모든 걸 결정했어요."

● ●

마크 같은 사례는 매우 흔하다. 모든 결정을 대신 내려주는 부모 밑에서 수동적으로 통제에 따르기만 했던 사람은 자신의 능력을 시험하고 신뢰하는 법을 결코 배우지 못한다. 내면의 비판자는 올바른 결정을 내리지 못할 거라고 속삭이기 때문에 대신 위험을 감수해줄 사람을 찾아 상대를 교묘히 조종한다. 하지만 결정을 다른 사람에게 미룰수록 자존감은 점점 낮아질 뿐이다. 다른 사람들을 속일 수 있을지는 몰라도 자기 자신은 속이지 못하기 때문이다.

스스로에게 가혹한 사람

사람들은 당신을 냉담하고 무관심하며 지루하다고 평가한다. 어째서 다른 사람 눈에 그렇게 비치는 것일까? 그것은 기대와 걱정, 좌절로 점철된 세상 속에 살고 있기 때문이다. 내면의 비판자는 단점과 무능력에 초점을 맞추고 더 노력하라고 채찍질한다. 그래서 스스로 이루어낸 성공을 마음껏 즐기지도 못한다. 그것으론 충분하지 않다고 생각하기 때문이다.

스스로에게 가혹한 사람은 다른 사람에게도 엄격하게 굴기 쉽다. 자신의 인생은 물론 가까운 사람들에게 만족하지 못하기 때문이다. 타인에 대한 지속적인 불만족은 쓸쓸함을 자아낸다.

●●

두 아이의 어머니인 캐럴은 이혼 후에야 자신의 문제를 깨달았다. 첫째 아들 짐이 아빠와 살고 싶다는 말을 했기 때문이다.

"하루는 짐이 저에게 고래고래 소리를 지르며 '제가 아무리 열심히 해도 엄마 눈에는 절대 차지 않을 거예요!'라고 말했어요. 짐은 자신으 행복하니 너무 많은 것을 기대하지 말라고 했어요. 저는 왜 그 애를 받아들일 수 없는 걸까요?"

"저는 물이 반쯤 차 있는 잔을 보고 '반이 비었네'라고 생각하는 유형이에요. 짐은 말없고 수줍음을 많이 타는 아이죠. 아들에게 밖으로 나가서 친구들도 사귀라고 계속 잔소리를 한 건 맞아요. 사실 짐이 방구석에 틀어박혀 음악이나 연주하는 것을 보면 답답해요. 고등학교 시절에 누릴 수 있는 즐거움을 놓치고 사는 것 같아 안타깝죠 물론 짐은 성적도 좋고, 음악적 재능도 있어요. 그런데도 전 아들의 잘못된 점에만 주목하는 경향이 있어요."

캐럴은 상담을 통해 아들을 끊임없이 비판하는 원인이 자기 자신에게 가혹한 판단을 내리기 때문이라는 것을 깨달았다. 어렸을 때 들었던 말들이 아직도 따라다니고 있는 것이다.

"부모님은 자식들에게 칭찬 한마디 안 해주는 분이었어요. 학교에서 좋은 성적을 받아와도 당연한 일인 양 시큰둥했죠. 어떻게 하면 더 잘할 수 있는지 말씀해주시는 게 전부였어요. 아버지는 그런 말들을 냉장고에 붙여놓기도 하셨어요. 아버지는 목표라고 말했지만 사실 그건 비판이었어요."

●●

캐럴은 아버지의 그런 행동을 보면서 자신이 무가치한 존재라고 믿게 되었다. 하지만 아버지를 무척 사랑했던 캐럴은 아버지의 인정을 받기 위해 완벽한 존재가 되기 위해 애썼다. 세월이 흐른 후 그녀는 아들에게 아버지와 똑같이 말하고 있는 자신을 발견하고 소스라치게 놀랐다. 비판적인 말과 행동 때문에 아들과의 친밀한 관계가 파괴되고 있다는 것을 깨달은 그녀는 자신의 문제를 인정하고 개선하기로 마음먹었다. 캐럴은 자신을 인정하자 아들한테 덜 비판적으로 대하게 되었다. 그녀는 부정적인 면에만 초점을 맞추었던 태도를 반성하고 스스로에게 관대해졌다.

우리 주변에도 캐럴처럼 자아비판적인 사람이 많다. 그들은 비판적인 태도 때문에 대가를 치르게 될 것임을 뻔히 알면서도 내면의 비판자가 행복을 볼모로 잡도록 내버려둔다. 어쩌면 자기비판적인 태도에 어느 정도 이점이 있다고 생각할지도 모른다.

어린 시절에 힘들여 노력할수록 더욱 완벽해진다는 교육을 받은 사람은 스스로에게 엄격하고 혹독해질 수밖에 없다. 그렇게 하면 상대가 우정과 사랑, 지지를 주리라 기대하면서 스스로를 깎아내린다. 때로 그런 전략은 효과를 발휘하는 것처럼 보인다. 자신이 얼마나 바보인지, 얼마나 우울한 상태인지, 얼마나 인생이 고달픈지 하소연하면, 사람들은 격려해주며 '넌 괜찮은 사람이야'라고 말해준다. 하지만 기분이 나아지거나 자존감이 높아지지는 않는다. 계속해서 스스로를 깎아내리고 한탄하는 동안 격려해 주고 보살펴 주던 사람들도 어느 순간 멀어진다.

마무리를 짓지 않는다

부모의 지나친 사랑을 받고 자란 사람들 중에는 똑똑하고 재능이 있음에도 불구하고 일을 벌여놓기만 하고 마무리하지 못하는 이가 많다. 사람들은 그들이 게으르기 때문에 그렇다고 말한다. 혹은 겉으로 보이는 것처럼 똑똑하거나 재능이 있는 게 아니라고 결론짓기도 한다. 또 어떤 사람들은 그들이 성공에 연연해하지 않기 때문이라고 말한다. 하지만 사실 그들이 일을 벌이기만 하고 마무리하지 못하는 가장 큰 이유는 성공을 두려워하기 때문이다.

맥스의 사례를 보면 알 수 있다. 그는 지난 10년 동안 아무런 이유도 없이 갑자기 직장에 사표를 던지고 다른 곳으로 옮기기를 반복했다. 또 아이디어를 내놓기만 하고 실행으로 옮기지는 못했다. 자신의 문제를 인식한 맥스는 심리 상담을 받으면서 자신의 과거를 탐색하기 시작했다.

●●

"높이 올라가면 떨어질 일만 남을 거라고 생각했어요. 성공에는 책임이라는 무거운 짐이 따라오잖아요. 한번 성공하고 나면 사람들이 저에게 매번 성공을 기대할지 모른다는 부담을 느껴요.”

맥스의 아버지는 그 지역의 도시 계획 담당 관료였고 지역 정치에 열성적으로 참여했으며, 그 덕에 지역 신문에도 자주 실리는 유명인사였다. 맥스는 중학교 2학년 때 학생회장 선거에 출마한 적이 있었다.

“전 초등학교 때도 학생회 간부로 활동했어요. 하지만 제가 원했던 건 아니에요. 아버지는 제가 학생회장이 되면 무척 자랑스러울 거라며 저를 부추기셨어요.”

“등 떠밀려 회장 선거에 출마하고 보니 전교생 앞에서 후보 연설을 할 일이 막막했어요. 제가 걱정하자 아버지는 바보같이 굴지 말라며 ‘우리 가문에는 리더의 피가 흐른다’는 둥 한바탕 설교를 하시고 연설 원고를 써주셨어요. 젊은이들이 세계를 변화시키기 위해 앞으로 나아가야 한다는 내용이었죠. 학생들이 이해하기에는 어려운 말도 많았어요. 하지만 아버지는 모두 감동받을 거라고 하셨어요.”

“후보 연설하는 날 얼마나 떨렸는지 몰라요. 다른 후보들의 연설 내용은 댄스파티나 학생 자율권 보장 등에 대한 것들이었어요. 제 차례가 오자 더듬거리며 연설을 시작했어요. 그때만 생각하면 지금도 쥐구멍을 찾고 싶은 심정이에요.”

“이틀 후 투표 결과가 나왔는데 예상은 했지만 막상 떨어지고 나니 미칠 것만 같았어요. 집에 가기가 겁나서 두어 시간 길거리를 헤매고 다녔던 것 같아요. 저녁때가 다 되어 집으로 걸어가고 있는데 집 앞에서 저를 기다리고 있는 아버지의 모습이 보였어요. 저를 보자 아버지는 함박웃음을 지으셨는데 선거에서 떨어졌다고 하자, 아버지는 그길로 학교에 가서 재개표를 요청하려고 하셨어요. 엄마가 간신히 말렸죠. 그때의 경험이 성공에 대한 두려움을 심어준 것 같아요."

●●

많은 어른아이들이 맥스처럼 부모가 거는 꿈과 희망의 무게에 짓눌려 무력해진다. 그들의 부모는 자녀가 성공할수록 더 많은 것을 기대한다. 그래서 아이들은 아예 처음부터 성공의 사다리에 오르지 않는 편이 낫다고 믿으며 평생 성공을 회피하면서 살아간다. 부모의 지나친 사랑을 받고 자란 사람들이 성공을 두려워하는 또 다른 이유는 능력 있고 독립적인 존재가 될 경우 그동안 기대온 정서적인 안전망을 잃을지도 모른다고 생각하기 때문이다. 예로 스물일곱 살이 될 때까지 부모한테 얹혀 살고 있는 헨리는 식료품점에서 시간제 아르바이트를 하고 있다.

●●

"지금 제 일이 좋은 건 아니지만 진짜로 하고 싶은 게 뭔지 잘 모르겠어요. 덫에 걸린 기분이라고나 할까요? 엄마와 떨어져 살 때가 온 건지도 모르겠어요. 그럼 엄마는 누가 돌보죠? 아버지가 돌아가신 후 엄마는 혼자 있는 걸 극도로 싫어하거든요. 그래서 빈방을 세놓고 있어요. 세입자와 집 관리는 제가 하고요."

헨리에게는 남동생이 하나 있는데, 직장에서 잘나가다가 몇 달 전 회사가 합병되면서 일자리를 잃었다.

"프랭크가 쪼들리고 있다는 걸 알면서도 엄마는 단 한 푼도 원조해주지 않으셨어요. 프랭크가 혼자 사는 법을 배워야 한다고 냉정하게 말씀하셨죠. 예전에 동생이 한창 바쁠 때 엄마를 한 달에 한 번밖에 찾아오지 않았는데, 그때 서운했던 마음을 아직까지 담아두고 있는 것 같아요."

●●

헨리에게 어머니로부터의 독립은 정서적인 안전망을 잃는 것을 의미했다. 게다가 좋은 본보기가 있지 않은가. 동생 프랭크가 성공과 함께 어머니의 안전망을 잃었고, 실패하자 찬밥 신세가 되었다. 사실 프랭크가 안전망을 잃은 것은 그의 성공 탓이 아니었다. 그는 스스로 안전망 밖으로 빠져나갔고 단 한번도 어머니가 자신을 마음대로 통제하도록 허락하지 않았다. 또 아버지가 돌아가셨을 때 어머니는 프랭크에게 가업을 이어받으라고 권유했지만, 프랭크는 일언지하에 거절했다.

성공한 뒤에도 부모와 친밀한 관계를 유지하는 것은 얼마든지 가능하다. 헨리 같은 사람들은 실패할 때마다 부모의 보호를 받았다. 부모의 보살핌은 강력한 보상이 될 수 있지만 헨리는 보상을 받기 위해 내적 충만감을 포기해야 했다.

헨리처럼 성인이 되어서도 의존성을 버리지 못하는 사람은 부모에게 의미와 목적을 제공해준다. 부모는 실패를 달갑게 여기진 않지만, 자녀에게 사랑과 행복을 주고 싶다는 바람으로 자녀를 기꺼이 돕는다. 자녀는 보살핌을 받는 대신 내적인 충만감을 포기해야 하는 자신의 역할을 싫어하면서도, 이제껏 누려온 혜택을 포기하지 못한다. 그래서 그들은 진정한 독립을 성취하지 못하고 의존적이고 무기력한 상태로 남아 있기로 한다. 실패할지 모른다는 두려움으로부터 자신을 보호하기 위해, 그리고 자녀를 잃을지 모른다는 두려움으로부터 부모를 보호하기 위해.

죄책감에 빠지다

부모의 지나친 사랑을 받고 자란 사람들은 평생토록 이어지는 죄책감의 희생양이 되기도 한다. 죄책감이란 대체 어떤 감정이기에 한 사람의 인생을 그렇게 강력하게 쥐고 흔드는 것일까? 과보호를 받으며 응석받이로 자란 사람들이 이러한 자기 파괴적인 감정의 공격을 받는 이유는 무엇일까?

정신분석학자이자 아동심리 전문가인 셀마 프라이베르크Selma Fraiberg는 신경과민증적인 도덕관념을 독일 나치의 비밀경찰 게슈타포gestapo headquarters에 비유했다. 셀마는 마음속 게슈타포가 다음과 같은 역할을 한다고 말했다.

"우리 마음속에 있는 게슈타포는 위험하거나 혹은 잠재적으로 위협하다고 여겨지는 생각들을 가차 없이 색출한다. 게슈타포는 사소한 잘못이나 꿈에서 저지른 범죄에 대해 심판을 내려 괴롭히고 비난하고 위협함으로써 당사자를 죄책감에 사로잡히게 만든다."

죄책감은 복합적인 감정으로 분노와 두려움을 숨기기 위해 연막을 친다. 36세의 작가, 조지의 이야기를 들어보자. 그는 매주 부모집을 방문하는데 그때마다 아내와 전쟁을 치른다.

●●

"매주 일요일 저녁마다 아내와 저는 아이들을 데리고 부모님 댁에 가요. 외곽도로를 달리는 40분 동안 마샤는 뾰로통해 있고 아이들은 뒷좌석에서 줄곧 싸워요. 그럴 때마다 지금 내가 왜 이러고 있나 싶어요."

"그렇게 시달리며 부모님 댁에 도착하면 어머니는 기다렸다는 듯 저를 붙들고 2주째 코빼기도 비치지 않는 여동생에 대해 투덜대죠. 제가 없을 때는 여동생을 붙들고 그러시겠죠. 어머니는 누가 더 자주 오는지 점수를 매기거든요."

"조금 있으면 아이들이 집에 가자고 성화를 하기 시작해요. 그러면 저는 눈치가 보여서 애들에게 5달러를 주고 달래요. 얼마 전엔 마샤가 더 이상 못 참겠다며 화를 냈고 돌아오는 내내 말 한마디 하지 않았어요. 부모님과 마샤에게 죄책감이 들어요."

"전 올해 마흔 살이에요. 가족들과 함께 부모님 댁에 가서 보낸 날들을 세어보니 10년간 520일이 넘더군요. 그리고 그 숫자만큼 위장약을 먹어야 했어요. 만약 제가 어머니께 더 이상 찾아뵙지 않겠다고 하면 어머니가 자살할지도 모르거든요. 저는 그 두려움에 직면할 용기가 없어요."

●●

조지는 죄책감에 끌려 다니면서도 그 이면에 두려움과 분노라는 받아들이기 힘든 감정이 숨어 있다는 사실을 자각하지 못했다. 그는 분노를 밖으로 표현할 경우 어머니가 쓰러질지도 모른다는 두려움 때문에 분노를 안으로 삭이고 있다. 어머니와 자신 모두를 보호하기 위해 스스로를 벌하기로 선택한 것이다. 그는 아내가 반대하거나, 자신을 버리거나, 자신에게 앙갚음할지 모른다는 두려움 때문에 아내를 향한 분노와 좌절감 또한 억누르고 있다. 모든 문제를 자신 탓으로 돌리고 패배자가 된 듯한 기분에 사로잡혀 있는 것이다.

또 그는 자신이 차마 표출하지 못했던 감정들을 거리낌 없이 드러내는 자녀들의 행동에 분노를 느꼈지만 그것마저도 속으로 삼켜버렸다. 끝없이 분노를 삭일수록 위장약을 복용하는 횟수도 늘어갔다. 가족에 대한 의무감 때문에 자신을 희생한 결과 그에게 남은 것이라고는 무기력과 죄책감뿐이었다.

조지는 여러 조건을 충족시켜야만 사랑을 받을 수 있는 가정에서 성장했다. 부모가 사랑을 주는 대가로 그는 착한 아들이 되어야만 했다. 자녀를 지나치게 사랑하는 부모들은 착한 아이는 부모를 사랑하고 존경하며 부모의 말에 절대 복종해야 한다고 믿는다. 자신들이 정해놓은 규칙에 도전하는 자녀에게는 나쁜 아이라는 딱지를 붙인다. 조지와 유사한 환경에서 자란 사람들은 부모가 정한 규칙에 조금만 반대해도 죄책감을 느끼고 그 방어기제로 스스로를 희생자로 만든다. 그 결과 그들은 자신이 사랑받을 자격이 없고, 무가치한 존재라고 생각하며 스스로를 탓하게 된다.

죄책감은 순교자 같은 부모 밑에서 자란 경우 더욱 심해진다. 순교자 부모는 자녀에게 의도적으로 죄책감을 주입시켜 자녀의 행동을 교묘히 조종한다. 그들이 어떤 식으로 자녀에게 죄책감을 심어주는지 대화를 들어보자.

엄마 얘야, 이번 주 일요일에 점심 먹으러 올 거니?

제임스 죄송해요. 일이 너무 많아서 안 되겠어요.

엄마 그래, 그렇구나. 바쁘면 하는 수 없지. 요새 내 자식들은 모두 바빠서 날 보러 오지 못하는 것 같구나.

제임스 아니에요, 대신 수요일에 갈게요. 그때 시간이 좀 나요.

엄마 네가 아기였을 때 기억이 나는구나. 난 아이 셋을 키우면서 항상 바빴지만 네가 날 필요로 할 때면 언제든 바로 달려갔는데.

순교자 부모는 언어적, 비언어적 무기들을 동원해 죄책감을 심어줌으로써 자녀의 순종을 유도한다. 지나친 사랑을 받고 자란 사람들에게는 이러한 죄책감에서 벗어나 객관적인 시각으로 자신과 부모를 바라볼 만한 정서적 자원이 부족하다. 그래서 그들은 감정을 억누르고 살얼음판 위를 걷듯 부모의 눈치를 살피며 살아간다.

하지만 자신의 감정에 솔직하지 못한 것은 언제 터질지 모르는 시한 폭탄을 안고 사는 것과 같다. 꾹꾹 눌린 부정적 감정의 찌꺼기들은 언젠가는 폭발한다. 갑자기 발끈하며 화를 내거나, 심리적·신체적 질병에 걸리거나, 자살 충동을 느끼는 등의 형태로 나타나는 것이다. 특별한 원인 없이 만성적인 두통, 위궤양, 고혈압에 시달리고 있다면 뚜껑이 꽉 닫힌 채 끓고 있는 압력 밥솥처럼 내면에 죄책감이 가득 차 있지는 않은지 돌아볼 필요가 있다.

죄책감은 자신을 처벌하는 방법으로 사용되기도 한다. 그들은 저지른 죄를 참회하기 위해 자조적인 생각에 빠져든다. 그런 행동의 이면에는 받는 고통이 클수록 더 용서받을 것이라는 불합리한 생각이 자리한다. 하지만 희생자 노릇을 자처하며 자신을 고통의 나락에 빠뜨리는 것은 해결책에서 더욱 멀어지게 할 뿐이다.

또는 죄책감을 다른 사람들을 조종하기 위한 수단으로 사용할 때도 있다. 부모의 넘치는 사랑을 받고 자란 사람은 부모에게 원하는 것을 얻어내기 위해 내면의 고통을 과장되게 표현하기도 한다. 겪는 고통이 클수록 더 쉽게 부모의 도움을 받을 수 있고 부모를 잘 조종하기만 하면 힘들여 일하지 않고 스스로 책임지지 않아도 되기 때문이다.

죄책감은 그들이 긍정적인 행동을 취하지 못하도록 막고 무기력하게 만든다. 무엇인가 해볼 수 있는 현재가 아닌, 변화시킬 수 없는 과거에 초점을 맞추게 된다. 내면의 죄책감을 한 꺼풀 파고 들어가면 음흉하고 자기 파괴적인 감정이 숨어 있다. 그것은 바로 수치심이다.

죄책감과 수치심 모두 자기 책망, 양심의 가책, 자신이 무가치하다는 느낌 등과 연관되어 있지만 두 감정 사이에는 중요한 차이가 있다. 죄책감은 자신이 잘못된 행동을 했다는 사실을 인식하는 것이고 수치심은 자신에게 잘못이 있다는 느낌이다. '진정한 내 모습을 알게 되면 넌 나를 좋아하지 않을 게 분명해', '어째서 난 항상 모두를 실망시키는 걸까', '고작 2등이라니 실패한 거나 다름없어', '시작해서 뭐해? 어차피 제대로 끝내지도 못할 텐데'.

어느 모로 보나 수치심은 죄책감보다 훨씬 더 자기 파괴적이다. 수치심은 죄책감보다 더 깊이 흐른다. 수치심에 사로잡힌 사람은 잘못된 행동이 아니라 자기 자신에게 초점을 맞춘다. 그래서 수치심은 자기 회의와 자기비판의 핵심이라고도 할 수 있다.

역설적이지만 너무 지나친 사랑은 수치심을 키우는 데 일조할 수 있다. 응석받이로 자란 사람은 부모가 모든 것을 해주리라는 걸 잘 안다. 하지만 부모가 이끌어주고 구원해주고 원하는 바를 모두 들어줄수록 자녀에게는 엄청난 부채의식이 쌓인다. 부모의 은혜에 조금이나마 보답하기 위해 생일이나 명절에 선물을 안겨주지만 받은 것에 비하면 턱없이 부족하다. 부모의 한없는 은혜를 결코 갚을 수 없는 것만 같다.

부모가 원하는 것은 돈이나 선물이 아니라 복종이다. 그래서 그들은 내면의 비판자가 시키는 대로 부모가 반대하는 친구들을 멀리하며 부모에게 대드는 대신 상처와 분노를 안으로 삭인다. 부모가 자랑스러워할 만한 직업을 선택한다. 한마디로 사랑의 대가로 자신의 진정한 모습을 포기한다.

죄책감과 수치심 때문에 고통받고 있다면 다음 질문에 답해보라.

- 나는 누구의 기대에 맞추어 살아가고 있는가? 잘못되었다고 느끼면서도 억지로 무엇을 해본 적이 없는가? 싫어하는 일을 억지로 하고 있는 것은 누구 때문인가?
- 지금까지 살아오면서 '꼭 해야만 한다' 혹은 '절대 해서는 안 된다'고 생각해왔던 행동들의 목록을 작성해보라.
  예) 나만을 위해 돈을 쓰는 일, 아이에게 화를 내는 일, 일주일에 두 번 이상 부모님께 전화를 드리는 일, 거절을 하는 일 등

목록을 다 작성했다면 그중 당신이 진정으로 지키고 싶은 것이 몇 개나 되는지 표시해보라. 다른 사람들이 부과한 의무 사항들에 맞추어 살아가는 것은 죄책감과 수치심을 키울 뿐이다. 당신에게 의무감을 심어준 가장 핵심적인 사람이 누구인지 생각해보라. 그리고 이제 당신의 개성을 추구하라. 진정한 당신의 모습을 찾아라.

방어적인 태도

자기비판적인 사고에 빠져 있는 사람은 자신이 스스로를 판단할 때 그렇듯 다른 사람들도 자신을 엄격하게 판단하리라 가정하는 경향이 있다. 그래서 다른 사람들이 돕기 위해, 혹은 별 의미 없이 던진 조언도 비판으로 받아들인다. 비판은 실패했다는 것을 의미한다. 외부의 공격으로부터 스스로를 보호하기 위해 단단히 세워놓은 요새 뒤에 진정한 자아를 숨긴다.

교사 지미, 지난번보다 쪽지 시험에서 많이 틀렸더구나. 철자법 공부에 더 신경 쓰렴.

지미 그건 제 잘못이 아니에요! 형이 제 문제집을 가져가서 주말에 얼마나 힘들었다고요. 그리고 몸도 안 좋아서 시험 준비를 제대로 못했던 것뿐이에요.

아내 여보, 물건을 사용하고 다시 제자리에 둘 수 없어요?

남편 잔소리 좀 그만해! 당신도 싱크대에 접시를 그대로 놔두거나, 바닥에 옷을 늘어놓기는 마찬가지잖아!

간단히 "알았어", "미안해", "당신 말이 맞아"라고 말하면 될 일에도 방어적인 태도를 취하고 상대를 탓한다. 방어적인 태도는 실제의, 혹은 가상의 적으로부터 우리 자신을 보호하기 위해 고안되고 학습된 사고와 행동이다. 방어적인 태도는 다양하지만 몇 가지 유형이 있다. 특히 부모의 지나친 사랑을 받고 자란 사람들이 보이는 방어적인 태도는 회피와 합리화, 가장하기다.

두려운 상황이나 사람을 회피하는 것은 가장 원시적인 형태의 자기방어 수단이다. 회피는 거절당하거나 비판받을지도 모른다는 두려움을 막아준다. 안 보이는 곳에 조용히 숨어 있으면 상처받지 않을 것이라 생각하지만 불행하게도 방어적인 태도는 수많은 기회를 놓친 채 고립된 세상에서 살게 만든다. 회피 행동은 다양하게 나타난다. 이력서를 성의 없게 작성한다거나, 이력서 보내는 것을 깜빡하거나, 늦잠을 자거나, 상대가 말하는 동안 존다거나, 부재중 전화를 보고도 전화를 걸지 않는다든가, 다른 사람과 대화할 때 눈을 마주치지 않는 것 등도 모두 회피 행동이라 할 수 있다.

방어적인 태도의 두 번째 유형은 합리화다. 합리화는 자신의 행동이 옳았다고 스스로를 납득시킬 수 있는 핑계거리를 만드는 것을 말한다. 그들은 입장을 정당화하고 다른 사람을 탓할 구실을 찾는다. 거슬리는 사람에게 화내기 위해 꼬투리를 잡는 것이다.

로라 차에 움푹 들어간 자국이 있는데 누가 그랬는지 알아?

마이크 내가 그런 것 같은데 안 그래도 고치러 가려던 참이었어.

로라 운전하다가 어디에 부딪혔으면 나에게 말을 해줬어야지!

마이크 그게 나한테 할 소리야? 당신이 내 여행 가방 잃어버렸던 건 생각 안 나? 당신도 실수를 하잖아. 고물차 조금 흠집 난 게 뭐 그리 큰일이라고 그래? 내가 더 중요해, 자동차가 더 중요해?

합리화에 빠져 사는 사람은 미안해라고 간단히 말하고 넘어가면 될 일에도 변명하고 싶은 충동을 느낀다. 잘못을 인정하는 것은 자신이 나쁘다고 인정하는 것과 같기 때문이다.

가장하는 것 또한 진실한 감정을 숨기기 위한 방어 수단이다. 부모의 지나친 사랑을 받고 자란 사람은 타인에게 좋은 인상을 남기기 위해 자신의 모습을 솔직히 보여주기보다는 가식을 떨고 허세를 부리는 경우도 있다. 그들은 감정을 억누르고, 성취 지향적인 성향을 보이지만 동시에 자신이 허풍쟁이라는 비난을 받을까봐 두려워한다.

방어적인 태도는 문제에 대한 진정한 해결책을 제공해주지 못한다. 방어적인 태도에는 고질적인 문제가 따라다닌다. 모든 일을 합리화하고, 책임을 회피하며, 강한 척하다 보면 주위에는 아무도 남지 않게 된다. 그들은 적을 만들기 쉽고, 항상 피해의식을 느끼며, 불행감에 시달릴 것이다.

그렇다면 부모의 과보호를 받고 자란 사람이 방어적인 이유는 무엇일까? 방어적 성향을 키우는 성격적 특성들에 대해 알아보자.

특권의식

잘못한 행동의 결과에 대해 책임을 져본 적이 거의 없고, 힘든 일이 생길 때마다 도움을 받았고, 제멋대로 살아온 사람은 자신이 항상 옳다고 믿기 쉽다. 그들은 부모가 그러했듯 다른 사람들도 자신의 요구에 응해주어야 한다고 생각하며 상대가 자기 뜻대로 따라주지 않으면 격분한다.

수치심

많은 사람들이 말쑥한 포장 뒤에 나약한 자아를 숨기고 살아간다. 부모의 기대를 충족시키지 못할 경우 자신이 무가치한 존재라고 느끼기도 한다. 그래서 그 기분을 느끼지 않기 위해 타인과 관계 맺을 때 방어적인 태도를 보인다.

함몰, 유기, 노출에 대한 두려움

지나친 간섭, 조건적인 사랑, 교묘한 조종, 높은 기대가 합쳐지면 두려움은 더욱 커진다. 부모의 과보호를 받고 자란 사람들은 타인과 친밀한 관계를 맺으면 자신이 두려워하는 감정적인 고통들도 따라오리라 생각한다. 그래서 고통을 피하기 위해 방어적인 전략을 사용한다. 하지만 역설적이게도 방어적인 태도를 보일수록 고통에 노출될 가능성은 점점 높아진다.

방어적인 태도는 사각지대를 만든다. 방어적인 태도를 버리고 싶다면 문제에 대한 자기 몫의 책임을 기꺼이 지고, 자신이 불완전한 존재라는 사실을 인정해야 한다. 첫 단계는 자신이 어떤 유형의 방어적인 태도를 취하는지 인식하고, 그런 패턴을 계속 유지할지를 의식적으로 결정하는 것이다. 이때 가까운 친구가 도움이 되는데 그들은 당신이 어떤 방어기제를 사용하는지 말해줄 것이다. 방어기제 유형을 확인했다면, 그 다음 단계로 하나씩 위험을 감수해봐야 한다. 자신을 방어하고 싶은 충동이 일 때마다 상대에게 "미안해", "네 말이 맞아" 하고 말하고 그런 다음 어떤 일이 벌어지는지, 어떤 기분이 드는지 관찰해보라. 자신의 모습을 편안하게 받아들이면 방어하고 싶은 충동이 줄어들 것이다.

타인을 기쁘게 하기 위해

창의성은 탐색과 발견을 통해 발휘된다. 창의성을 잘 발휘하면 표현의 새로운 통로가 열린다. 아이가 첫 모래성을 쌓을 때 창의성은 처음으로 발현된다. 창의성의 정도는 얼마나 복잡하고 정교하게 모래성을 쌓느냐에 따라 결정되는 것이 아니다. 창의성은 창조하는 행위 그 자체다.

아이는 모두 창의성을 타고났다. 여러 연구에 따르면 아기 때의 환경이 창의성을 키우는 데 큰 영향을 미친다고 한다. 자녀를 지나치게 사랑하는 부모들은 자녀의 창의성을 키워주고자 노력하지만, 정작 의도와는 반대로 창의성을 질식시키는 경우가 많다. 그들은 테니스 교습, 음악 레슨, 개인 과외 등등 끊임없이 기회를 제공한다. 또 아이의 성장 발달 단계에 맞게 아이를 키우고자 일일이 간섭하고 감독한다. 그런 부모 밑에서 자라는 아이들은 부모를 기쁘게 해주기 위해 자신을 억누른다.

●●

"어렸을 때 제일 좋아했던 과목은 미술이었어요. 선생님은 수채화 물감과 종이, 지점토를 가지고 마음껏 놀게 해주셨어요. 우리는 교실을 난장판으로 만들면서 놀았죠. 하루는 수업시간에 만든 것을 집으로 가져가 엄마에게 보여드렸어요. 엄마가 '이게 대체 뭐니?' 하고 묻자 저는 피자먹는 문어라고 대답했어요."

"엄마는 굉장히 화를 내며 수업을 진지하게 들으라고 말씀하셨어요. 사물을 사진처럼 똑같이 그려야 잘 그리는 것이라 생각하셨던 거죠. 엄마는 피카소와 반 고흐도 잘 몰랐지만 마치 미술 비평가라도 되는 양 말씀하셨어요."

"그래도 엄마는 저를 믿어주셨어요. 저도 그건 인정해요. 제가 미술을 하고 싶다고 하면 엄마는 분명 아낌없이 지원했을 거예요. 하지만 미술에 대한 흥미를 잃었어요. 엄마가 원하는 방식으로 그림을 그리는 건 재미없었거든요. 엄마는 이렇게 말한 거나 다름없었어요. '화가가 되고 싶다면 그렇게 하렴. 하지만 내가 원하는 방식대로 해야 해.' 그래서 그만두고 말았죠."

●●

부모가 자신이 세운 기준을 따르라고 강요할 경우 아이의 창의성은 사라진다. 부모는 어서 창의성을 발휘하고 성취하라고 자녀의 어깨를 떠밀지만, 늘 안정되고 증명된 방법만을 사용하라고 가르친다.

창의성을 발휘하는 아이는 부모를 불안하게 한다. 통제하기 어렵기 때문이다. 창의성은 규칙을 깨부수라고 부추기고 새로운 방식을 찾아보라고 들쑤신다. 또 실패를 두려워 말고 도전해보라고 꼬드긴다. 자녀를 과도하게 사랑하는 부모는 자녀에 대한 걱정이 지나쳐, 창의성을 발휘하기 위해 꼭 필요한 자유를 자녀에게 허락하지 못한다. 부모가 성공에 집착하면서 숨도 못 쉴 정도로 감시하고, 실수할 때마다 당장 달려와 구원해주는 한 창의성을 발휘하기란 거의 불가능하다.

창의성을 발휘하기 위해서는 자기만의 독특한 자아와 소통해야 한다. 타인의 말에 복종하고, 타인을 기쁘게 해주고, 타인이 바라는 모습이 되려는 욕구는 창의성을 방해한다. 사람은 저마다 개성을 가지고 있다. 삶을 인식하고 해석하는 자신만의 틀을 가지고 있다. 그러한 독특한 관점이 창의적을 만들어준다.

지금까지 살펴본 것처럼 그 대가가 엄청 큰데도 내면의 비판자에게 휘둘리는 이유는 무엇일까? '나는 무가치한 존재야. 나는 형편없어 다른 사람의 인정을 받아야만 내 가치를 확인할 수 있어'라는 생각에 사로잡혀 있다면 다음을 명심하라. 당신은 내면의 비판자를 무장해제시킬 수 있다. 자아비판의 덫에서 빠져나와 스스로를 자유롭게 놓아줄 수 있다.

부모에게 들었던 비판적인 메시지들을 적어보기

'나는 사랑스럽지 않아', '나는 부족한 존재야', '내 감정을 털어놓지 말았어야 했어', '난 게을러', '난 부모님을 실망시켰어', '난 패배자야'. 이런 말들은 스스로를 부정적으로 바라보게 한다. 부정적인 감정과 맞서 싸우기 위해서는 우선 자신 안에 그러한 감정이 있다는 사실을 인지해야 한다. 목록을 작성한 후 자신을 돌아보라. 부모의 이런 말들을 당신의 자아비판적인 생각과 비교해보라. 계속 그런 생각에 사로잡힌 채 살고 싶은가? 그런 부정적인 생각이 맞다고 생각하는가? 당신은 어떻게 믿고 있는가?

내면의 비판자의 모습을 파악하기

비판자의 구체적인 모습을 머릿속으로 그려보라. 겉모습은 어떨 것 같은가? 군대의 훈련 교관 같아 보이는가? 완벽주의에 사로잡힌 학교 선생님 같은가? 부모 같은가? 내면의 비판자와 대화를 나누어보라. 내면의 비판자가 당신을 꼼짝 못하게 만드는 이유는 무엇이라 생각하는가? 그것을 적으로 돌리기보다는 당신과 한 팀을 이루어 협력할 상대라고 생각해보라. 그러면 어떻게 하는 게 좋을까?

자아비판적인 생각에서 나오는 행동 조심하기

며칠 동안 시간을 내서 당신이 특정 인물들에게 어떻게 권한을 내주는지 관찰해보라. 어떤 사람들을 상대할 때 기가 꺾이거나 마음의 문을 굳게 닫지는 않는가? 이러한 태도나 감정은 대부분 부모를 비롯한 가까운 사람들과의 해결되지 않은 문제에서 비롯되어 부모와 유사한 사람들, 특히 권위가 있는 사람에게 전이되는 경향이 있다. 이런 문제 때문에 고통받고 있다면 당신이 상대에게 힘을 넘겨주지 않는 한 누구도 당신을 패배시킬 없다는 사실을 명심하라. 자신에 대한 부정적인 생각에 대한 책임은 당신 자신에게 있다. 상사나 직장 동료와의 문제가 과거 부모와 해결하지 못한 문제를 재현하는 것에 불과하다는 사실을 깨닫고 나면, 상대에 대한 기대치를 조절해 그들이 끼치는 영향력을 줄일 수 있다.

나를 받아들이는 연습

당신의 어떤 부분이 나쁘다고 생각하는가? 자신의 특정한 자질을 인정하지 않을 때 생기는 결과는 두 가지다. 첫 번째, 당신은 숨기고픈 특성이 다른 사람에게 노출될까 봐 두려운 나머지 타인과 관계 맺을 때 방어적인 태도를 보일 것이다. 두 번째, 당신은 다른 사람에게서 자신과 비슷한 면을 발견하면 그 사람에게 매우 부정적으로 반응할 것이다. 그러나 당신이 연약한 모습을 인식하기 시작하면 자기 자신과 타인을 덜 비판적으로 대하게 될 것이며 그 결과 '받아들일 수 없었던' 자질들을 인정하게 될 것이다. 자신을 있는 그대로 받아들이고 신뢰하고 자신의 진가를 인정하면 자아비판의 덫에서 빠져나올 수 있다.

비판은 쓴 약

다른 사람들의 판단을 그대로 받아들일 필요는 없다. 다른 사람들의 말에 따라 당신의 가치를 판단할 필요도 없다. 그 말에 상처받는 것은 행동에 대한 의견이 아닌 '나는 별로야'라는 메시지로 해석하기 때문이다. 남을 비판하는 것은 스스로에 대해 불안감을 느끼기 때문임을 잊지 말라.

나쁜 습관을 버리는 용기

당신은 어릴 때부터 주입된 스스로에 대한 부정적인 생각과 맞서 싸워야 한다. 싸움의 무기는 당신이 성취한 모든 것을 스스로 인정해주는 것이다. 아무리 사소한 성공이라 할지라도 매일 자신을 칭찬해주어라. 자신에 대한 기대치를 낮추고 달성할 수 있는 목표를 세워라.

긍정적인 말 해주기

부정적이고 반복적인 생각들을 긍정적인 선언들로 대체하라. 매일 여러 차례 이 말을 반복하라. "나는 불완전한 나를 받아들인다" 자신만의 긍정적인 메시지를 만들어 종이에 적고 그 종이를 눈에 띄는 곳에 붙여놓아라. 그것을 볼 때마다 과거의 부정적인 생각들과 싸울 힘이 생긴다.

CHAPTER _ 09

매달릴수록 멀어지는 사람들

“제가 얼굴에 상처가 나서 집에 오든, 형편없는 성적표를 받아 오든, 친구들과 싸우든, 파혼을 하든 엄마는 항상 이렇게 말씀하셨어요. ‘걱정마라, 얘야. 이리 와서 쿠키 좀 먹으렴.’”

– 마시(22세, 회사원)

나약한 모습을 드러내지 않고도 위안을 받고 버려질지도 모른다는 위험을 감수할 필요가 없는 관계가 있다. 바로 음식과의 관계다. 음식, 체중 관리, 다이어트에 대한 집착과 부모의 넘치는 사랑, 보호, 높은 기대 속에서 자라는 것 사이에는 어떤 관계가 있을까? 심리학자들은 비정상적인 음식 소비 패턴 뒤에는 심리적인 문제가 숨어 있다고 말한다. 정서적인 욕구를 건강하고 직접적인 방식으로 해소할 수 없을 때 음식을 이용하는 것이다.

부모의 지나친 사랑 때문에 생긴 내면의 갈등을 해결하지 못한 사람에게 음식은 만병통치약이다. 그들은 다음과 같은 목적으로 음식을 이용한다.

- 감정을 회피하기 위해
- 갈등을 회피하기 위해
- 부모의 높은 기대 때문에 야기되는 불안감을 해소하기 위해
- 통제적인 부모에게 적극적으로 저항하는 것이 두려울 때
- 가족의 주목을 받기 위해
- 스스로를 위로하기 위해

- 친밀한 관계를 방지하기 위해
- 죄책감에 대한 대응으로 스스로를 처벌하기 위해
- 끝없는 불만족을 잠재우기 위해
- 남들에게 좋아 보이기를 바라는 부모에게 반항하기 위해
- 성숙해지지 않기 위해

그런데 어째서 하필이면 음식에 기대는 것일까? 술이나 마약에 의존하는 편이 더 쉽고 간단한데 말이다. 그 이유는 음식에 집착이 사회적으로 용인되는 일이기 때문이다. 요즘은 사회 전체가 다이어트와 체중에 집착하고 있다 해도 과언이 아니다. 부모의 과보호 속에 늘 좋아 보여야 한다는 교육을 받으며 자란 사람들은 타인에게 받아들여지는 것을 직감적으로 알아챈다. 그래서 체중에 집착하는 많은 사람들을 발견하고 동참함으로써 안정감을 느낀다.

정서적인 욕구를 충족시키기 위해 음식을 이용하는 정도가 지나치면 다식증이나 거식증 같은 섭식 장애를 부를 수 있다. 다식증이란 엄청난 양의 음식을 폭식하는 섭식 장애를 말한다. 다식증에 걸린 사람은 폭식을 하는 동안 그 충동을 조절하지 못할지도 모른다는 두려움을 느끼기도 한다. 폭식을 하고 나면 대개 자아비판적인 생각과 우울증이 뒤따라온다. 이러한 충동적인 섭식은 체중 증가를 불러오기 때문에 일부러 구토를 하거나 변비약, 이뇨제 등을 과용해 살이 찌는 것을 막고자 하는 경우도 있다.

거식증은 스스로를 기아 상태에 빠뜨리는 것을 특징으로 하는

섭식 장애로 환자의 90~95퍼센트가 여성이다. 거식증에 걸린 사람은 칼로리 섭취를 엄격하게 제한하고 과도하게 운동함으로써 체중을 조절한다. 거식증 환자도 일부러 구토하거나 약을 써서 체중 증가를 막으려 시도하는 경우가 많다. 또 체중이 아무리 적게 나가도 자신이 뚱뚱하다고 생각한다.

그 밖에도 충동적인 과식으로 고통받기도 한다. 충동적인 과식은 섭식 장애로 분류되지는 않지만 그 패턴이 반복된다는 점에서 심각하다. 충동적인 과식을 하는 사람은 음식이나 다이어트에 집착하는 경우가 많다. 그들은 과식을 했다가, 다이어트를 결심했다가, 불안감, 우울증, 박탈감을 느끼며 다이어트를 집어치우는 일을 반복한다. 그러한 과정을 반복하는 동안 그들은 죄책감에 빠지고 결국엔 통제 불능 상태가 된다.

섭식 장애는 가족 질병으로 누군가 섭식 장애를 겪고 있다면, 가족 내에 문제가 있는 경우가 많다. 가족의 규범과 전통, 생활양식, 습관 등에서 욕구와 필요를 충족시켜주지 못했을 때 섭식 장애의 형태로 문제가 나타나는 것이다. 집착에 가까운 사랑, 친밀감, 과보호를 특징으로 하는 가족 내에서 충족되지 못한 필요가 있다는 사실은 인식하기 힘들다. 하지만 자녀를 지나치게 사랑하는 부모에게 가장 중요한 것은 남들의 이목이다. 그들은 남들 눈에 화목해 보이는 가정을 꾸미고 싶어 하므로 가족 간의 소원한 관계나 갈등을 비롯한 여러 문제들은 덮어 가린다.

충족되지 못한 정서적 욕구를 채우기 위해 모두가 음식에 집착하는 것은 아니다. 하지만 위안과 사랑, 안정을 얻기 위해 음식에 의존하는 것이 섭식 장애로 가는 징검다리인 것은 확실하다. 음식을 먹으면 마음이 편안해지지만 그 위로와 편안함은 오래가지 못한다. 그럼에도 욕구를 해결해줄 더 건강한 방법을 찾기 전까지 음식에 대한 의존성을 쉽게 떨치지 못한다. 부모의 지나친 사랑을 받고 자란 사람들이 정서적인 결핍을 메우기 위해 어떻게 음식에 의존하는지 하나씩 살펴보자.

감정의 주인

음식과 다이어트에 대한 집착은 다른 정서적인 문제들에서 주의를 돌리기 위한 방법 중 하나다. 올해 25세의 사무보조원, 제이미는 결혼한 후 공허함을 느낄 때마다 음식과 다이어트에 매달린다. 제이미의 부모는 자녀의 사적인 대화를 엿듣고, 아무 때나 방문을 벌컥 열고, 자녀에게 한 질문을 가로채 대답하곤 했다.

●●

"우리 집에는 사생활이 전혀 없었어요. 심지어 샤워를 하거나, 볼일을 보고 있는데도 불쑥 욕실에 들어오곤 했어요. 감정도 제 것이 될 수 없었어요. 제가 무슨 말만 하면 온 식구가 달려들어 감정을 낱낱이 분석한 후 제가 그렇게 느껴서는 안 된다고 말했어요. 식구들 앞에서는 입 다물고 있는 게 상책이에요."

제이미는 열아홉 살에 빌과 결혼해 부모에게서 탈출했다.

"그 전까지는 식구들이 저한테 이래라 저래라 간섭을 했어요. 그래서 제 일에 간섭하지 않는 빌에게 끌렸어요. 빌이 저보다 열 살이 많은 점도 안심이 되었어요."

빌은 성공한 부동산 중개업자다. 빌은 집에 있는 시간이 적었고, 집에 올 때는 녹초가 되어 침대로 직행하기 일쑤였다. 제이미는 항상 홀로 있었다.

"어떻게 해야 할지 모르겠더군요. 나에게 관심을 보여달라고 요구하고 싶었지만 그 말을 어떻게 꺼내야 할지 몰랐어요. 그 전까지는 너무 많은 관심과 간섭을 막아내는 데만 신경을 썼으니까요. 전 거부당한 것 같았고, 상처를 받았어요. 그래서 빌 앞에서 부루퉁해 있거나 삐친 척하기도 했지만 그는 제 마음을 전혀 알아차리지 못했어요."

팝콘과 아이스크림 한 통을 친구 삼아 텔레비전 앞에서 보내는 시간이 많아지면서 체중이 엄청나게 불기 시작했다. 어느 날 아침 그녀는 문득 남편 회사로 전화를 걸었다. 빌이 전화를 받기까지 10분이 걸렸다. 빌이 귀찮다는 듯 대하자 제이미는 주말 외식 예약을 어떻게 하면 좋을지를 물어본 후 일을 방해해 미안하다고 말하고는 전화를 끊었다.

"전화를 끊고 공상에 빠졌어요. 점심시간에 택시를 타고 남편 회사를 깜짝 방문하는 거죠. 제가 걸어 들어가 비서에게 말을 전하면, 그가 중요한 회의 도중에 저를 보러 나와서 꼭 안아줘요. 직원들에게 저 자랑스레 소개하고 우리 둘은 낭만적인 곳으로 가서 다정하게 점심식사를 해요. 저는 그런 장면을 상상하다 울음을 터뜨리고 말았어요. 빌은 절대 그렇게 해줄 사람이 아니었거든요. 아마 제가 불쑥 찾아가면 분명 화를 낼 거예요."

제이미는 마음을 가라앉히고 남은 일과를 마무리했다. 처음엔 아이처럼 엉엉 울고 싶었지만, 남편은 좋은 사람이고 자신은 제법 괜찮게 살고 있다고 스스로를 다독였다. 어느날 밤 제이미는 텅 빈 아파트에 혼자 앉아 있는데 갑작스레 허기가 몰려왔다.

"다음 날 친정에 가져가려고 사놓은 케이크를 몽땅 먹어치웠어요. 아이스크림 한 통도요. 저 자신을 통제할 수가 없었어요. 이미 배는 꽉 찼는데도 계속 먹고 싶었어요. 지금 생각해보면 빌과의 문제 때문이었던 것 같아요. 하지만 그때는 몰랐어요. 마구 먹고 나면 우울했던 기분이 조금 나아졌기 때문에 그런 행동을 반복했어요."

제이미는 빌에게 자신의 마음을 털어놓지 않았다. 빌에게 받은 상처가 너무 컸기에 아예 자신의 아픔을 부정했다. 그녀는 계속해서 충동적으로 과식을 했고 당연히 체중이 불었다.

"제 신경은 온통 음식에 쏠려 있었어요. 먹는 것을 조절하려고 노력해보았지만 소용없었어요. 월요일에 다이어트를 시작했다가 수요일에 포기해버렸죠."

몇 달 후 빌이 충격적인 선언을 했다. 더 이상 제이미를 사랑하지 않으며, 그녀와 결혼한 것이 실수였다고 말한 것이다. 제이미는 절망의 나락으로 떨어졌다.

"자기 자신을 사랑하지 않고, 자신을 잘 돌보지 못하는 사람을 사랑할 순 없다고 말하더군요. 당시 제 체중은 80킬로그램이 훌쩍 넘은 상태였어요. 이혼 문제로 골치 아프게 싸우고 싶은 의지도 없었어요. 쇠고기 통조림과 감자 샐러드를 입안에 쑤셔 넣으며 엄마에게 전화를 걸어 하소연했죠."

"제 마음속에는 이런 생각도 있었던 것 같아요. '빌이랑 헤어지게 됐으니 이젠 힘들게 다이어트할 필요도 없잖아!' 그 후 몇 년이 지나서야 폭식의 원인이 무엇이었는지 깨달았어요. 이제는 폭식 대신 직접적으로 감정적인 문제를 해결할 수 있게 되었어요."

●●

당신이 음식이나 체중, 다이어트에 집착하는 경향이 있다면 다음과 같은 질문을 던져보라. '나는 내 인생에 만족하는가? 나는 내가 원하는 삶을 살고 있는가? 나는 남편을 사랑하는가? 남편은 나를 사랑하는가? 남편이 내 감정을 존중해주는가? 내 마음을 털어놓는다면 남편이 나를 이해해줄까?'

부모에게 지나친 사랑을 받고 자란 사람은 이런 생각들을 피하고 싶어 한다. 질문에 답을 생각하다 보면 우울해지기 때문이다. 그 대신 먹는다. 결혼생활, 직장, 친구들과의 관계 같은 골치 아픈 문제들에 신경 쓰느니 음식이나 다이어트, 체중에 신경 쓰는 편이 더 낫다고 생각하는 것이다. 어린 시절에 자기감정을 존중받지 못한 사람은 감정을 잠재우기 위한 다른 방법을 찾는다. 제이미의 감정은 다른 가족들의 감시 아래 있었고 의견은 묵살당하기 일쑤였으며 때로는 비웃음을 샀다. 제이미는 그런 가족들과 함께 살면서 감정의 마개를 단단히 막아두어야만 한다는 것을 배웠다.

자기감정에 굴레를 씌우는 것만큼 절망적인 것은 없다. 충동적인 과식이나 폭식은 자신의 감정을 숨기기 위한 수단이다. 충동적인 다이어트도 마찬가지다. 모두 분노, 죄책감, 불안감, 마음의 상처 등을 표현하기 위한 수동적인 방법이다. 아이는 부모의 무의식적인 욕구에 큰 영향을 받으며 자란다. 부모는 마치 다 안다는 듯이 감정을 단정하곤 했다.

"배가 안 고프다니 무슨 소리니? 지금쯤이면 당연히 배가 고파야지. 어서 먹어!", "진정해. 뭐 그리 신난 일이라고 이 난리니?", "피곤하지 않다고? 아니야. 그럴 리 없어. 너는 지금 녹초라고 가서 좀 누워라", "마음에 담아두지 마라. 그렇게 상처받을 일이 아니잖아", "엄마에게 소리 지르지 마. 행실 바른 아이라면 그렇게 화를 내선 안 되지".

상처와 좌절감, 우울함은 괜찮지만 분노를 표현하는 것을 용납하지 않는 가정이 있다. 반대로 고래고래 소리 지르며 화내는 것은 괜찮지만 울거나 약한 모습을 보이는 것을 용납하지 않는 가정도 있다. 부모가 "감정 A는 괜찮지만 B는 안 돼"라고 콕 집어 말하지 않더라도 그 마음을 감지해 인정받지 못할지도 모른다는 두려움 속에 살아왔을 것이다. 부모의 사소한 비판에도 상처받는 스스로를 보호하기 위해 감정을 숨기기로 선택한다.

더 이상 어린아이가 아니지만 여전히 어린 시절의 경험에서 벗어나지 못한 채 살아간다. 어떤 이유에선지 머릿속에서 끊임없이 재생되는 부모의 목소리를 꺼버리지 못한다. 감정은 의심스럽고 논란거리가 있는 것 같으며, 다른 사람들에게 받아들여지지 않을 것만 같다. 마음속에서 감정을 깨끗이 씻어버리기는 힘들기에 선택할 수 있는 길은 두 가지뿐이다. 감정을 표현하거나 꾹꾹 참으며 눌러 담아두거나. 음식, 다이어트, 체중에 대한 집착은 상처, 분노, 죄책감 불안감을 표현하는 간접적인 방식이다.

부정적인 감정을 직접 다루는 것은 고통스러울 수 있다. 때로는 감정을 회피하는 편이 훨씬 더 쉽다. 게다가 감정을 회피하는 부모를 보며 자랐고 그들은 자랑스러운 아들딸이 되어야 한다고 가르쳤다. 그들 밑에서 사회적으로 용납되는 모습으로 스스로를 포장하는 법을 배웠다. 분노나 나약한 모습을 드러내는 것은 불편하다. 감정을 드러낼 수 있는 유일한 배출구는 식욕뿐이다. 음식을 먹으면 비록 잠시일지언정 기분은 나아지지만 그 만족감은 오래가지 않는다. 장기적이고도 확실한 방법은 우리 내면에서 어떤 일이 벌어지고 있는지 직시하고 해결하는 것밖에 없다.

갈등을 피하는 방법

말다툼을 벌일 때마다 심장마비가 올 것 같다며 가슴을 부여잡는 어머니 밑에서 자란 한 남성의 이야기를 들어보자.

●●

"저와 말다툼하던 엄마가 얼굴이 시뻘게져 차고로 달려가면 아버지가 소리치셨어요. '가서 엄마를 잡아! 차를 몰고 절벽 같은 데로 돌진하면 어쩌니' 그러면 저는 차고로 뛰어가 엄마에게 사과해야만 했어요. 엄마가 연기하는 거라고 생각했지만 진짜 그런 일이 벌어져서는 안 되니까요. 엄마는 절 이기기 위해서라면 어떤 행동을 할지 모르는 분이었어요."

●●

이 남성의 어머니는 가족 내 갈등에 대해 매우 극단적인 반응을 보이는 사례다. 그 정도까지는 아니더라도 대들거나 말대답을 하면 부모가 이성을 잃고 격노하는 모습을 본 적이 있을 것이다. 어째서 부모들은 그렇게 펄쩍 뛰면서 화를 냈던 것일까? 자녀를 지나치게 사랑하는 부모에게는 완벽한 가족이라는 꼬리표가 중요하다. 그래서 자녀들에게도 그것을 강요한다. 그들은 사소한 갈등조차 용납하지 못하는데 갈등은 그들이 좋은 부모가 아니라는 증거이기 때문이다. 논쟁이나 분노의 폭발은 완벽한 자녀를 키우는 완벽한 부모의 모습을 위협한다.

부모가 갈등을 어떻게 표현했는지 떠올려보라. 아버지가 감정을 솔직하게 표현하는 모습을 본 기억이 있는가? 어머니 하면 떠오르는 그림이 가족의 평화를 위해 분노와 좌절을 억누르는 모습은 아닌가. 자녀를 지나치게 사랑하는 부모는 부모와 자식 간의 경계를 명확히 구분 짓지 않았다. 자식의 갈등은 곧 부모의 갈등이었다. 아이가 화를 내거나 흥분하면 부모는 '밖에 나가 드라이브라도 하고 나면 마음이 가라앉을 거야'라고 달래며 감정에 집중하지 못하도록 정신을 다른 곳으로 돌렸다. 그런 부모의 행동을 통해 '감정은 건드려봐야 좋을 게 없고 갈등을 해결하기 위해 노력하는 것은 다 소용없다'는 믿음을 내면화하게 되었다.

부정적인 감정이나 갈등은 일단 피하는 게 상책이라는 믿음을 가진 사람은 누군가와 갈등의 조짐이 보일 때마다 주의를 다른 곳으로 돌리려고 한다. 그 대상 중 하나가 바로 음식이다.

올해 27세로 세 아이를 둔 일레인도 음식에 대한 집착에 시달리고 있다. 세 아이를 키우면서 한시도 쉬지 못한 일레인은 혼자만의 시간을 보낼 수 있게 해달라고 남편에게 부탁했다. 남편은 흔쾌히 주말 저녁에 아이들을 데리고 볼링장에 다녀오겠다고 약속했다.

●●

"막상 약속한 날이 되자 남편은 막내는 데려가지 못하겠다고 했어요. 그날만 손꼽아 기다려왔던 저는 무척 실망했죠."

하지만 그런 사소한 일로 남편과 다투고 싶지는 않아 남편이 나간 후 그녀는 아기를 무릎에 앉힌 채 TV 앞에 앉아 저녁 내내 쿠키를 먹어댔다.

"그 일로 며칠째 해오던 다이어트를 망쳐버린 저 자신이 혐오스러웠어요. 갑자기 속에서 뭔가 울컥 치밀어 올랐어요."

그녀는 부엌으로 달려가 남은 쿠키를 개수대에 쏟아버렸고, 그 모습을 지켜보면서 속이 후련해지는 것을 느꼈다.

●●

흥미롭게도 다이어트나 체중과 끊임없이 씨름하는 사람들 중에는 자신의 문제를 회피하는 수단으로 음식에 대해 온갖 분노와 갈등을 표현하는 경우가 많다. 그들은 이런 말들을 입에 달고 산다. "다이어트 하느라 단 걸 끊었더니 미칠 지경이야", "또 다이어트에 실패했어. 죽고 싶어", "나는 물만 먹어도 살이 찌는데, 돼지처럼 먹고도 깡마른 사람을 보면 화가 나".

일레인도 남편에 대한 불만을 꾹꾹 참은 채 쿠키에 화풀이했다. 음식에 화풀이하는 대신 사랑하는 사람에게 이렇게 말할 수는 없는 걸까? "당신이 약속을 지키지 않아서 상처받았어요", "날 조금 더 이해해주고, 나에게 더 신경 써줄 순 없나요?", "당신이 한 말은 지키지 않으면서, 나에게만 너무 많은 것을 기대하는 것 같아 더 이상 못 참겠어요".

일레인이 남편에게 전혀 내색하지 않은 것은 갈등이 빚어질까 봐 두려워했기 때문이다. 일레인과 같은 사람들은 아무리 화나거나 괴로워 감정을 억누르기만 한다. 그 대신 억지로 음식을 삼킨다. 그리고 다음 날 아침에야 비로소 분노를 표출하도록 허락한다. 그런데 그 대상은 화나게 하거나 괴롭힌 직접적인 문제가 아니라 전날 먹은 음식을 대상으로 자기혐오와 분노, 상처를 분출한다.

불안감을 진정시키기 위해

부모의 과도한 기대 속에 자란 아이는 부모의 기대에 부응하지 못할지도 모른다는 불안감에 시달리는 경우가 많다. 때로 그 스트레스가 너무 심해 참을 수 없는 지경에 이르면 아이는 용납되는 수단을 통해 불안감을 해소하려 시도한다. 그 수단 중 하나가 바로 음식과 다이어트다. 샤론의 이야기를 들어보자.

●●

"열일곱 살 때 제 몸무게는 40킬로그램이었어요. 아직도 그 숫자를 잊지 못해요. 40은 제가 세워놓은 목표였거든요. 저는 날씬한 여자라면 몸무게가 40킬로그램을 넘어선 안 된다고 믿었어요."

샤론은 고3 여름에 거식증으로 입원했다.

"저는 의사에게 음식을 먹지 않겠다고 고집을 부렸어요. 의사가 먹으라는 대로 먹었다가는 돼지처럼 보일 거라고 주장했죠. 굶어보지 않은 사람은 그게 얼마나 고통스러운 일인지 모를 거예요. 그때 제가 스스로에게 했던 짓을 생각하면 끔찍해요. 그때는 제 자신을 자랑스럽게 여겼어요."

부유한 가정의 막내였던 샤론은 거식증 진단을 받은 후 의학적, 심리적 치료를 받았다. 심리 치료사가 부모도 함께 와서 상담을 받아야 한다고 말했을 때 샤론의 부모는 난색을 표했다. 그들은 가족 내 문제나 갈등이 거식증의 원인이 됐을지도 모른다는 가정을 개인적인 모욕으로 받아들였다.

샤론은 착하고 예절 바르며 똑똑하고 매력적인 아이였고 유복한 환경에서 자랐다. 사립학교에 다니고, 승마를 배우고, 값비싼 여름 캠프에 다녔다. 샤론은 완벽한 어린 시절을 보낸 것처럼 보였다. 그 완벽한 그림이 망가지기라도 할까 봐 샤론의 부모는 거식증에 대해 방어적인 태도를 취했던 것이다. 샤론의 부모는 딸에게 필요한 모든 것을 제공해주었다. 딸을 치료해줄 주치의까지 고용했다. 샤론이 음식을 거부하기 전까지는 모든 것이 완벽했다고 믿었다. 하지만 샤론이 보는 관점은 달랐다. 그녀는 부모에게 점수를 따지 못해 늘 불안했다고 말한다.

"부모님은 지역 유명 인사였어요. 아버지는 정치인이었고, 엄마는 부유한 집안 출신이었죠. 엄마의 옷차림이며 행동이 마을의 화제였어요."

샤론은 많은 것을 누리며 살았지만, 늘 부담감을 느꼈다.

"우리 가족은 특별했고, 저도 특별해야만 했어요. 저의 어린시절은 완벽했지만, 그것을 누리기에는 제가 한없이 부족하다는 느낌이 들었어요."

샤론의 학업 성적은 우수했지만 부모는 만족하지 못했다.

"부모님은 제게 큰 기대를 걸었어요. 제가 잘하면 잘할수록 부모님의 기대치는 점점 높아졌죠. 또 엄마는 제가 무엇을 하고, 어떤 생각을 하며, 어떤 기분인지 항상 알고 싶어했어요."

샤론은 운동신경도 매우 뛰어난 편이었다. 3학년 때는 배구부에 스카우트되기도 했다. 그런데 배구부에 들어간 지 얼마 되지 않아 거식증에 걸리고 말았다.

"어느 날 부모님이 경기를 보러 오셨어요. 경기가 끝난 후 우리 식구는 저녁을 먹으러 갔어요. 그런데 아버지는 식사 내내 팀 에이스인 로리 이야기만 하셨어요. 로리가 남자처럼 공격적으로 경기를 잘 이끌었다나요. 그 말은 아버지가 할 수 있는 최고의 칭찬이었어요. 아버지는 그 후 저에게 미소 지으며 말씀하셨어요. '너는 왜 바보같이 머리 위로 공이 그냥 지나가게 내버려뒀던 거니?'"

샤론은 더 열심히 연습해서 멋진 모습을 보여드려야겠다고 결심했다. 운동에 몰두하다 보니 식욕이 솟아 어느 날 저녁 식사를 후딱 해치우는 샤론을 보고 아버지가 한마디 툭 던졌다. '식사량 조절에 신경 써야겠구나. 안 그러면 살찌겠어' 아버지는 웃으며 말했지만 샤론은 진지하게 받아들였다.

그날 밤 샤론은 곰곰이 생각해보았다. 자신이 배구에서 큰 성과를 내지 못하는 것은 신체 조건이 적합하지 않기 때문인 것 같았다. 몸이 더 강하고 날씬해야 한다는 생각이 들어 그 이후 살을 빼고 몸을 만드는 데 집착하기 시작했다.

샤론은 살을 빼기 위해 굶기까지 했다. 샤론의 부모는 자꾸 살이 빠지는 딸을 보며 걱정했고 샤론의 아버지는 일찍 퇴근해 딸이 음식을 먹도록 감시했다. 하지만 아무 소용이 샤론은 음식을 억지로 먹은 후 아버지 몰래 먹은 걸 토해냈다.

아침마다 샤론의 어머니는 딸의 체중을 확인했다. 샤론이 소매 안에 동전을 잔뜩 집어넣고 체중계에 올라서는 것도 모르고 말이다. 하지만 샤론의 언니가 어머니에게 일러바치면서 모든 게 들통나고 말았다.

"저녁 식탁에서 가족들이 그 이야기를 꺼냈어요. 음식을 엄청나게 많이 먹은 후였어요. 엄마는 조용히 어찌 된 일이냐고 물으셨어요. 저는 잔뜩 주눅이 든 채 고개를 들어 아버지를 쳐다보았어요. 그동안 저를 지탱해주던 것이 툭 끊어지는 기분이었어요."

샤론은 일어나서 싱크대로 달려가 먹은 것을 토했다. 속에 있던 것을 다 게워낸 샤론은 바닥에 주저앉아 자기 자신과 어머니, 아버지를 향한 분노를 쏟아냈다.

"저는 그림처럼 완벽한 딸이 되기 위해 제가 치러야만 했던 대가가 무엇이었는지 소리 지르며 말했어요."

다음 날 샤론은 병원에 입원해 4주를 보냈다. 샤론의 부모는 딸에게 물질과 자원을 풍족하게 제공해주었다. 하지만 완벽한 겉모습을 유지하기 위해 샤론은 불안과 스트레스로 가득 찬 어린 시절을 보내야 했다. 샤론은 부모의 기대에 미치지 못할까 봐, 자신의 부족한 점이 드러날까 봐 늘 걱정했다. 샤론에게는 자기 가치에 대한 확신이 없었고 부모가 바라는 사람이 되기 위해 애썼다.

●●

샤론이 그랬듯 부모의 지나친 기대 속에 성장한 아이들은 다른 사람들의 의견에 의존해 자신의 가치를 평가한다. 자기 인생에 대한 통제력을 부모에게 넘겨준 샤론은 먹기를 거부함으로써 스스로 인생을 통제하고 있다는 느낌을 얻고자 했다.

샤론과 비슷한 어린 시절을 보낸 사람은 타인의 인정과 승인에 목말라하고, 정당성을 갈구한다. 음식과 다이어트에 대한 집착은 지나치게 높은 기대에 맞추면서 받는 스트레스를 완화시켜주는 역할을 해준다. '나는 무가치한 존재야'라는 생각은 '나는 뚱뚱해'라는 생각으로 대치된 샤론에게 섭식 장애는 불안감을 잠재워주었다. 식단을 짜고, 칼로리를 계산하고, 다이어트 책을 읽고, 체중에 집착하는 동안에는 압박감에서 잠시나마 벗어날 수 있었다. 게다가 체중이 감소하는 것은 성공하고 있다는 환상을 주었다.

통제하고 조절한다는 느낌

섭식 장애로 고통받고 있는 사람에게 음식은 유일하게 통제하고 조절할 수 있는 대상이다. '낮에 샐러드 약간과 레몬주스만 먹었으니 잘 조절하고 있는 거야', '초콜릿 아이스크림을 먹다니 자제력을 잃었어'.

음식을 조절하는 것은 인생을 통제하고 있다는 환상을 준다. 타인의 통제를 받으며 사는 사람은 스스로 통제력을 발휘하고픈 충동을 느낀다. 폭식이나 다이어트는 통제에 반항하는 수단이 될 수 있다. 아이는 자신의 몸을 이용해 입으로 할 수 없는 말을 부모에게 전한다. "엄마 아빠가 나를 완벽히 통제할 순 없어요. 나는 엄마 아빠가 원하는 날씬하고 예쁜 아이가 되지 않을 거예요".

강압적인 아버지에 대한 반항으로 음식에 집착한 결과 비만이 되어버린 제인이 좋은 예다.

●●

제인의 집에서는 아버지의 말이 곧 법이었다. 제인은 아버지가 시키는 대로 따르는 수밖에 없었다. 그렇지 않으면 버림받을 것라고 생각했다.

"골프, 컨트리클럽, 여행, 교향곡, 부모님은 이런 걸 좋아하셨어요. 저는 부모님 곁에 있기 위해 예절 바르게 행동하는 법을 배웠어요. 예의 바르게 굴지 않으면 집에 혼자 남아 있어야 했거든요. 부모님은 절 돌봐주시긴 했지만 저를 완전히 받아주진 않았어요."

제인에게 받아들여진다는 느낌만큼 중요한 것은 없었고 아버지의 취향과 관심 분야에 자신을 맞춰야 했다.

"아버지는 가족과 함께 있는 대신 친구들과 어울리고 싶어

하는 제 마음을 이해해주지 못했어요. 엄마는 아버지를 설득하다 포기하셨죠. 엄마는 저에게 '아빠가 널 너무 사랑해서 그러는 거란다'라며 아버지를 두둔하셨어요. 우리 집에서 아버지를 당할 사람은 없었죠. 사랑으로 포장된 관심과 보살핌에 대항해 어떻게 화를 낼 수 있었겠어요."

그런데 제인의 아버지가 결코 통제할 수 없었던 것이 하나 있었다. 그것은 제인의 식욕이었다.

"제가 먹겠다는데 어쩌겠어요. 살이 급격히 찌기 시작한 건 열세 살때부터였어요. 뚱뚱하다는 점만 빼면 저는 아주 착하고 예의 바르고 성숙한 10대였어요. 나무랄 데가 전혀 없었죠. 그래도 먹는 것만은 통제할 수가 없었어요."

●●

'순종하라. 그렇지 않으면 버림받을 것이다' 부모의 지나친 사랑을 받으며 자란 아이들은 이런 메시지를 수없이 듣는다. 버림받는다는 것은 정서적인 유기를 뜻할 수도 있고, 문자 그대로 물리적인 유기를 뜻할 수도 있다. 제인은 부모 말을 듣지 않으면 베이비시터와 집에 남아 있어야 했다. 그녀는 부모의 바람과 욕구를 충족시켜야만 보살핌을 받을 수 있었다. 제인의 아버지는 음식과 다이어트를 제외한 모든 부분에 영향을 끼쳤다. 제인은 날씬하고 아름답고 자랑스러운 딸을 원하는 부모의 기대를 망치기 위해 음식을 이용했다.

제인의 섭식 장애가 사춘기에 시작된 것은 우연이 아니었다. 이

시기의 청소년은 자신만의 욕구와 바람을 인식하고 자기 자신과 타인 사이에 경계 지을 방법을 찾기 위해 주위를 둘러본다. 음식 취향은 그들이 스스로를 규정하기 위해 사용하는 첫 번째 도구로 포테이토 칩, 핫도그, 피자, 탄산음료 등을 가까이한다. 그리고 부모와 다투기 시작한다. 그들은 그런 다툼을 통해 자신이 부모에게서 분리된 존재이며, 자신의 몸은 자기 것이라고 주장한다.

10대 자녀에게 다이어트를 강요하거나 특정 음식을 금지하거나 강제로 먹이는 것은 반항을 불러올 뿐이다. 10대들은 자신만의 섭식 행태를 고집함으로써 부모에게 이런 말을 간접적으로 전한다. "다이어트는 살면서 처음으로 내 입장을 분명히 표현한 거라고요".

자신의 인생에 대한 결정권을 행사하고 있다는 느낌은 무척 중요하다. 하지만 부모의 과보호를 받는 아이는 자기 인생에 대한 통제력이 부족하다고 느낀다. 자녀를 지나치게 사랑하는 부모는 자녀의 성장에 맞추어 적절하게 자녀를 놓아줄 준비가 안 되어 있다. 성인이 되면 문제가 생길 때마다 구원해주고 이끌어줄 부모를 더 이상 필요로 하지 않지만 부모는 멈출 줄 모른다. 먹기를 거부하거나 몰래 폭식하는 것은 그러한 통제가 참을 수 없을 정도로 심해질 때 심적 괴로움에서 벗어나기 위한 최후의 탈출구다.

섭식 장애를 겪는 자녀는 부모에게 빼앗긴 주도권을 생각지도 못했던 방법으로 되찾아올 수도 있다. 섭식 장애를 겪고 있는 게 발견되면 가정에는 위기가 찾아온다. 섭식 장애를 겪는 희생자는 나머지 가족에게 큰 힘을 행사할 수 있게 된다. 예컨대 비만인 아들이나 딸 앞에서는 가족 누구도 디저트를 먹을 수 없을지 모른다. 혹은 아들이나 딸이 음식을 제대로 먹었는지 확인하기 위해 가족들이 돌아가며 보초를 서야 할 수도 있다. 아니면 가족 전체가 자유 시간을 포기하고 상담을 받으러 가야 할 수도 있다.

부모의 지나친 사랑을 받고 자란 사람은 독립했더라도, 정서적으로는 부모의 통제에서 벗어나지 못한 채 살기도 한다. 그들은 비밀스러운 식습관을 통해 자신의 인생을 통제하고 있다거나, 부모에게서 완전히 독립했다는 환상 속에서 살아가는 것이다.

친밀한 관계를 막는 법

올해 24세의 컴퓨터 프로그래머인 줄리는 지난 5년 동안 어떤 남자와도 오랫동안 사귀지 못했다. 그녀는 자기가 뚱뚱하기 때문이라고 생각한다. 과도한 체중도 원인인 것은 맞지만, 근본적인 문제는 진지한 관계를 피하고자 하는 무의식적인 욕구다. 줄리의 부모는 서로 다툴 때마다 줄리에게 심판이나 중재자의 역할을 맡겼다. 하지만 끝내 이혼했고 어머니는 딸에게 더 매달렸다. 줄리에게 전 남편에 대한 실망, 자신의 외로움에 대해 호소했으며 심지어는 섹스 없이 지내는 생활을 한탄하기도 했다.

줄리는 그런 어머니의 행동을 모두 받아주었고, 어머니는 줄리의 인생에 점점 깊이 들어왔다. 어머니의 숨 막힐 듯한 관심이 쏟아졌고 그럴수록 줄리는 점점 무기력해졌다. 줄리가 음식에 집착하기 시작한 것은 바로 그 무렵이었다. 음식은 유일한 위안이 되어주었고 줄리의 체중은 20킬로그램 가까이 불었다.

줄리 어머니의 딸에 대한 의존과 요구는 극단적인 경우지만 많은 사람들이 부모의 지나친 간섭과 기대, 요구 속에 살아간다. 고맙게도 그런 부모는 사랑과 관심, 물질적인 지원을 베푼다. 그리고 그 대가로 부모의 기대를 충족시켜야만 한다. 기대는 때로 짐이기에 친밀감과 관련된 다양한 문제들을 해결하기 위해 음식을 사용한다. 친밀감은 두렵다. 누군가에게 속마음을 드러내고 사랑을 허락하면, 부모가 그랬듯 그들도 인생에 들러붙을지도 모른다고 두려워한다. 몸무게가 90킬로그램 이상 혹은 40킬로그램 이하로 나가면 친밀감에 대해 걱정하지 않아도 된다. 그래서 무의식적으로 친밀한 이성과의 관계 때문에 속을 썩느니 음식에 집착하는 편이 더 낫다고 생각한다.

음식은 남편이나 아내, 연인과의 불화보다 훨씬 다루기 쉽다. 그러면서 살만 빼면 모든 상황이 나아질 것이라 되뇐다. 괜찮은 애인을 만나지 못하는 이유는 다 몸무게 때문이라고 말이다. 하지만 살을 뺀다면 과연 완벽한 사랑을 찾을 수 있을까? 이 두려운 질문에 답할 필요가 없는 상황으로 달아난다.

사랑을 표현하는 잘못된 방식

"집에는 언제나 먹을 게 쌓여 있었어요. 식사를 마치고 그릇을 치우면 엄마는 바로 빵을 굽기 시작했어요. 한두 개 정도가 아니라 엄청난 양을요. 부모님은 항상 말씀하셨어요. '배고프지? 어서 먹어라! 세상에 굶고 사는 사람 얼마나 많은지 아니?' 식구 중 누구라도 먹지 않겠다고 하면 집안이 발칵 뒤집혔어요."

"음식을 깨끗이 비우지 않으면 엄마는 이렇게 말씀하셨어요. '기껏 요리해놓았더니 아무도 좋아하지 않는구나.' 요리는 엄마가 사랑을 표현하는 방식이었고 그 사랑에 보답하기 위해서는 맛있게 먹어야만 했어요. 집에서 화났다는 표시는 음식을 거부하는 거였어요. 먹는 것과 배고픔은 아무 상관이 없었어요."

●●

자녀를 지나치게 사랑하는 부모들은 자녀에게 끊임없이 무엇인가를 내주고, 자녀를 편안하게 만들어주고 싶어 한다. 그러면서도 충분히 주지 못할까 봐 걱정한다. 이러한 부모 중 상당수가 자녀에 대한 사랑을 표현하는 방식으로 음식을 배불리 먹이는 것을 선택한다. 하지만 자녀의 다양한 신체적, 정서적 욕구에 무조건 음식을 배불리 먹이는 것으로 대응할 경우 섭식 장애를 부를 수 있다.

갓난아이는 자신의 욕구와 필요를 단 하나의 신호로 알린다. 바로 울음이다. 부모는 상황에 따라 그 신호를 올바로 해석하고 적절하게 대응해야 한다. 그런데 어떤 부모들은 아이의 다양한 욕구와 필요에 일관된 반응을 보이기도 한다. 지쳐서, 외로워서, 추워서

우는 아이에게 무조건 먹이고 보는 것이다. 또 어떤 부모는 음식을 엄격하게 통제하기도 한다. 배고파서 우는 아이에게 정해진 수유 시간이 아니라는 이유로 먹을 것을 주지 않는다. 그들은 시간을 지키지 않으면 아이에게 좋지 않다고 생각한다. 두 가지 반응 모두 아이의 욕구와 필요를 잘못 이해한 것이다. 부모가 그런 행동을 반복하면 아이는 배고픔과 그 밖의 다른 욕구들을 구별하지 못하게 된다. '나 지쳤어요', '무서워요' 등의 다양한 감정들이 모두 '배고파요'로 이해되는 것이다. 이는 복잡한 심리적 정서적 갈등을 무조건 음식으로 해결하려는 근본 원인이 된다.

스스로를 위로할 수 있는 방법은 여러 가지다. 그런데 음식 이외에 다른 방법이 있다는 것을 모르는 사람도 있다. 그들은 자신에게 진정으로 필요한 것이 무엇인지, 자신의 진실한 감정이 무엇인지 알지 못한다. 그들은 외로움을 느끼거나 사랑받고 싶을 때 습관적으로 음식에 손을 뻗는다. 음식은 영양분을 얻기 위한 수단이 아니라 사랑을 얻기 위한 수단이 된다.

외모에 집착하면 벌어지는 일

31세의 회계사인 마크는 고3 때 학자금 대출 신청을 하기 위해 은행에서 아버지와 만나기로 약속했다.

●●

은행에 가려면 뭔가 그럴듯하게 입어야 할 것 같은데 옷장에는 청바지와 티셔츠밖에 없었다. 그래서 근처에 사는 사촌에게 셔츠와 바지, 넥타이를 빌렸다.

"거울에 비친 제 모습은 꽤 괜찮아 보였어요. 전 당당하게 아버지를 만나러 갔어요. 아버지는 절 보고 별 말씀을 하지 않으셨어요. 그런데 은행으로 들어가려던 찰나, 아버지가 '네 신발 꼴이 그게 뭐니!' 하고 화를 냈어요."

"저는 양복에 낡아빠진 운동화를 신고 있었어요. 아버지는 얼굴이 시뻘게져서는 소리를 질렀어요. '완전 거지꼴이구나! 남 보기 부끄럽게 이게 무슨 꼴이냐!' 저도 화가 나서 되받아쳤어요. '은행에 돈 빌리러 가면서 부자처럼 보여야 하는지 몰랐어요!' 하고 말예요."

마크는 겉모습에 집착하는 아버지를 경멸하면서도 지금도 부모님 집을 방문할 때면 옷차림에 매우 신경 쓴다.

"저도 이제 30대가 되었으니 제 마음대로 편안하게 옷을 입을 나이죠. 하지만 아직도 부모님이 옷차림이나 머리 모양을 보고 뭐라고 하진 않을까 걱정해요. 부모님을 찾아뵐 때마다 '이 넥타이는 너무 화려하지 않을까?' 하고 신경 써요."

●●

마크처럼 부모의 말과 시선에 신경 쓰는 사람이 의외로 많다. 그들은 "그 바지 조금 끼는 것 같은데?", "재킷을 새로 사 입어야겠다" 같은 악의 없는 말에도 상처받는다. 부모의 인정과 승인에 목마른 그들은 심지어 부모가 아무 말도 하지 않는 경우에도 괴로워

한다. 탐탁지 않은 점이 있어서 아예 말을 꺼내지 않는 것이라 생각하기 때문이다.

자녀를 지나치게 사랑하는 부모들은 집착에 가까울 정도로 자녀의 외모에 신경 쓴다. 그들은 자녀의 외모와 행동이 자신들의 책임이라 여기고 자녀에게 좋아 보여야 한다고 강요한다. 부모의 집착에 저항하기 위해 그들은 간접적인 방법을 택한다. 음식을 이용하는 것이다. 너무 뚱뚱한 자녀, 너무 마른 자녀, 수척해 보이는 자녀보다 부모 노릇을 제대로 못했음을 보여주는 증거가 어디 있겠는가? 그래서 음식에 집착함으로써 강력한 메시지를 전한다. 모든 게 다 괜찮지는 않다고. 그 효과는 매우 강력하다.

나를 망치는 가장 나쁜 습관

어떤 부모들은 자녀에게 죄책감을 주입시키는 데 아주 능하다. 그들은 자신들의 고통, 좌절된 꿈, 만족스럽지 못한 삶이 모두 자녀의 책임인 것처럼 말한다. 그들은 이런 말을 반복한다.

"엄마(아빠)가 너 때문에 얼마나 많은 것을 포기했는지 아니? 내가 가지지 못했던 것들을 너에게 주기 위해 이렇게 노력하고 있는데 넌 엄마(아빠)에게 고작 이 정도밖에 못하니?"

부모의 지나친 사랑을 받고 자란 사람은 죄책감에 사로잡히기

쉬우며 부모가 원하는 사람이 되어야만 한다고 믿는다. 또 은혜에 보답하려면 부모의 기대를 충족시켜야만 한다고 느낀다. 죄책감은 사람을 무력하게 만든다. 그런데 음식을 먹는 것은 계속 어떤 행동을 하고 있다는 환상을 주고, 주의를 다른 곳으로 돌림으로써 후회와 무기력한 감정을 무디게 만들어준다.

부모가 주입한 죄책감은 그들이 애초에 의도했던 것보다 훨씬 더 압박하고 통제하는 경향이 있다. 그래서 죄책감은 다른 관계들에까지 영향을 미친다. 다른 사람이 불행해하면 그들은 자녀를 책임감을 느끼고 누군가 화를 내면 자신의 잘못이라 생각한다.

죄책감은 습관이다. 두 아이의 어머니이자 직장 여성인 클레어가 겪은 일을 들어보자. 늦은 밤 클레어는 울면서 아래층으로 내려온 세 살배기 아들 때문에 잠에서 깼다. 아들은 열이 펄펄 끓고 있었다. 그런데 조금 후 딸도 머리가 아프다며 엄마를 찾았다. 그녀는 밤새 두 아이를 간호하며 정신이 없는 와중에도 결근을 하면 승진에서 불리할지도 모른다는 생각이 들었다. 이 소동에서도 세상 모르고 잠든 남편이 원망스럽기 짝이 없었다. 남편과 아이를 내동댕이치고 어디로 달아나고 싶다는 생각까지 들었다.

클레어는 아픈 아이를 두고 회사 걱정과 가족으로부터 도망가고 싶어 했다는 것에 대해 끔찍한 죄책감을 느꼈다. 그녀는 헌신적이었던 어머니를 떠올리며 엄마라면 이러지 않았을 거라고 생각했다. 새벽 6시가 되자 그녀는 죄책감을 달래기 위해 치토스와 바나나 케이크, 아이스크림, 오레오 쿠키를 모두 먹어치웠다. 그녀는 자신의 어머니가 그랬듯, 자신도 완벽한 어머니가 되어야만 한다고 생각했다. 그래서 아픈 아이들 때문에 분노를 느낀 것에 대해 견딜 수 없는 죄책감을 느꼈다. 그녀는 내면의 비판자가 내뱉는 소리를 막고자 음식을 먹었다.

하지만 먹으면 먹을수록 죄책감도 더 커진다. 다이어트에 실패하고, 자제력을 잃고, 과식하거나 폭식했다는 죄책감까지 더해진다. 죄책감은 느끼면 느낄수록 더 많은 음식을 먹어야 한다.

높은 기대가 불러오는 불안

레이몬드는 부모의 극진한 사랑을 받고 자랐다. 그의 부모는 아들만 남겨놓고 부부 동반으로 외출할 때마다 광대와 공연자를 고용해 아들과 재미있게 놀아주도록 했다. "그런 식으로 자라다 보니 지금도 집에 혼자 있는 걸 못 견뎌요. 누군가 저를 재미있게 해주길 바라죠".

지루함은 불편한 감정이다. 아무도 없는 곳에 홀로 남게 되면 스스로를 돌아보게 된다. 어떤 사람들은 불안 때문에 그런 순간을 못 견디기도 한다. 정적의 순간에는 부모를 통해 내면화한 높은 기대치들이 떠오른다.

"운동해야 하는데, 읽을 책도 있는데, 더 나은 직장을 알아보려면 이력서도 써야 하는데, 인맥관리에도 신경 써야 하는데. 요즘 피아노 연습도 너무 게을리 했지. 생각을 정리하고 미래에 대한 계획을 세워야 하는데……" 이 모든 생각들이 한꺼번에 몰아닥

친다. 하지만 몸이 열 개가 아닌 이상 해내기 어렵다. 결국 무력감에 빠져 어느 하나도 제대로 해내지 못한다. 무력감을 피하기 위한 해결책은 식단을 짜고, 새로운 다이어트 계획을 세우는 것이다. 그렇게 하면 한곳에 정신을 쏟아 부어 다른 골치 아픈 생각들을 하지 않을 수 있다.

관심을 받고 싶어서

자녀를 지나치게 사랑하는 부모 밑에서 자란 사람이 가족의 관심을 한 몸에 받고 싶어 하는 이유는 여러 가지일 수 있다. 앤의 사례를 살펴보자.

앤은 올해 21세로, 아직 학생이다. 앤은 10대 초반부터 특별한 이유 없이 비밀스럽게 폭식을 해오고 있다. 폭식 충동이 찾아오면 먹고자 하는 욕구를 자제할 수 없다. 앤은 어린 시절을 돌아보면서 문제의 원인이 무엇인지 고민해보았다. 앤의 언니는 호지킨병을 앓고 있었다. "언니는 입원과 퇴원을 반복했어요. 엄마가 손 쓸 수 있는 건 하나도 없었어요. 엄마는 그걸 매우 마음 아파 하셨어요".

앤은 열두 살 때까지는 마른 편이었지만 고등학교에 입학한 후 살이 찌기 시작했다. 그러자 앤의 어머니는 앤을 다이어트 전문 병원에 데리고 갔다. 언니의 병은 손쓸 수 없지만 앤은 치료가 가능하다고 했다. 앤을 위해 부모는 음식을 숨기고 운동 강좌를 등록하고 다이어트 캠프에 보냈다. 그렇게 해서 살이 빠질 때마다 부모는 무척 행복해했지만 얼마 안 가 앤은 다시 살이 쪘다.

부모의 관심은 주로 아픈 언니를 향해 쏠려 있었다. 앤은 언니를 향한 부모의 근심과 걱정을 덜어주고 싶었다. 충동적인 폭식을 함으로써 부모의 관심이 앤을 향했고 언니의 문제를 해결했다. 앤의 해결책은 어머니의 관심을 해결 가능한 자신의 충동적인 폭식으로 돌리는 것이었다. 앤은 아무 것도 할 수 없는 언니의 문제보다 개선의 여지가 있는 자신의 문제에 신경 쓸 때 덜 걱정하고 덜 우울해하는 것 같다는 느낌을 받았다. 가족을 보호하기 위한 앤의 노력에 공감하는 사람이 많을 것이다. 아이들은 부모의 고통스러운 문제를 치유해주고 싶어 한다. 부모에게 전적으로 의존하는 아이에게 부모의 고통은 자신의 고통이기 때문이다.

섭식 장애는 가족의 관심을 끌기 위한 방책이 될 수 있다. 아버지의 알코올 중독, 어머니의 우울증, 형제자매의 비행 때문에 고통받는 가족들을 보호하기 위해 자녀 중 하나가 섭식 장애를 키울 수 있다. 또한 결혼생활에 문제를 겪고 있는 부모를 돕기 위해 섭식 장애를 키우기도 한다. 자녀의 문제를 해결하려면 부부가 함께 협력해야 하므로 잠시나마 부부 사이의 갈등이 잠재워진 것처럼 보일 수 있기 때문이다. 부모를 사랑하는 자녀는 자신에게 관심을 기울이도록 만들어 그들의 문제와 그에 따른 괴로움을 잊게 해주고 싶어 한다.

어른이 되고 싶지 않은 마음

음식은 어린 시절에 계속 머무르기 위한 수단으로 사용될 수도 있다. 부모의 지나친 사랑을 받고 자란 사람은 부모로부터의 독립에 대해 모순되는 태도를 보이기도 한다. 부모에게서 독립하고 싶어 하면서도 한편으로는 두려워하는 것이다. 그러한 두려움은 음식과 다이어트에 대한 집착으로 이어지기도 한다. 체중 감량 목표를 달성할 수 있을지, 살이 금방 빠질지, 비밀스러운 폭식을 들키는 건 아닌지 등의 생각에 사로잡혀 있는 동안에는 진짜 두려움인 독립적인 존재가 되는 것에 대한 두려움에서 벗어날 수 있다.

자녀를 지나치게 사랑하는 부모들은 자녀가 혼자서도 충분히 할 수 있는 일을 대신해주어 자녀의 성숙과 독립을 막기도 한다. 그러면 자녀는 부모에게 의존하는 어린아이에 머물러 있는 음식에 대한 집착은 부모에 대한 의존도를 높여주는 수단이 될 수 있다. 집중할 수 있는 대상을 만들어 다른 실질적인 문제들을 등한시하게 만들기 때문이다. 자녀는 몸무게와 씨름하고, 다이어트를 하면서 겪는 일희일비를 부모에게 털어놓곤 한다.

자녀를 지나치게 사랑하는 부모들은 자녀의 그런 의존을 무의식적으로 즐긴다. 그래서 음식과 다이어트에 대한 집착에서 벗어나려고 하는 시도를 막기도 한다. 충동적인 과식으로 고통받던 캐리는 과식자 치료 모임Overeaters Anonymous: OA에 가입한 후 어머니와 불화를 겪었다.

●●

"엄마는 저에게 살을 빼라고 하시면서도 OA에 가입하는 건 반대하셨어요. 그 프로그램이 다이어트보다는 감정 조절 치료에 치중하기 때문이라고 하셨어요."

"엄마는 OA 프로그램에 대해 꼬치꼬치 캐물었어요. '그 모임에 나가서 어떤 얘길 하니? 우리 가족에 대해서도 말하는 건 아니겠지? 먹는 양을 너무 갑자기 줄이진 마라. 빨리 살 빼는 게 안 좋다는 건 알지? 요요현상 때문에 금방 예전으로 돌아갈 수 있으니까.'"

"전 엄마와 무척 친했지만 다이어트에 대해 계속 이야기하기 싫었어요. 그래서 다이어트에 대해서는 더 이상 물어보지 말라고 딱 잘라 말했어요. 그러자 엄마는 '너 요즘 신경과민인 것 같구나. 그 모임에 나간 후부터 달라진 것 같다. 그 모임은 별로 도움이 안 되는 것 같아'라고 말씀하셨어요."

"제가 독립한 이후로 부모님 댁을 방문하면 대부분의 시간을 엄마와 부엌에서 음식을 먹으며 보냈죠. 엄마를 밖에서 만날 때도 대부분 레스토랑에서였어요. 그러면서 제가 얼마나 뚱뚱한지, 얼마나 외로운지 투덜대면서 시간을 보냈죠. 우울한 날들에 대해 하소연을 늘어놓으면 엄마는 저를 다독이고 위로해주면서 우리가 친밀한 사이고, 자신이 필요한 존재라는 느낌을 받았던 것 같아요. 그런데 제가 살을 빼기로 결심했으니, 엄마는 버림받은 듯한 느낌을 받았을 거예요."

●●

캐리의 과제는 지금까지 딸의 체중을 관리, 감독했던 어머니가 좌절감을 느끼지 않으면서 친밀감을 유지할 수 있는 새로운 토대를 마련하는 것이다. 체중 문제를 부모 손에 쥐여줌으로써 부모로 하여금 자신이 필요한 존재임을 느낄 수 있게 해준다. 폭식증이나 거식증에 걸리면 부모는 즉시 구하러 달려온다. 그들은 병원비를 대주고, 심리 상담을 받게 해주고, 음식을 사준다. 도울 수 있다면 뭐든 한다. 그 결과는 의존적인 존재로 남는 것이다.

부모들이 자녀가 섭식 장애에 시달리는 것을 즐긴다는 뜻은 아니다. 하지만 자녀가 겪고 있는 다이어트와 폭식, 음식에 대한 집착 뒤에는 부모 내면의 결핍된 부분이 영향을 미친다는 점은 분명하다. 부모는 사랑하는 자녀가 자신을 돌봐달라는 메시지를 가슴으로 받아들인다. 그래서 자녀가 몇 살이든 기꺼이 돌보아준다.

몸과 마음의 허기를 달래기 위해

음식의 원래 목적, 즉 배고픔을 달래는 것 이외에 다른 욕구를 충족시키기 위해 음식을 이용해왔다는 사실을 깨달았다면, 그리고 궁극적인 만족감을 얻을 수 없는 음식과의 관계를 변화시키고 싶다면, 이제 자신과의 관계 개선을 위해 노력해야만 한다.

혼자서는 문제를 해결할 수 없다

다음 번 다이어트 계획은 성공할 것이라거나, 내일은 토하는 걸 멈출 수 있으리라는 헛된 희망을 버려라. 섭식 장애는 중독이다. 당신의 자존감과 내면의 평화를 앗아가고, 당신 인생을 황폐화시킬 수 있는 중대한 문제라는 점을 명확히 인식하라.

도움을 청하라

다이어트 책에 의존해서는 섭식 장애를 치료할 수 없다. 책에는 통찰력 있는 조언이 담겨 있긴 하지만 통찰력 하나만으로 병을 치료하지는 못한다. 책을 통해 과거 경험이 지금 문제에 어떤 영향을 끼쳤는지 자각할 수 있을지는 몰라도, 머리로 아는 것과 그것을 행동으로 옮기는 것은 다른 문제다. 섭식 장애를 치료하려면 특별한 처치를 받아야 한다. 우울함을 떨치고, 자기 비하를 그만두고, 죄책감을 놓아버리고, 비현실적인 기대를 현실적으로 낮출 수 있다고 해서 폭식이나 다이어트에 대한 집착이 사라지는 것은 아니다. 음식이나 다이어트에 대학 집착이나 폭식을 멈추려면 행동을 교정하고 긍정적인 습관을 길러야 한다. 그 과정은 고통스러울 수 있다. 치료 모임의 도움을 받는 것도 권할 만하다. 같은 문제를 겪고 있는 사람들의 지지와 후원을 받을 수 있기 때문이다.

자신이 진정 원하는 것

음식에 대한 집착을 키운 원인이 무엇인지 생각해보라. 대개 섭식 장애는 충족되지 못한 내면의 욕구에 기인한다. 음식에 집착한다고 해서 실질적인 문제들이 해결되지는 않는다는 것을 명심하라. 분노가 치밀 때마다 먹는 걸로 기분을 풀고 있는가. 그렇다면 먹는 것 이외에 분노를 해결할 수 있는 방법을 찾아보라. 지루함이나 불안감을 느낄 때마다 먹는 걸로 기분을 풀고 있는가. 그렇다면 먹는 것 이외에 흥미와 모험을 가져다줄 만한 방법을 찾아보라.

아직도 부모의 높은 기대에 대한 반항심으로 음식에 집착하고 있는가. 그렇다면 부모에게서 분리되어 독자적인 인생 목표를 세울 수 있는 방법을 찾아보라. 친밀한 관계를 밀어내고자 체중을 늘려 숨기 위한 껍질을 만들고 있는가. 친밀한 관계는 음식이나 체중과 씨름하는 것보다 훨씬 흥미롭고 재미있다.

자신의 감정과 욕구를 인식하고 나면 스스로 인생을 통제하고 있다는 자신감이 생긴다. 그리고 자신에 대해 긍정적으로 바라볼 수 있으며, 음식 이외의 여러 대안을 선택할 수 있다.

상호의존 관계에 빠져 있는 것은 아닌지 돌아보기

당신과 상호의존 관계에 있는 사람은 당신의 치유와 독립을 무의식적으로 방해할 수도 있다. 그들은 당신이 저지른 문제를 대신 처리해준다. 당신과 상호의존 관계에 있는 사람은 부모일 경우가 많다. 무엇을 먹을지, 먹지 않을지 결정을 내리는 주체는 자신이 되어야 한다. 다른 사람이 당신을 통제하게 내버려둘수록 그 문제를 스스로 해결해야 한다는 사실을 잊기 쉽다.

부모를 비롯해 누군가와 상호의존적인 관계를 맺고 있다면, 그들 또한 당신만큼이나 도움을 필요로 한다. 하지만 그 도움을 받아들이느냐 마느냐는 그들 몫으로 남겨두어야 한다. 상호의존의 엉킨 실타래를 푸는 첫 단추는 자기 인생은 자기가 책임지려는 노력이다. 양쪽은 서로 분리되어야 한다.

CHAPTER _ 10

부모의 그림자 안에서 살고 있다면

"부모님은 저에게 선물을 주실 때 가격표를 떼지 않고 주세요. 그걸 얼마나 비싸게 주고 샀는지 알려주기 위해서겠죠. 하지만 부모님은 절대 그걸 인정하지 않으셨어요. 이제 저는 그런 유치한 게임을 할 나이가 아니에요. 한번은 어머니한테 여쭤보았어요.

'이 가격표는 뭐예요? 저 보라고 그러시는 거예요? 대체 왜 선물을 그렇게 보내시는 건데요?' 제 말을 듣고 어머니는 바로 사과하셨어요. 하지만 그 뒤로도 여전히 가격표가 붙어 있는 선물을 보내세요. 가격표에 있는 숫자를 파란색 펜으로 선만 찍 그어서요."

– 랜디(44, 정비사)

부모에게 휘둘릴 수밖에 없었던 어린 시절의 기억에서 벗어나면 부모를 한 인간으로 바라볼 수 있게 된다. 부모도 불완전한 인간에 지나지 않는다. 부모에게도 충족되지 못한 욕구와 필요가 있다는 사실을 인정하면 어째서 자녀의 성취가 부모에게 그토록 중요했는지 알 수 있다. 그리고 지나치게 많은 관심과 사랑, 물질을 쏟아 부었던 동기가 무엇이었는지도 이해할 수 있다. 동시에 부모의 기대를 충족시키기 위해 상당히 많은 시간을 허비하며 살아왔다는 사실도 깨닫게 될 것이다.

자신이 부모에게 얼마나 의존해왔는지 모르고 스스로를 덫에 가둔 채 살고 있는 것도 알지 못한다. 그런 자신을 증오하거나 그 덫 때문에 절망하더라도 계속하지만 부모에게 돌아간다. 더 나은 직장으로 옮기고 싶을 때, 파산했을 때, 배우자와 갈등이 생겼을 때 말이다.

부모는 부탁이 무엇이든 흔쾌히 들어준다. 비록 핀잔과 설교를 어쨌든 항상 받아준다. 의존적인 모습이 진저리나게 싫으면서도 부모에게 도움을 청하고픈 유혹은 너무나 강렬하다. 그래서 많은 사람들이 부모의 품에서 벗어나지 못한 채 평생을 살아간다.

안락함에 취하면 벌어지는 일들

성인이 된 사람들이 부모에 대한 의존성을 버리지 못한 채 살아가는 이유는 무엇일까? 의존성을 버리지 못하는 것은 죄책감과 책임감 때문만은 아니다. 부모가 제공하는 안락함도 부모에게서 벗어나지 못하는 이유가 될 수 있다. 부모가 약속하는 엄청난 유산과 할부금, 탄탄한 인맥, 용돈 등은 축복인 동시에 덫이 될 수 있다.

어른이 되어도 받는 용돈

매달 우편으로 수표를 받을 때마다 안심한다. 그 돈으로 집세를 내거나 휴가를 가거나 옷을 사거나 고급 레스토랑에 가서 요리를 먹을 수 있기 때문이다. 하지만 부모에게 용돈을 받는 한 어린 시절의 관계를 지속할 수밖에 없다. 하지만 성인이 되어서도 부모한테 돈을 타 쓰는 것이 왠지 떳떳하지 않은 것 같아 친구나 배우자에게 그 사실을 숨긴다.

부모에게 용돈을 받는 것이 아무리 창피하더라도, 주겠다는 돈을 거절하고 싶지는 않을 것이다. 주변 사람들이 그것을 비난하면, 다 질투가 나서 그런 것이라고 생각한다. 특히 부모가 부자인 경우에는 어차피 두 분이 그 많은 돈을 다 쓰지도 못할 거라며 합리화한다. 어쨌든 거절할 이유가 없는 것 같고 혼자 잘 살아갈 수 있을지 확신도 없다. 부모의 경제적 도움은 인생에 드리워진 안전망이고, 그것을 걷어내는 것은 왠지 꺼려진다. 그러나 부모에게 경제적으로 의존하는 한 결코 독립적이고 성숙한 어른이 될 수 없다. 그것은 자존감을 더욱 떨어뜨릴 뿐이다.

부모가 소유한 회사

부사장은 부모들이 자녀를 가족 사업에 끌어들인 후 붙여주는 가장 흔한 직함이다. 부모가 소유한 회사에 발을 들여놓고, 부모의 발자취를 따르기로 결정하는 것은 축복인 동시에 저주가 될 수 있다. 물론 그 자리에 오른 후 대단한 사업 수완을 발휘하거나 주인의식을 가지고 누구보다도 열심히 일할지 모른다. 하지만 열심히 일하든, 엉터리든 직장 동료들은 의심 어린 눈초리로 바라볼 것이다. 스스로도 자신의 능력으로 그 자리에 오른 것이 아니라는 자격지심을 가질지 모른다. 만약 가족 사업에 참여하게 된 것이 강제적이었다면 분노까지 더해져 반항하면서 부모의 한계를 시험하기도 한다.

조시의 경우가 그러했다. 그의 아버지는 아들을 부사장으로 앉히고는 그 역할을 제대로 할 수 있도록 돕기 위해 비서를 2명이나 새로 뽑아주었다. 조시는 늦게 출근해 일찍 퇴근했다. 그는 항상 사무실에 불을 켜둔 채 퇴근했는데, 늦게까지 일하는 것처럼 보이기 위해서였다. 어떤 때는 낮 12시에 퇴근하면서 거래처와 미팅이 있다고 거짓말을 했다. 그의 속임수와 변명은 회사 내에서 공공연한 농담거리였으며 직원들은 그가 하루 종일 전화기를 붙들고 친구와 잡담을 하거나, 주말 약속을 잡는다는 걸 알고 있었다. 직원들은 모두 조시의 실수를 지켜보고 있었다.

그는 회사에서 적게 일하면서도 규모가 가장 큰 부서를 담당했다. 그의 아버지는 그 부서에 인원이 부족하지 않도록 늘 신경 써주었고, 조시의 관리 능력에 대해 불평하는 사람은 즉각 해고시켰다. 조시는 그 모든 상황을 알고 있었고 책상 앞에 앉아 있으면 사기꾼이라도 된 것 같은 씁쓸한 기분을 느꼈다. 하지만 자신의 능력을 발휘해볼 엄두가 나지 않았다. 그는 그렇게 허수아비 같은 삶을 살았다.

자진해서 참여하기로 결정했든, 다른 일을 하다가 실패한 후 부모 회사에 들어갔든, 억지로 부모 회사로 끌려왔든 상관없이 부모의 통제 구역 안에 들어온 이상 수입과 삶의 질을 결정하는 것은 부모다. 언제 새 자동차를 사야 할지, 언제 휴가를 떠날지, 2세는 언제쯤 낳을지 등의 문제에도 간접적으로 영향을 끼친다. 부모에게 물질적 지원을 받는 대가로 여러 가지 의무를 지기로 계약한 것이나 다름없다.

사랑의 증거

사랑하는 부모가 한숨을 내쉬며 이렇게 말한다. "나도 이제 늙어서 살 날이 얼마 안 남았구나. 내가 죽으면 너희들이 50만 달러를 나누어 가져라" 그런 말을 들으면 자녀는 어쩔 줄을 몰라 한다.

유산은 진지하고 엄숙한 주제다. 그런데 부모는 그동안 들어놓은 보험과 저축, 평생 모아둔 재산에 대해 언급하며 그것이 줄 수 있는 사랑의 마지막 증거라 여긴다. 물론 부모의 급작스러운 사망에 대비해 유산에 대해 미리 논의해놓는 것은 현명한 처사이긴 하다. 하지만 왜 부모들은 시시때때로 유산에 대해 언급하는 것일까?

부모는 자녀의 행동을 변화시키기 위해 유산에 대한 이야기를 꺼낸다. 그 말을 들은 이후 부모에게 솔직한 감정을 털어놓지 못하게 된다. 솔직한 감정을 털어놓을 경우 상속권을 잃을지도 모르기 때문이다.

유산이 크면 클수록, 그리고 부모가 더 많은 재산을 물려주기 위해 검소하게 생활하면 할수록 자녀는 최선을 다해 살아갈 필요가 없게 된다. 유산은 마치 은행에 저축해놓은 돈과 같다. 유산을 받을 생각을 하면 봉급이 인상되지 않은 것, 가장 친한 친구가 승진한 것, 이웃이 멋진 휴가를 떠난 것 때문에 괴로웠던 마음이 싹 가신다. '아버지(어머니)가 돌아가시면 난 부자가 될 텐데' 이렇게 생각한다.

물론 이런 생각을 하는 자신이 싫고 죄책감이 들기도 하지만, 앞으로 받게 될 유산 상속분에 대해 한 번이라도 들은 사람은 이따금 떠오르는 생각을 막을 수 없다. 하지만 그런 생각을 하도록 자극하는 사람은 다름 아닌 부모다. 마침내 유산을 상속받게 될 때 어떤 일이 벌어질까? 기다렸다는 듯 돈을 흥청망청 쓰고, 전 세계를 여행하고, 다시는 일하지 않으리라 맹세할까? 흥미롭게도 그런 경우는 매우 드물다. 대개는 유산을 은행에 고이 모셔두고 그 이자만 찔끔찔끔 가져다 쓴다. 그 돈은 부모의 사랑과 보호를 상징한다. 부모가 유산에 붙여놓은 그 미묘한 딱지 때문에 그 돈을 마음껏 쓰지도 못한다.

계약서의 이면

자녀를 지나치게 사랑하는 부모들은 종종 주택 중도금이나 자동차 할부금을 대신 내주겠다고 제안한다. 그 제안을 기쁘게 받아들이지만 조건이 있다. 부모가 주는 돈을 받기 위해서는 부모가 원하는 지역으로 이사하거나, 부모 맘에 드는 자동차를 사야만 한다.

할부금을 내주는 대가로 거래를 하는 것이다. 부모가 정확하게 말하지는 않았지만 그 거래를 통해 많은 조건들을 내주어야 한다. 다음과 같은 암묵적인 계약에 서명하는 것이다.

- 부모에게 대들지 않는다.
- 부모에게 분노를 표현하지 않는다.
- 부모를 실망시키거나 당혹스럽게 하지 않는다.
- 일주일에 한 번 이상 부모 집을 방문한다.
- 부모와 멀리 떨어진 곳으로 이사 가지 않는다.
- 외부인들에게 가족 문제에 대해 발설하지 않는다.
- 절대 문제를 일으키지 않는다.
- 부모가 늙으면 반드시 돌봐준다.

계약 이면에는 이런 의미가 담겨 있다. '너는 썩 괜찮은 거래를 한 거야. 대신 너는 항상 우리 통제권 안에 있어야만 해'.

도움에 익숙해지는 것

"아버지는 우리 지역 최고의 변호사와 친분이 있어요. 전화 한 통화면 잘못된 임대 계약에서 저를 구해줄 거예요", "엄마 친구 사촌의 부인이 모 대학 입학처에서 일하고 있대요. 엄마가 부탁하면 전 그 대학에 들어갈 수 있어요", "우리 회사의 주요 주주가 아버지와 가장 친한 친구예요. 그분과 골프 한 게임이라도 함께 치고 싶어 하는 사람들이 줄 서 있지만 전 아버지를 통하면 원하는 걸 쉽게 얻어낼 수 있어요".

대개 그렇게 시작한다. 부모의 인맥은 앞길을 순탄하게 만들어 줄 것이다. 약간의 도움을 받는다고 해서 안 될 일이 뭔가? 표면적으로 그것은 타고난 복인 것처럼 보인다. 하지만 과연 그럴까? 부모의 인맥에 기대어 살 때 자녀의 자신감과 자존감은 상처를 입는다. 부모에게 기대는 한 자발적으로 노력하거나 스스로 인맥 쌓는 법을 결코 배울 수 없다. 부모의 인맥에 기대기 시작하면 나중에는 스스로 할 수 있는 일도 부모에게 의존하게 될 것이며, 그 결과 자존감도 낮아진다. 또한 부모의 가치관과 기호를 맹목적으로 받아들이게 될지 모른다. 인생의 갈림길에 섰을 때 부모와 부모의 인맥이 가야 할 방향을 결정할 것이므로, 그 길은 결국 자신의 것이 아니게 된다.

사람은 누구나 내준 것에 대한 대가로 상대에게 무엇인가를 기대한다. 부모도 다르지 않다. 아무런 대가 없이 얻을 수 있는 것은 없다. 부모에게 무엇인가를 받을 때도 마찬가지다. 부모가 우리에게 주는 물질과 사랑, 관심에 대한 대가로 무엇을 주어야 하는지는 정확하지 않지만 분명 빚을 갚아야만 한다.

하지만 부모에게 받은 것은 갚을 필요가 없다며 스스로를 속이려 한다. 어느 정도는 맞는 생각이다. 부모는 자녀를 행복하게 해주고 싶어서 자발적으로 그렇게 한다. 또 정이 많아서 물질적인 보상을 전혀 바라지 않을지도 모른다. 하지만 그것이 단순히 고마움을 표시하는 것에 불과할지라도 어떤 형태로든 빚을 갚아야만 한다. 그리고 많은 경우 자식을 지나치게 사랑하는 부모들은 물질적, 정서적 지원을 해준 대가로 독립성을 넘겨주길 바란다. 따라서 부모와 거래를 하기에 앞서 부모가 바라는 대가를 넘겨줄 의사가 있는지 심사숙고해야 한다.

이제 부모에게 얼마만큼의 빚을 질 것인지 결정해야 한다. '나는 얼마만큼의 독립성을 스스로 관리할 수 있을까? 또 얼마만큼의 위험을 감수할 수 있을까? 부모가 주는 것을 어느 정도까지 받아야만 할까? 또 어느 수준에서 거절해야 할까?' 이 질문에 대해 답할 수 있어야 한다. 부모에게 무엇인가를 받는 것은 어른답지 못한 의존성과 스스로에 대한 모멸감을 가져다줄 수 있기 때문이다.

아무 생각 없이 부모가 주는 대로 무조건 받기만 하다가는 인생을 저당 잡힌 채 살아가게 될 것이다. 그러면서 친밀한 관계를 맺지 못하고, 스스로 인생의 방향을 찾지 못하며, 특권의식에 사로잡히는 등의 문제로 고통받을 수 있다. 더 건강한 방식으로 사랑을 주고받기 위해서는 부모에 대한 사랑과 독립적인 인생 사이에서 균형을 잡을 수 있어야 한다. 거기에는 위험이 따른다. 누군가에게 기댈 때 누릴 수 있는 편안함을 포기해야만 한다.

CHAPTER _11

나를 사랑하고 타인을 인정하는 연습

“부모님에게서 벗어나는 것보다 차라리 이민 가는 게 더 쉽지 않을까요?”

– 마크(25세)

지나치게 사랑하는 부모 밑에서 살아남아야 한다는 말이 조금 과격하게 들릴지도 모르겠다. 지나친 사랑이 바람직하지는 않지만 그렇다고 부모에 대한 애정의 끈을 완전히 끊어야 한다는 뜻은 아니다. 당신은 부모와의 유대관계를 느슨하게 하면서도 여전히 부모와 애정 어린 관계를 유지할 수 있다. 첫 단추는 부모가 바뀌기를 기대하던 마음을 버리고 스스로를 변화시키는 것이다. 그것은 분리의 위험과 가능성을 한꺼번에 껴안는 것을 의미한다.

변화하고 싶다면 일단 시작해야만 한다. 변화의 핵심은 결심한 바를 곧장 행동으로 옮기는 것이다. 당신의 인생을 더욱 행복하게 이끌어줄 열두 가지 행동 지침을 소개하겠다.

감정을 느끼고 다루는 법

스스로를 치유하고 싶다면 우선 느끼는 법을 배워야 한다. 감정을 숨기거나 억압하거나 변화시키려고 해서는 안 된다. 감정은 당신의 인생을 해석하고 자기 자신에 대한 정보를 줄 수 있는 도구다.

당신은 어린 시절부터 예의 바르게 행동하라는 부모의 가르침 때문에 감정을 속이는 법을 배웠다. 혹은 자신의 감정을 억누르는 부모의 모습을 보고 배운 것일 수도 있다. 그 결과 당신은 어떤 기분인지 잘 파악하지 못하고, 혹여 알더라도 그것을 어떻게 표현할지 모르거나 감정을 표현했다가는 감정에 휩쓸려버릴까 봐 두려워하게 되었다.

하지만 누구나 의지만 있다면 감정 다루는 법을 바꿀 수 있다. 특히 집단 치료는 감정과 관련된 문제를 치유하는 데 큰 효과가 있다. 집단 치료란 같은 문제를 가진 사람들이 서로를 지지하고 후원해주면서, 문제를 해결하기 위해 노력하는 심리 치료법이다. 평생 감정을 엄격히 통제해오던 사람이 집단 치료에 참여한 후 감정을 편안하게 표현할 수 있게 되었다는 사례는 무수하게 많다.

특수학교 교사인 게일은 감정 다루는 법을 변화시키고자 한 집단 치료 모임에 나가기 시작했다. 그런데 첫날 두 여성이 서로에게 악다구니를 쓰며 소리를 지르는 당혹스러운 광경을 목격했다. 한쪽 구석에 앉아 그 모습을 지켜보던 게일은 민망함과 두려움을 느꼈다. 곧 쉬는 시간이 되어 참가자들은 삼삼오오 모여 간식을 먹으러 나갔다. 그런데 아까 싸우던 두 여성이 아무 일 없었다는 듯 서로 웃으며 이야기를 나누는 게 아닌가?

●●

"그날 한 가지 깨달은 게 있어요. 그분들은 각자의 감정을 몽땅 쏟아냈고 그걸로 해결된 거였어요. 둘은 그 후에도 친하게 지냈죠. 어떻게 보면 서로에게 솔직했기 때문에 더 가까워질 수 있었는지 모르겠어요. 우리 집에서 그런 식으로 감정을 폭발시켰다가는 엄마는 2주 넘게 우울해 있을 거고, 아버지는 고문에 가까운 설교를 늘어놓을 거예요. 또 가족이 모두 모여 그 일에 대해 한 달 넘게 분석했을 거예요."

"하루는 집단 치료 모임에 참석했는데, 어떤 여자가 제 속을 계속 긁어대는 거예요. 참다못한 제가 그 여자에게 그만 좀 하라며 빽 소리를 질렀어요. 그날 모임이 끝나고 그분이 저를 꼭 안아주더군요. 그 순간 저는 경이로움을 느꼈어요. 이후로 분노의 감정과 상처받았다는 느낌을 수치스럽고 두렵게 여기지 않게 되었어요. 전 더 이상 감정을 표현할 줄 모르는 좀비가 아니에요. 다양한 감정을 느끼는 것은 제가 살아 있다는 증거예요."

●●

자신의 감정에 솔직해지는 법을 배우는 데 집단 치료가 효과적인 이유는 무엇일까? 대부분의 심리 치료는 사람들이 습관적으로 사용해왔던 방어기제(합리화, 주지화, 부정 등)를 자각할 수 있도록 도와준다. 그런데 집단 치료는 접근법이 매우 극적이기 때문에 그 효과도 극적인 경우가 많다. 집단치료 모임에 참석하는 사람들의 면면은 매우 다양하다. 밉살스러운 사람, 통제적인 사람, 희생적인 사람, 유쾌한 사람 등. 그들은 서로의 가족이 되어 상대를 꾸짖기도 한다. 다양한 관계 속에 놓여 있으면 누구나 특정 인물에 반응하게 되어 있다. 방어적인 아버지를 둔 당신은 한쪽 구석에 팔짱을 낀 채 앉아 있는 남자가 계속 거슬릴지 모른다. 그 남자가 당신의 아버지처럼 방어적이기 때문이다. 당신은 자신도 모르는 사이에 그 남자에게 감정적으로 반응하게 될 것이다.

당신의 감정이 너무 메말라 있어 어느 누구에게도 반응하지 않을까 걱정하지 않아도 된다. 모임의 진행자 역할을 하는 심리 치료사가 당신을 자극해 감정을 유도해낼 것이다. 집단 치료에서 가장 흔하게 받는 질문은 '지금 기분이 어떠세요?'다. 당신은 서서히 감정 문제를 해결해 나가게 될 것이다. 집단 치료를 통해 감정을 솔직히 표현하더라도 이해와 공감과 지지를 얻을 수 있다는 사실을 배우고, 새롭게 배운 것을 다른 사람들에게도 적용할 수 있게 될 것이다.

부모의 과보호를 받고 자란 당신은 '완벽하지 않아도 괜찮다'는 사실을 배워야 한다. 부모의 높은 기대 때문에 자신이 부족하다는 일반화된 수치심을 갖게 되었는데 그것을 사건에 근거한 구체적인 감정으로 바꾸는 법도 말이다. 또한 당신은 자신의 모든 행동이 사랑스럽지 않더라도 여전히 자신을 사랑할 수 있어야 하고 자신의 행동과 자아상을 구분하는 법을 익혀야 한다. 당신이 어떤 실수를 저질렀건 당신은 여전히 괜찮은 사람일 수 있다. 또한 당신은 감정을 솔직하게 표현하더라도 사람들이 당신을 버릴 거라는 두려움을 떨쳐야 한다. 그래야만 화가 날 때 화를 내고, 상처를 받았을 때 상처받았다고 말할 수 있다.

감정을 다시 느끼기 시작하면 부정적인 감정들이 먼저 떠오를 수도 있다. 하지만 그런 감정들을 거부해서는 안 된다. 나쁜 감정을 거부하면 좋은 감정도 표현할 수 없게 된다. 줄곧 부모의 통제와 관리를 받으며 자란 경우 기뻐도 깔깔거리며 웃지 못하고, 상처받아도 맘껏 울지 못한다. 다양한 감정의 스펙트럼을 표현하지 못한 채 살아왔다.

오랜 기간 억눌러온 감정들을 다양하게 느낄 수 있도록 연습해야 한다. 내면의 온전한 감정들을 느낄 수 있게 되면 과거의 미해결과제들에서 벗어나 스스로를 치유할 수 있다. 기쁨과 상처, 분노 등을 온전히 표현해보라. 감정을 솔직하게 느끼고 표현하는 데 도움이 되는 몇 가지 방법이 있다.

- 부모의 지나친 사랑과 관심을 받고 자란 사람들은 지나치게 머리만 사용하는 경향이 있다. 감정을 온전히 느끼고 싶다면 사물에 대한 분석을 그만두라. 인간관계에 논리를 적용하는 것은 오히려 역효과를 초래하기 쉽다. 사람의 행동은 논리만으로 설명할 수 없다. 사람들은 자신이 어떤 감정을 느끼는지 정확히 알지 못하며, 따라서 행동도 모호하다. 당신은 감정을 통제하거나 속 시원히 이해할 수 없다. 감정은 그냥 감정일 뿐이다.
- 위험을 감수하라. 감정을 과감하고 솔직하게 표현하라. 더 이상 참지 못해 폭발할 지경까지 감정을 쌓아두지 말라. 피해의식에 사로잡힌 '희생자' 노

롯과 고통에 대해 다른 사람을 탓하던 것을 그만두라. 느끼는 바를 솔직하게 진술하고, 자신의 감정을 온전히 느끼면서 살기 위한 토대를 마련하라.

- 부모에게 화가 날 때는 화났다고 말하고, 상처받았을 때는 상처받았다고 말하라. 감정 표현이 적대적이거나 극단적일 필요는 없다. 분노를 공격적으로 표현하거나 신경질적으로 눈물을 쏟아내면서 상처와 슬픔을 표현할 필요도 없다. 감정을 효과적으로 표현하려면, 당신이 느끼는 대로 차분히 진술하라. 왜 당황하고 왜 화가 났는지, 어떻게 느끼는지 표현하라. 감정을 표현하는 목적은 부모를 비롯한 다른 사람들을 변화시키는 것이 아님을 명심하라. 그 목적은 감정을 해방시킨 후 훌훌 털고 일어나 앞으로 나아가기 위해서다.

완벽해야 한다는 강박관념

냉철한 완벽주의자는 기업이 바라는 최고의 인간상일지 모른다. 하지만 친구와 연인은 그런 당신을 어려워할 것이다. 친밀감을 두려워하지 않는 사람은 남들 앞에서도 약한 모습을 기꺼이 보여준다. 약한 모습은 인간적인 매력을 느끼게 해준다.

부모의 과보호를 받고 자란 사람은 자신의 결점이나 약한 모습을 보이기를 꺼려한다. 그들은 표면적으로 좋아 보일지 몰라도 내면 깊이 외로움과 공허함을 느낀다. 특히 성취한 결과물을 부모 눈앞에 늘어놓아야만 사랑을 받을 수 있었다면 더욱 그렇다. 사랑받기 위해 자신의 장점과 성취물들을 한데 모아 완벽하게 포장해야만 했던 경험은 버리기 힘든 습관이 된다. 로즈메리의 사례가 이를 잘 보여준다.

●●

로즈메리는 남자친구인 댄에게 환심을 사기 위해 자신을 완벽하게 포장해야만 할 것 같은 충동을 느꼈다. 그래서 데이트를 할 때마다 흠잡을 데 없는 저녁식사를 준비하고, 그동안 이룩한 성취를 열거하고, 댄이 다음 번 승진 때 부서장이 되려면 어떻게 해야 좋을지에 대해 미리 준비한 조언을 들려주었다. 그런데 어느 날 댄이 말했다.

"로즈, 그냥 편하게 있을 수 없어? 난 커리어 상담을 받으러 온 게 아니야."

그 말을 듣고 로즈메리는 크게 상처받았다.

"처음엔 화가 나기도 했지만 곧 제 행동을 돌아보고 문제를 깨달았어요. 전 제가 적절한 아내감이라는 사실을 증명하기 위해 끝없이 오디션을 보고 있었던 거예요. 제가 얼마나 똑똑한지, 제가 얼마나 많은 것을 성취했는지 댄에게 보여주려고 노력했어요. 그러면 그가 영원한 사랑을 약속해주리라 믿었던 거죠. 하지만 사랑받기 위해 노력할수록 댄은 오히려 멀어져갔어요."

"그에게 잘 보이려는 노력을 멈추고, 이따금 자신감을 잃을 때도 있고 혼란과 공허함을 느끼기도 한다고 감정을 솔직하게 표현하자 오히려 관계가 개선되기 시작했어요. 댄은 제 아버지와 달랐어요. 그는 저에게 실망하지도 않았고, 완벽해지라고 강요하지도 않았어요. 그는 항상 모든 것을 완벽히 갖추지 않아도 괜찮다고 했어요. 저 자신을 솔직하게 표현한 이후 우리는 한층 더 가까워졌어요."

●●

남들 눈에 좋아 보이기 위해 노력하는 것은 자신감과는 거리가 먼 행동이다. 그것은 방어기제이며 진정한 자신의 모습과 감정을 숨기기 위한 가면이다. 이는 완벽해져야 한다는 부모의 바람이 내면화된 결과 생겨났다. 사람들은 그런 태도를 보고 세상일에 초연한 사람으로 여기기도 하지만, 때로 내면의 불안감을 간파한다.

남들의 시선에 신경 쓰지 않고 자신의 감정에 솔직해지려면 어떻게 해야 할까? 심리 치료사들은 좋아 보여야 한다는 강박관념에 사로잡힌 사람들을 돕기 위해 특별 과제를 내주기도 한다. 과제는 그다지 어렵지 않다. 일주일 동안 하루에 한 가지 이상의 실수를 저지르기만 하면 된다. 회의에 늦거나, 식당에서 물을 엎지르거나, 꾸깃꾸깃한 블라우스를 입은 채 출근하거나, 어울리지 않는 넥타이를 매고 출근하거나, 늦잠을 자라. 한마디로 일주일 동안 엉망진창으로 살아보라. 일주일 후 그들은 자신이 저질렀던 실수에 대해 치료사에게 보고해야만 한다. 그들이 저지른 실수가 충분히 위험하지 않으면 숙제를 다시 해야 할 수도 있다.

부모의 과도한 사랑을 받고 자란 사람들은 대개 이 과제를 두려워한다. 일부러 실수를 저지르라는 것은 그들이 알고 있는 상식과 완전히 배치되기 때문이다. 그들은 용기를 내어 시도해보지만, 곧 엄청난 저항을 느낀다. '실수를 저질렀다가 비웃음을 사거나 놀림

을 받거나 거부당하거나 모욕감을 느끼면 어쩌지?'

완벽해져야 한다는 강박관념을 버리고 평범함을 허락하는 것만큼 스스로를 자유롭게 해주는 것도 없다. 이 과제의 목적은 실수가 좋다는 걸 가르치기 위해서가 아니다. 살아가면서 완벽함 이외에도 다양한 선택을 내릴 수 있으며, 완벽하지 않더라도 여전히 받아들여질 수 있다는 사실을 깨닫게 하는 것이다. 남들 눈에 좋아 보이는 것은 여러 선택안 중 하나에 불과하다. 사람은 누구나 불완전하고 이따금 실수를 저지른다. 그래도 버려지거나 모욕당하지 않고 살아남는다. 때로 두려움은 현실을 과장되어 보이게 한다.

실수에 대한 두려움을 극복하면 자발성을 강화할 수 있다. 그렇다고 다른 사람들에게 당신의 무능력함을 일부러 보여줄 필요는 없다. 그저 위험을 감수하고, 마음을 느긋하게 먹고, 감정을 솔직하게 표현하라. 완벽해 보여야 한다는 강박관념을 버리면 인생을 훨씬 더 자유롭게 살아갈 수 있다. 완벽해야 한다는 강박관념에서 벗어나려면 무엇인가를 훌륭히 해내고, 성취해야만 다른 사람들에게 받아들여질 것이라는 환상을 버려야 한다. 그런 환상을 버리는 데 다음의 조언들이 도움이 될 것이다.

• 신뢰하는 사람 앞에서 일부러 사소한 실수를 저질러보라. 그때 어떤 기분이 느껴지는지 잘 관찰해보라. 상대방이 어떤 반응을 보이는지도 관찰해보라. 실수 때문에 상대가 당신을 버리거나 거절할까? 상대는 당신의 실수를 전혀 알아차리지 못할지도 모른다. 사람은 누구나 타인보다는 자기 자신에

게 더 집중한다. 사람들은 당신의 행동에 그다지 신경 쓰지 않는다. 완벽하지 못한 모습을 보이면 거부당할지도 모른다는 두려움은 근거가 없다. 긴장의 고삐를 늦추고 당신의 두려움을 현실에서 시험해보라. 생각처럼 끔찍한 일이 벌어지는 경우는 거의 없다.

- 누구에게도 말할 수 없다고 생각하는 비밀 다섯 가지를 적어보라. 거기 적힌 내용을 당신이 좋아하는 동료나 친구의 비밀이라고 생각해보라. 당신이 좋아하는 사람에게 그런 비밀이 있다고 해서 그를 경멸하게 될 것 같은가? 아마 어깨를 으쓱하며 '그게 뭐 어때서?'라고 생각할 것이다.
- 부모에게 한 번도 말해본 적 없는 소원 다섯 가지를 적어보라. 종이에 적힌 내용을 부모에게 말한다면 어떤 일이 벌어질 것 같은가? 부모가 뭐라고 대답할 것 같은가? 다섯 가지 소원 중 하나를 부모에게 말해보라. 한 여성은 3천 달러짜리 모피 코트를 사고 싶다고 말하면 분명 어머니가 펄쩍 뛸 것이라 생각했다. 하지만 막상 그 이야길 꺼내자 어머니는 미소 지으며 '정말이니? 안 그래도 네가 하나 장만했으면 하고 생각했는데'라고 대답했다. 물론 모든 사람이 같은 대답을 얻지는 못할 것이다. 하지만 부모에게 인정받지 못해도 괜찮다는 사실을 경험하고 나면, 두려움을 덜 수 있을 것이다.

사생활이 필요하다

잘못된 관계의 고리를 끊어낸 사람들은 부모와 대화할 때 항상 신중하다. 그들은 생활의 세세한 부분들을 충동적으로 부모에게 털어놓지 않기 위해 자제력을 발휘한다. 그들은 스스로에게 사생활을 허용한다.

사랑을 퍼붓는 부모에게서 독립하지 못한 사람들은 이따금 폭탄 발언을 해서 부모의 과도한 걱정을 이끌어낸다. 그들은 무의식적으로 다음과 같은 말들을 흘린다. "몇 번 만난 남자가 있는데, 글쎄 유부남이래요", "남편이 한 달째 부부관계를 거부해요", "신용한도를 1천 달러나 초과했어요", "잘 지내고 있어요. 일주일째 아무것도 먹지 못한 것만 빼면요".

그들은 폭탄 발언으로 부모를 충격과 불안에 빠뜨려놓고선 부모가 걱정이 많아서 탈이라고 불평한다. 그들은 숱한 경험을 통해 그런 말이 부모에게 어떤 반응을 이끌어낼지 이미 알고 있다. 그런데 어째서 부모를 불안하게 만들 게 뻔한 말들을 생각 없이 툭 던지는 것일까?

이렇게 대답할 사람이 있을지 모르겠다. "부모님이 절 있는 그대로 인정해주길 바랄 뿐이에요. 어떻게 하라고 일일이 지시하거나 문제를 크게 만들지 않고요". 하지만 이 말의 속뜻은 조금 다르다. "열 살 어린 남자와 사귀고 빚이 점점 늘어간다고 말하더라도 부모님이 날 계속 받아주었으면 좋겠어요".

사람들은 인생을 자기 식대로 살고 싶어 한다. 하지만 동시에 부모의 동의와 인정을 받고 싶어 한다. 그런 바람은 아직 부모에게서 완전히 독립하지 못했다는 증거다. 부주의하고 무책임하며 파괴적인 행동을 습관처럼 부모에게 털어놓는 것은 스스로의 결정에 대해 자신이 없기 때문이다. 부모에게 승인과 인정을 받고 나면 그런 행동의 결과의 책임을 부모가 대신 져줄 것이라 믿는다. 때로는 부모에게 처벌받기를 기대하면서 잘못을 세세하게 털어놓는다. 처벌을 받으면 죄책감을 덜 수 있기 때문이다.

스스로의 행동이 불편하게 느껴진다면, 그 행동을 그만두면 된다. 자신의 이야기를 충동적으로 털어놓는 것은 자기 파괴적인 상호의존을 유지시킬 뿐이다. 가끔은 사생활을 지켜야 할 때도 있다. 부모의 지나친 사랑에 대해 불평하면서도 부모에게서 독립하지 못하는 것은 홀로 위험을 감수하고 책임지고 싶지 않기 때문일 수도 있다. 솔직함이나 친밀감을 핑계로 부모에게 세세하게 털어놓는 한 계속 부모의 간섭과 참견을 받을 수밖에 없다. 쪼들리는 재정 상황에 대해, 직장 문제에 대해 미주알고주알 이야기하는 것은 과거에 그랬듯 계속 부모 노릇을 해달라고 조르는 것이나 다름없다.

독립한다는 것은 부모와의 끈끈한 연결고리를 끊는 것을 의미한다. 진정한 독립을 하는 데 다음의 조언들이 도움이 될 것이다.

- 부모의 과도한 간섭을 이끌어내는 자신의 행동을 인식하라. 당신은 얼마나 자주 부모에게 비밀을 털어놓는가? 속 얘기를 하는 것은 인정과 승인을 바라는 행위다. 그 후에는 어떤 기분이 드는가? 처벌받았다는 느낌이 드는가, 통제받고 있다는 느낌이 드는가, 이해받지 못했다는 느낌이 드는가? 부모에게 말을 하기 전에 그런 결과를 예상하지 못했는가?

  부모에게 정보를 주는 건 바로 당신이다. 부모에게 모든 비밀을 털어놓고 그들에게 무조건적인 이해와 동의를 바라는 것은 당신이 책임감 없으며, 성숙하지 못한 존재라는 사실을 인정하는 것과 다름없다.
- 부모와 공유하는 비밀의 숫자를 줄여라. 지금까지 배우자와의 싸움, 배우자의 병, 배우자의 잠자리 문제 등 시시콜콜하게 부모에게 말해왔다면, 이제

부터는 그런 비밀을 혼자 간직해보라. 하루에 네 번 부모와 전화 통화를 했다면, 통화 횟수를 두 번으로 줄여라. 금요일 밤에 바에서 화끈하게 놀았던 일에 대해 말하고 싶어 입이 근질거린다면, 부모 대신 친구에게 말해보라. 그 후에 어떤 기분이 드는가? 불안한 기분이 든다면 그것은 부모에 대한 의존에서 벗어나고 있다는 좋은 징조다.

- 자신도 모르게 부모에게 비밀을 누설하고 있는 자신을 발견할 때마다 말을 멈춘 후 스스로에게 이렇게 질문해보라. '내가 왜 이러고 있는 거지? 부모님한테 혼나고 싶어서 그런 건가? 내가 한 행동을 불편하게 느껴서? 부모님의 인정을 통해 자신감을 얻고 싶어서? 내 문제를 해결해주고 구렁텅이에서 꺼내주길 원해서? 여전히 날 사랑하고 있다는 걸 느끼고 싶어서? 사랑을 얻기 위한 더 건강한 방법은 없을까?'

의미 없는 다툼을 그만하고 싶다면

부모에게서 정서적으로 분리된 성인 남녀는 부모와 누가 옳은지를 두고 다투지 않는다. 그들은 휴전을 선언하고, 서로 의견이 다른 부분이 있음을 인정한 후 각자의 인생을 살아간다. 하지만 상호의존에서 벗어나지 못한 사람들은 무의식적으로 똑같은 문제를 두고 반복해서 부모와 힘겨루기를 한다.

통제적인 부모에게 자신이 옳고 그들이 틀렸다는 걸 납득시키고자 하는 욕망은 뼈아픈 실수로 남을 수 있다. 한 제조업체의 영업사원으로 일하던 로버타는 회사를 그만두고 남자친구가 있는 유럽으로 이사가기로 결심했다. 로버타의 부모는 처음부터 그 남자친구를 탐탁지 않게 여겼기 때문에 유럽으로 가는 것을 결사반대했다. 하지만 로버타는 결심을 굽히지 않았고, 결국 유럽행 비행기에 올랐다. 얼마 후 그녀는 자신이 실수를 저질렀음을 깨달았다. 남자친구는 로버타를 배려해주는 사람이 아니었다. 좁은 원룸에서 혼자 남자친구를 기다리는 날들이 늘어갔다.

●●

"잭은 부모님이 절대 피하라고 했던 유형의 남자였어요. 지금 생각해보면 반항심이 그를 더욱 매력적으로 보이게 했던 것 같아요. 파리에서 전 실업자 신세였어요. 시민권이 없었으니 일자리 구하기란 하늘의 별 따기였죠. 전 허구한 날 좁아터진 원룸에서 외로이 시간을 허비했어요. 잭과 행복하게 살 거라는 희망을 놓지 못한 채요. 그와 보란 듯이 잘 살아서 부모님의 생각이 틀렸다는 걸 증명하고 싶었거든요."

"하지만 결국 부모님한테 항복하고 집에 갈 돈을 부쳐달라고 했어요. 그 덕분에 '거봐 우리가 뭐랬니?'라는 말을 몇 개월 동안이나 들어야 했죠."

●●

부모가 항상 옳은 것은 아니지만 항상 틀린 것도 아니다. 문제는 부모의 의견이 맞았는지 틀렸는지가 아니라 부모가 틀렸다는 걸 기필코 증명하고 싶어 하는 반항심이다. 통제와 반항이라는 순환 고리를 끊는 것은 쉽지 않다. 하지만 문제의 본질을 알고 나면 쉽게 새로운 관계를 시작할 있다. 문제의 핵심은 표현하지 못한 고통스러울 정도의 분노다.

●●

로버타의 심리 치료사는 어떤 때 부모에게 분노를 느끼는지 모두 적어오라고 했다. 로버타는 A4 6쪽을 꽉 채워왔다. 그 목록에는 다음과 같은 내용이 반복적으로 나왔다.

"부모님은 당신들이 모든 걸 알고 있다고 생각해요."

"부모님은 다른 사람들은 모두 멍청이라고 생각해요."

써온 내용을 읽던 로버타는 갑자기 깔깔거리며 웃었다.

"이걸 읽다 보니, 두 분이 키 작은 나폴레옹처럼 제게 손가락질 하며 자신들의 기준에 맞춰 행동하지 않았다고 절 비난하는 장면이 떠올라요."

"부모님도 가끔은 성숙하지 못한 행동을 할 수도 있다는 걸 자꾸 잊고 살아요. 우스운 점은 부모를 욕하면서 가장 싫어하는 면을 닮아간다는 거예요. 저는 누군가와 시비가 붙으면 제가 옳다는 걸 꼭 증명하고 싶어요. 다른 사람 말을 안 듣는 건 부모님을 쏙 빼닮았죠."

●●

로버타는 부모님을 있는 그대로 바라보기 시작했다. 로버타의 부모는 자신들의 의견과 판단을 고집스레 놓지 못하는 사람들이었다. 그들은 반대 의견을 낸 상대가 옳다는 게 증명되면 자신들이 작아지는 것처럼 느꼈다. 부모에게 자신이 옳다고 증명하는 것은 자존심과 결부된 문제였고 로버타는 그 믿음을 고스란히 물려받았고, 그것은 좀처럼 끝나지 않는 전쟁의 발단이 되었다. 하지만 로버타가 부모의 의견을 그녀에 대한 가치 판단이 아닌 피드백으로 받아들이게 되자, 의미 없는 반항심을 표출함으로써 자신이 옳다고 부모를 납득시키려 했던 행동을 멈출 수 있게 되었다.

당신은 부모와 끝없는 힘겨루기를 벌이는 대신 더 건강한 방식으로 당신의 욕구를 충족시킬 수 있다. 있는 그대로의 모습을 찾게 해달라고 부모와 싸울 필요도 없다. 타고난 모습대로 살아갈 자유는 처음부터 당신 손에 있었기 때문이다. 의미 없는 반항과 싸움을 그만두고 싶다면 다음 방법들을 참고하라.

- 부모를 포함하여 누구도 당신이 허락하지 않는 한 당신을 통제할 수 없다. 계속되는 통제와 반항의 악순환에 당신도 분명 기여한 부분이 있다는 사실을 인정하라. 당신은 주도적으로 문제를 해결하기보다는 수동적으로만 대응했다. 분별없는 반항은 생각 없는 항복만큼이나 부모의 통제에 사로잡혀 있다는 증거다.
- 죄책감 때문에 감히 부모에게 맞서지 못하고 있다면, 부모를 지나치게 강력한 존재로 여기고 있는 것은 아닌지 곰곰이 생각해보라. 당신은 부모를 강력한 존재로 생각함으로써 안정감을 추구하고 있는지 모른다. 하지만 부

모의 기대와 바람에 순응하며 살지 않고 스스로 통제하는 삶을 꾸려갈 때 당신은 더 큰 안정감을 얻을 수 있다.

- 분노의 감정을 직접적으로 해결하라. 끊임없이 당신을 통제하는 부모에게 얼마나 화가 났는지 편지를 써보라. 그 편지를 꼭 전해야 할 필요는 없다. 감정을 밖으로 표현하는 것만으로도 자유로움을 느낄 수 있으며, 케케묵은 전쟁을 끝낼 힘을 얻을 수 있다.
- 통제적이고 강압적인 부모의 행동 때문에 폭발 직전까지 가는 일이 많다면, 그들을 불쌍하고 가련한 존재라고 생각해보라. 얼굴에 주름이 늘어나는 나이임에도 인정받고 싶어 하는 어린아이 같은 마음을 가지고 있다. 자식 위에 군림하고 싶어 하는 부모의 욕망은 성숙하지 못한 내면에서 비롯된다. 또한 당신이 복종하지 않을 때마다 참지 못하는 성미는 아직 지혜롭지 못하다는 증거다. 그들은 사랑과 존중, 인정을 얻고 싶어 하면서도 분노와 경멸을 자아내는 방식 이외에는 다른 수단을 모른다. 케케묵은 전쟁에서 단호히 빠져나오라. 그들이 화내면 아무 대응도 하지 말고 침묵 속에 기다려라. 당신에게는 부모의 모든 기대를 충족시켜줄 책임이 없다.

자연스러운 선택을 막는 것

부모가 자녀에게 주는 선물과 관심에는 대가가 따라온다. 치러야 할 대가가 있다는 사실을 잊고 있다가는 큰 문제를 겪게 될지도 모른다. 받은 만큼 돌려주어야 한다는 사실을 망각하고 있다가 큰코다친 레이의 이야기를 들어보자.

사이가 원만하지 못했던 부모가 별거하기로 결정했을 때 레이는 아버지 편에 섰다. 당시 로스쿨 졸업을 한 학기 남겨두고 있던 그는 시내에 있는 아버지 소유의 아파트에 들어갈 생각에 신나 있었다. 그 아파트에 들어가면 용돈을 받을 수 있었고, 집안일을 하는 사람이 있어 요리나 청소를 할 필요가 없었다. 더군다나 어머니에 대한 불만이 오랫동안 쌓여 있었던 탓에 그의 마음은 한결 더 가벼웠다. 또 로스쿨을 졸업하면 아버지가 경영하는 로펌에서 일할 수도 있을 것이었다.

레이는 변호사 시험에 합격한 후 하와이로 꿀맛 같은 여행을 떠났다. 그 비용도 아버지가 대주었다. 여행에서 돌아오는 날은 아버지가 공항까지 마중 나와 있었다. 차 안에서 그가 레이에게 말을 꺼냈다. "네가 처리할 첫 사건을 준비해놓았다. 그 일에는 네가 적임자야. 네 엄마와의 이혼 건은 네가 맡아봐라".

레이는 그 말에 충격을 받았다. 아버지가 그런 요구를 할 것이라고는 꿈에도 생각하지 못했기 때문이다. "법정에서 어떻게 엄마 얼굴을 대면하죠? 하지만 그 부탁을 거절했다가는 아버지 회사에 들어가지 못할지도 몰라요. 이럴 수도 없고 저럴 수도 없고, 꼼짝없이 진퇴양난에 빠졌어요".

물론 레이처럼 극단적인 청구서를 받는 사람은 흔치 않을 것이다. 대개는 부모에게 받은 물질과 서비스에 대해 다음과 같은 대가를 치르라는 압력을 받는다. 매일 안부전화 할 것, 어떤 경우에도 화내지 말 것, 부모 집 가까이에 살 것, 매주 일요일에 부모 집을 방문할 것, 할 말도 별로 없는 형제자매에게 전화할 것, 부모가 원하는 사람과 결혼할 것, 부모가 원하는 대로 행동하지 않았을 때 죄책감을 느낄 것 등.

부모에게 진 빚의 대가로 선택과 행동에 제약을 받아야 한다. 부모에게서 독립하고 인생에 대한 통제권을 되찾으려면, 부모가 주는 돈과도 작별을 고해야 한다. 평생 동안 보장되는 경제적 지원을 포기하기란 쉽지 않을 것이다. 하지만 주는 것보다 더 많이 받는 한 결코 독립할 수 없다. 엉킨 실타래를 어디서부터 풀어야 할까? 특히 부모가 제공하는 물질적, 비물질적 자원들을 기쁜 마음으로 누려왔다면 문제해결이 더 어렵게 느껴질 수 있다.

부모에게 받는 돈에는 단순한 돈 이상의 의미가 담겨 있다. 돈을 계속 받는다는 것은 계속 부모의 어린 자식으로 남는다는 것을 의미한다. 그래서 돈을 포기하기가 더욱 어렵다. 부모에게 계속 돈을 받는 한 의존하며 살아갈 수밖에 없다. 자신의 재정 상황에 대한 책임을 타인에게 양도하는 것은, 자신의 인생에 대한 통제력도 함께 양도하는 것이다. 부모가 주는 돈을 거절하지 못하는 것은 자신은 독립해서 살아갈 수 없다고 말하는 것이나 다름없다.

부모에게 얼마만큼의 빚을 지고 살아갈지 결정할 수 있는 사람은 자기 자신뿐이다. 불안, 죄책감, 겸연쩍음. 분노 등은 그 빚이 얼마나 많이 쌓여 있는지를 보여주는 신호다. 더 이상 부모에게 빚지지 않고 살아가고 싶다면 다음 조언들을 참고하라.

- 언제까지 부모의 돈을 받을 것인지 시한을 정해놓으라. 대개 6개월 정도면 줄어든 돈으로 생활할 준비를 해놓을 수 있을 것이다. 믿을 만한 사람에게

당신의 계획을 털어놓고, 마감일을 상기시켜달라고 부탁하라.

- 돈 관리하는 법을 배워라. 돈에 대한 지식 부족은 어른으로서 책임지는 것을 꺼리고 있다는 신호일 수 있다. 가계부를 쓰는가? 수입과 지출을 안정적으로 관리하고 있는가? 아니면 숫자 감각이 형편없는가? 돈의 가치를 현실적으로 잘 파악하고 있는가? 돈에 대한 생각만으로도 불안감을 느끼진 않는가? 돈을 불안하게 생각하는 사람은 돈에 대해 두 가지 극단적인 반응을 보인다. 만일의 경우에 대비해 지나치게 허리띠를 졸라매고 살거나, 돈에 관한 한 백지 상태라 수입과 지출이라는 말이 무슨 뜻인지도 모른 채 살거나.

  돈에 대해 생각하는 것만으로도 두려움이 느껴진다면 이제 재정적 독립을 해야 할 시기가 찾아온 것인지도 모른다. 재정적 독립은 진정한 어른이 되기 위해 통과해야 할 일종의 관문이다. 자녀를 지나치게 사랑하는 부모들은 자녀의 독립을 막기 위해 돈을 이용하기도 한다. 그 돈을 덥석 받기에 앞서 그것이 자신을 옭아매는 덫이 될 수도 있다는 사실을 명심해야 한다.
- 부모에게 동전 하나 받지 않았다 하더라도, 부모에게 빚을 질 수 있다는 사실을 깨달아야 한다. 부모의 인맥에 기대거나 자녀를 맡기거나 집안일을 부탁하는 것 모두 부모에게 빚을 지는 행위다. 부모에게 어떤 빚을 지고 있는지 목록을 작성해보라. 그 빚들을 어떻게 갚고 있는가? 당신이 그 대가로 주어야 하는 것들의 가치가 당신이 받는 것들의 가치를 초과하지는 않는지 생각해보라. 특히 독립성의 가치는 빚의 대가로 내주기에는 너무 크다.

무거운 짐을 내려놓고 싶다면

부모의 희망과 바람을 충족시켜야만 한다는 책임감에 빠져 사는 것은 끔찍한 결과를 낳을 수 있다. 컴퓨터 시스템 분석가인 그레이스는 1년 넘게 사귀어온 남자친구로부터 로스앤젤레스에 있는 한 회사에서 매우 괜찮은 제안을 받았다며 함께 가자는 말을 들었다. 그러면서 그는 결혼하고 싶다는 마음을 넌지시 내비쳤다.

●●

하지만 그레이스는 남자친구를 따라갈 수 없었다.

"알다시피 난 외동딸이라 부모님 집에서 그렇게 멀리 떨어진 곳으로 갈 수 없어. 두 분이 점점 늙어가는 데다 아버지가 자주 아프신데 어떻게 두 분만 남겨두고 갈 수 있겠어."

1년 후 그레이스는 전 남자친구의 결혼 소식을 전해 듣고 상심에 빠졌다. 얼마 후 그레이스의 부모는 애리조나에 있는 실버타운으로 이사 가겠다는 뜻을 조용히 밝혔다. 이후 그레이스는 자신이 부모에 대해 과도한 책임감을 느껴왔다는 사실을 깨달았다.

"부모님 때문에 제 인생을 뒷전으로 밀어놓아서는 안 된다는 사실을 깨달았어요. 부모님이 절 항상 곁에 두고 싶어하실 거라 생각했던 게 실수였어요. 저는 두 분한테 상처주고 싶지 않아서 LA로 가는 문제를 아예 말조차 꺼내지 않았죠. 하지만 그때 용기를 내서 말했더라면, 제 뜻대로 하라고 허락하셨을 거라는 생각이 들어요."

●●

흥미롭게도 부모의 지나친 사랑을 받고 자란 사람들은 자신의 부모를 나약하고 무력하고 불행하고 우울하고 외로운 존재라고 생각하는 경향이 있다. 하지만 다른 관점에서 보면 그들 부모는 활기차고 적극적인 사람들이기도 하다. 그들은 오랜 세월 한 가정을 이끌고, 사업을 꾸리며 살아온 사람들이다. 물론 그들도 이따금 우울함에 빠지거나 외로움을 느끼기도 했을 것이다. 하지만 살다 보면 궂은 날도 있고 맑은 날도 있으며 그것은 누구나 마찬가지 아닌가?

부모는 생각하는 것보다 훨씬 더 강한 존재다. 그런 오해는 부모를 과도하게 보호하려는 성향으로 나타날 수 있다. 한편 부모 또한 자녀에게 조언과 보호가 계속 필요하다고 생각한다. 최악의 경우 서로에 대한 적개심과 의존성으로 얼룩진 관계를 계속 이어나갈 것이다. 서로를 구원하기 위해 노력하고, 서로의 문제에 대해 조언하고 도우려 시도하는 것이다. 서로의 경계는 점점 희미해지고 주는 자와 받는 자 역할을 번갈아 하는 사이에 문제해결을 위한 정서적 자원은 고갈되어버린다. 문제는 점점 뿌리를 깊게 내린다. 서로는 통제력을 두고 맞서 싸우며 전혀 달라지지 않는 서로의 모습에 분노한다.

지금 그런 씁쓸한 관계에서 벗어나지 못하고 있다면 생각해보라. 부모를 나약하고 의존적인 존재라고 여김으로써 당신이 힘 있는 존재임을 확인하고 싶어 하는 게 아닌가? 그것은 부모도 마찬가지다. 그들 또한 당신을 나약하고 의존적인 존재라고 여김으로써 그들의 힘을 느끼고 싶어 한다.

그리하여 서로 분리에 대한 두려움을 공유하게 된다. 당신은 생각했던 것만큼 부모가 당신을 필요로 하지 않는다는 사실을 인정하고 싶지 않다. 그 사실을 인정하면 꺼림칙한 진실에 직면해야 하기 때문이다. 상대방이 없으면 못 사는 쪽은 사실 그들이 아니라 당신인지도 모른다. 아래에 나온 조언들이 부모와 당신의 관계를 현실적으로 점검해보는 데 도움이 될 것이다.

- 누구나 이따금 외로움, 우울함, 두려움, 절망감을 느낀다는 사실을 인정하라. 우리는 모두 저마다의 짐을 지고 살아간다. 때때로 부정적인 감정에 사로잡히는 부모를 당신이 치유해 줄 수는 없다. 부모의 행복과 불행은 당신 책임이 아니다. 마찬가지로 당신의 행복과 불행은 부모 책임이 아니다.
- 일주일 동안 부모가 상처받을지도 모른다는 생각 때문에 하얀 거짓말을 몇 번이나 하는지 기록해보라. 부모에게 걱정 끼치지 않기 위해 얼마나 자주 그들 앞에서 괜찮은 척 하는가? 부모를 보호해야 한다는 충동 때문에 말하지 않았던 적이 있었다면, 그런 말과 행동에 부모가 상처받을지 모른다는 당신의 가정을 의심해보라. 조금 더 솔직하게 말하고 행동해보라. 그래도 당신 부모는 끄떡없을 것이다.

  당신의 죄책감을 돌아보라. 부모에게 충분히 잘하지 못하고 있거나, 행복을 안겨주지 못하는 것에 대해 끊임없이 죄책감을 느끼는 사람들은 때로 자신들이 꿈꾸는 방식으로 사랑을 주지 않는 부모에게 실망하기도 한다. 부모는 정확히 당신이 원하는 것을 주지 못할 수도 있다. 당신도 마찬가지다. 부모는 진실한 느낌을 존중해주기보다는 완벽해 보이라는 요구를 한다. 이런 상황에서 할 수 있는 일은 스스로를 변화시키고, 부모에게 반응하는 방식을 바꾸는 것뿐이다. 부모의 단점과 한계를 받아들여라.

• 부모를 대할 때마다 느끼는 끈질긴 죄책감은 이제 당신의 행동을 바꿀 때가 되었다는 신호인지도 모른다. 그것은 또한 부모와 지나칠 정도로 끈끈하게 얽혀 있다는 증거일 수 있다. 어떤 가정에서는 변화를 만들지 모르는 의견이나 삶의 방식은 절대 용인되지 않는다. 규칙에 어긋나는 말이나 행동을 하면 안 되고 그 규칙을 위반할 때마다 죄책감을 느낀다. 집을 떠나 살더라도 그들의 생각과 말과 행동은 그 규칙의 지배를 받는다.
《가족 Bradshaw On : the Family》의 저자 존 브래드쇼는 자신의 책에서 이렇게 적고 있다.

> "집을 떠난다는 것은 기존의 가족 체계에서 독립하는 것을 의미한다. 그것은 우리가 부모와 하나로 묶여 있다는 이상과 환상을 포기하는 것을 의미한다. 부모를 떠나 독립할 때에만 우리는 건강한 관계를 시작할 수 있다. 건강한 관계를 위해서는 분리와 독립이 필요하다."

건강한 관계를 맺는 사람들은 각자의 경계를 명확히 한다. 당신이 느끼는 죄책감을 자세히 관찰해보라. 그리고 다음 질문에 답해보라. '내 죄책감은 어디에서 나오는 것일까? 내 인생 목표를 찾아가는 것이 부모를 버리는 걸 의미하기 때문일까? 아니면 단지 내가 누구인지, 내가 어떻게 행동해야 하는지 알려줄 부모를 잃는 것이 두려운 것일까?'
• 어떤 사람들은 부모님 옆에 있어드려야 한다고 생각하면서 부모로부터 독립하지 못하고 자신의 꿈을 포기해버리곤 한다. 부모에게 불손하게 굴어선 안 된다는 생각은 잘못된 것이다. 그런 생각은 누군가를 저주하거나 욕할 경우 그 상대가 죽게 될지 모른다는 어린 시절의 미숙하고 유치한 신념에

서 나온 것이다.

누군가에게 화내거나 실망할 수 있다. 또 부적절한 행동을 할 수도 있고, 상대의 바람에 어긋나는 행동을 할 수도 있다. 하지만 그런다고 해서 상대가 죽지는 않는다. 더 이상 부모에 대한 분노에 집착해서는 안 된다. 부모 주위를 맴돌며 진정한 모습을 찾지 않는 자신을 더 이상 변명해서는 안 된다. 있는 그대로의 모습을 숨기거나 변화시키지 않고도 부모의 분노와 실망을 담담히 받아들일 수 있을 때, 비로소 운명의 주인이 될 수 있다.

위험을 마주하면 얻을 수 있는 것들

부모의 지나친 사랑을 받고 자란 사람은 무엇이든 주도적으로 시작하지 못한다. 그러려면 위험을 감수해야 하기 때문이다. 하지만 우리는 위험에 매우 취약한데 부모가 위험에 노출되지 않도록 애쓰면서 키워왔기 때문이다.

자녀를 지나치게 사랑하는 부모는 아이의 모험심과 주도성을 두려워한다. 아이를 통제하고픈 욕구를 위협하기 때문이다. 주도성은 '나도 생각할 줄 알고 혼자서도 잘할 수 있어요'라는 의미다. 부모는 무의식적으로 아이의 주도성을 억누르면서 '너에게는 내가 필요해. 내가 없으면 넌 실패할 게 분명해'라는 메시지를 보낸다.

그런 부모 밑에서 자란 아이는 특권의식에 사로잡힌 어른이 된다. 그들은 다른 사람들이 주도권을 쥐고 자신에게 사랑과 관심,

물질을 주리라 기대한다.

26세의 상업 미술가, 켄은 특권의식 때문에 부부싸움이 잦았고, 결국 부부문제 전문 상담가를 찾게 되었다.

●●

"처음에 상담을 받는 데 동의한 건 저한테 문제가 있다는 걸 인정해서가 아니었어요. 오히려 변화시키고 싶었어요. 저는 아내에게 아름다운 집을 사주었어요. 그런데 아내는 그다지 기뻐하는 것 같지 않았어요. 그렇게 거금을 들인 보람도 없이 말예요. 매일 저녁 집에 들어가면 아내는 고쳐야 할 물건들, 사야 할 식료품들, 해야 할 집안일 목록을 들고 저를 기다리고 있었어요."

"서로 불만이 쌓여갔죠. 결정적으로 싸움이 추해진 계기는 변기가 고장 나면서부터였어요. 저는 아내가 알아서 해결하길 바랐죠. 그걸 제가 해야 한다고는 전혀 생각하지 않았어요. 하지만 아내는 회사일이 너무 바빠서 배관공을 찾아볼 시간이 없다고 했어요."

"그날 밤 아내가 불만을 제기하더군요. 아내는 제가 집안일을 전혀 신경 쓰지 않는다고 했어요. 제가 자신을 늘 기다리게 하고, 화초에 물 한 번 주는 걸 못 봤다며 절 비난하더군요. 제가 변기나 화초에까지 신경 쓰면서 살아야 해요?"

"나에게 뭘 시키지 못해 안달 난 것처럼 구는 아내가 지긋지긋했어요. 저는 집안일은 아내 소관이라고 생각한다고 말했어요. 아내는 제가 게으른 데다 못됐다고 하더군요. 전 그림 같은 집 한 채 사주었으면 됐지 바라는 게 뭐가 그리 많으냐고 응수했어요. 집 사준 것만으로도 감지덕지할 여자들이 줄 서 있다고도 했죠."

●●

켄과 그의 아내는 상담을 받으며 서로에 대한 불만을 잔뜩 쏟아냈다. 그들은 상담가가 자기 편이 되어 상대를 꾸짖고 고쳐주길 바랐다. 하지만 알고 보니 그들은 완벽한 짝꿍이었다. 수는 통제 성향이 강한 데다 고압적인 성격이었다. 그녀는 어렸을 때부터 알코올 중독자인 부모를 대신해 동생들 뒤치다꺼리를 하느라 사랑받고 보살핌을 받고 싶은 욕구는 뒷전이었다. 그녀는 분노를 억누른 채 상대에게 계속 주다 보면 언젠가는 보답을 받을 것이라 생각했다.

반면 켄은 부모의 사랑을 듬뿍 받으며 자랐다. 그의 부모는 항상 문제에 부딪힐 때마다 그를 구해주었다. 그 결과 그는 혼자서는 아무것도 못하고 늘 도움을 받아야 하는 사람이 되었다. 남에게 도움을 주는 것은 그의 역할이 아니었다. 그런데 수가 자꾸 도움을 청하자 그는 짜증이 났다.

수와 켄은 해묵은 역할극을 함께 하고 있었던 것이다. 둘은 서로를 증오하면서도 필요로 했다. 그 증오가 견딜 수 없을 정도로 커지자 둘은 상담소를 찾아왔고, 쌓인 분노를 쏟아냈다. 상담가는 케케묵은 역할에서 벗어나라고 말했다. 수는 켄에게 책임을 나누어주어야 했다. 예를 들면 화분에 물 주기 같은 쉬운 일은 켄에게 맡겼다. 수는 켄의 무책임함에 대해 불평하면서 그의 책임을 대신 해주고, 모든 일을 통제하려 드는 성향을 극복해야 했다.

켄은 변기를 잘못 고치거나 더 망가뜨려서 창피를 당할지도 모른다는 생각을 버려야 했다. 그는 일단 시도해볼 필요가 있었고 하다가 안 되면 배관공을 부르면 될 일이었다. 그는 수에게 의존하던 습관을 버려야 했다.

그 후 둘은 어떻게 되었을까? 변기는 고쳐졌고 화분도 말라죽지 않고 싱싱하게 자라고 있다. 수와 켄은 과거의 역할을 계속 고집했다가는 결국 둘의 관계가 파경에 이르게 될 것임을 알게 되었다. 부모에게 지나친 사랑을 받고 자란 탓에 자신감이 부족했던 켄은 스스로를 신뢰하는 법을 배웠다. 사랑과 관심을 받지 못하고 자란 탓에 다른 사람을 신뢰하지 못했던 수는 상대를 통제하려는 습관을 버리고 상대가 주는 것을 기꺼이 받을 수 있게 되었다.

지금까지 켄처럼 방관자 역할을 하는 것을 편하게 느끼고, 위험을 감수하는 것을 두려워하면서 살아왔다면 다음 조언을 통해 주도적이고 능동적인 사람으로 거듭날 수 있을 것이다.

- 하루에 하나씩 위험을 감수해보라. 처음에는 단순하고 쉬운 것으로 시작하라. 다른 사람의 의견을 구하지 않고 티셔츠를 사거나 가구를 직접 고쳐보거나, 오랫동안 연락하지 않은 친구에게 전화를 걸어보라. 그런 경험이 쌓이다 보면 모든 게 점점 쉬워질 것이다.
- '난 못해'라는 생각이 들 때마다 스스로를 다잡아라. 포기하는 대신 두 번 세

번 더 시도해보라.

- 싫증나거나 지루하다는 느낌이 들 때마다 그런 감정이 어디에서 나왔는지 내면을 관찰해보라. 지루함이나 싫증은 불안감에서 비롯되는 경우가 많다. 회의 시간이 지루한가? 당신은 적극적으로 문제 해결에 나서고, 주장을 당당히 펼치기에는 자신이 부족하다고 느끼고 있는지 모른다. 연인에게 쉽게 싫증을 내는가? 당신은 연인과 친밀한 관계가 되는 걸 두려워하고 있는지도 모른다. 누군가와의 대화가 지루하게 느껴지는가? 대화를 통제하지 못하는 자신이 불안한 것인지도 모른다.

싫증과 지루함의 해독제는 참여다. 어린 시절의 영향으로 당신은 어떤 일에 능동적으로 참여하기보다는 멀찍이 떨어져 구경하는 것이 훨씬 편할지 모른다. 주위에서 벌어지는 일들에 50퍼센트 더 참여하는 걸 목표로 삼으라. 그러면 내면에 단단하게 자리 잡고 있던 불안감이 씻은 듯 사라질 것이다.

마법 같은 일을 바라는 심리

부모의 지나친 사랑을 받고 자란 사람들은 자신의 인생에 마법과도 같은 일이 벌어지길 믿는 경향이 있다. 올해 32세인 제프의 이야기를 보자.

●●

제프는 PR 회사에 입사한 지 3개월쯤되었을 때의 일이다.

그는 상사에게 자신에게 맡겨진 일은 지루하고 따분한 단순 노동뿐이며, 자신이 중요한 프로젝트나 프레젠테이션에서 제외되는 것이 불만이라고 말했다.

"제 능력을 발휘할 수 있는 일을 해보고 싶습니다. 보도자료 쓰는 일 따위는 저 같은 고급 인력이 할 일이 아닙니다."

잠자코 그의 말을 듣던 상사가 입을 열었다.

"자네는 어제 보냈어야 할 보도자료들을 아직도 책상 위에 쌓아두고 있지 않은가? 늘 그런 식으로 일하면서도 5시만 되면 가장 먼저 퇴근하지. 쉬운 일도 제대로 처리하지 못하는데 어떻게 더 중요한 일을 맡기겠나? 지난번에는 보고서를 수정해서 다시 올리라고 했더니 한 글자도 고치지 않고 그대로 제출했더군. 난 이미 자네가 능력 밖의 일을 맡고 있다고 생각하는데."

그는 상사의 말에 분노와 굴욕감을 느꼈다. 건의하러 갔다가 지적만 받고 돌아온 꼴이었다. 그로부터 몇 년이 지난 지금, 그는 과거 자신이 성숙하지 못했음을 인정한다.

"그때는 제가 제일 똑똑하다고 생각했어요. 회사 동료들이나 상사는 물론이고 사장보다도 더 똑똑한 줄 알았어요. 하지만 똑똑하다고 해서 빨리 승진하고 성공하는 것은 아니에요. 중요한 건 맡은 일을 성실히 해내고, 팀 플레이어가 되어 남들과 협동하고, 다들 하기 싫어하는 일을 성심껏 처리하는 거죠. 신문이나 잡지에는 혜성처럼 나타나 놀라운 성과를 내고 수직상승한 사람들의 이야기가 나와요. 하지만 그건 운과 기적이 따라야만 가능한 일이에요. 그러니 신문이나 잡지에 나오는 거 아니겠어요? 현실에서는 자질구레한 일들도 잘한다는 걸 보여줘야만 중요한 일을 맡을 수 있어요."

●●

부모의 과보호를 받고 자란 사람들은 대개 남 밑에 들어가 고생하는 걸 질색한다. 제프는 어머니로부터 늘 이런 말을 들으며 자랐다. "넌 특별한 아이야. 넌 똑똑해. 넌 재능 있어. 넌 다른 누구보다도 뛰어나".

부모의 세뇌 속에 자신이 매우 재능 있는 사람이라고 믿으며 특권의식과 우월감을 키운다. 자신은 최고의 자리에서 시작해야 한다고 생각한다. 하지만 우월감과 열등감은 동전의 양면과 같다. 우쭐대고 싶은 욕구는 남들에 의해 부풀려진 거짓 자신감에서 나온다. 우월감에 사로잡힌 사람이 최고의 자리에 오르는 경우는 거의 없다. 성공한 사람들의 공통점 몇 가지를 꼽아보면 다음과 같다.

- 현실감각, 자신에게 어떤 끔찍한 일도 벌어지지 않을 거라 믿는 사람들은 무방비 상태로 비합리적인 위험에 뛰어들기도 한다. 하지만 현실감각이 있는 사람들은 항상 최악의 경우를 예상하고 미리 대비해둔다.
- 신뢰성, 성공한 사람들은 자신의 말을 실천한다. 그들은 말로만 황금성을 짓지 않으며 뛰어들어 행동한다.
- 적극성, 적극적인 사람들은 신중하게 계획하고, 주도적으로 행동하고, 무엇

이 필요할지 예상한다. 반면 수동적인 사람들은 바람이 불 때마다 갈대처럼 흔들린다. 예상치 못했던 일이 벌어지면 충동적으로 반응한다. 또한 일을 주도적으로 하기보다는 누군가 먼저 행동하길 기다렸다가 반응하기 때문에 다른 사람들보다 뒤처지곤 한다.

- 끈기. 성공한 사람들은 고난과 역경을 이겨낼 수 있다고 믿는다. 단, 운이 아니라 노력을 통해. 그들은 개인적인 시련과 실수를 인생의 과정으로 여기고 노력을 통해 바로잡으려 한다. 반면 실패하는 사람들은 완벽주의에 사로잡혀, 단 한 번의 실패에도 쉽게 좌절하고 무너진다.
- 운명을 믿지 않는다. 성공한 사람들은 운명은 스스로 개척하는 것이라고 믿는다. 반면 자신의 운명이 외부의 힘에 달려 있으며, 자신에게 벌어지는 일을 통제할 수 없다고 믿는 사람들은 쉽게 포기한다.

다행히도 위에 나온 자질들은 노력을 통해 습득할 수 있다. 부모에게 지나친 사랑을 받으며 자라온 세월이 성공과 멀어지게 만들었을 지도 모르지만, 사람은 어떤 나이에든 새롭게 배울 수 있다. 사고와 행동 습관을 바꾸는 데 다음의 조언들이 도움이 될 것이다.

- 성공하고 싶다면 성공할 수 있는 행동을 해야 한다. 비현실적인 목표를 세우고, 노력은 별로 하지 않고, 신중하게 계획을 세우지 않고, 어려움을 만났을 때 바로 포기해버리고, 어렵고 힘든 일은 피한다면 꿈과 점점 멀어질 수밖에 없다.
- 자신이 현재 하찮은 일을 하고 있다고 생각하는 것은 좋아 보이는 것에 집착하고 있다는 증거다. 자신의 꿈을 이루기 위해서가 아니라 남들 눈에 좋아

보이기 위해 지위와 권력을 추구하고 있는 것은 아닌지 자신을 돌아보라. 본말이 전도되어서는 안 된다. 조바심 내지 말라. 어렸을 때는 원하는 것을 기다릴 필요가 없었지만 어른이 되어 가족의 울타리를 벗어나자 원하는 것을 얻기 위해 기다려야 했다. 끈기 있게 노력하다보면 언젠가는 성장을 위한 기회와 책임이 따라온다는 점을 잊지 말라.

- 실패를 성장과 변화로 가는 기회로 여겨라. 기대했던 봉급 인상을 받지 못했다거나 형편없는 인사고과를 받았더라도 그것을 피드백으로 여겨라. 다른 사람들이 어째서 당신의 장점을 알아보지 못했던 것일까?
  감정을 배제한 채 자신의 일을 평가해보라. 행동을 약간만 바꾸면 목표를 이룰 수 있을까? 아니면 성질을 완전히 바꾸는 것이 나을까? 일에 영향을 끼칠 수 있는 모든 환경적 변수들을 고려해보았는가?
- 성공하는 사람들은 어떤 역경과 고난을 만나더라도 오뚝이처럼 다시 일어난다. 그들은 한 번의 실수로 괴로움에 빠져 허우적대지 않는다. 그들은 방어적인 태도로 남을 탓하는 대신 목표에 집중하며 목표 달성을 위해 무엇을 할 수 있을지 생각한다. 부모나 배우자를 실망시켰을까 봐 걱정하던 것을 멈춰라. 실패에 대한 인식을 바꿔라. 실패를 끔찍하고 무서운 것이라 믿고 있다면, 그 믿음은 아마도 실패를 두려워했던 부모에게서 물려받은 것인지 모른다.
  심리학자들은 인지 재구성cognitive restructuring이라는 도구를 사용하면 실패에 대한 반응을 긍정적인 것으로 대체할 수 있다고 말한다. 인지 재구성을 하기 위해서는 우선 불편한 감정과 부적절한 행동을 촉발하는 사건들을 기록해야 한다. 그리고 지금까지 어떤 일에 대해서든 자기 자신을 탓해왔다면 (혹은 늘 남들을 탓하기만 했다면) 그러한 자신의 부정적 사고를 규명해야 한다. 다음 단계는 옛 신념과 사고를 반박하는 긍정적인 신념과 사고를 찾는 것이다. 그렇게 하다 보면 과거의 자동적인 반응을 긍정적인 것으로 대체할 수 있게 될 것이다.

영업일을 하던 한 남성은 인지 재구성을 통해 소극적이고 자신감 없던 자신의 모습을 바꿀 수 있었다고 한다. 예전에는 거절을 당할 때마다 위축되었으나 지금은 그렇지 않다. "이제는 '안 돼요' 라는 대답을 기회로 받아들이게 되었어요. 더 이상은 거절이 두렵지 않고 사람들에게 먼저 적극적으로 다가가고 있어요. 만약 거절을 당하더라도, 그 이유가 무엇인지 분석한 후 더 열심히 노력해요. 인지 재구성을 통해 거절을 완전히 다른 시각으로 볼 수 있게 된 거죠."

심각함을 버릴 필요가 있다

더욱 활기차게 살고 싶다면 다른 사람들이 자신을 어떻게 판단할지 신경 쓰고, 다른 사람들의 표정 변화를 살피던 습관을 버려야 한다. 부모의 높은 기대에 짓눌린 채 살아온 사람은 자신에게 그런 습관이 있다는 것조차 모를 수 있다. 그 기대를 충족시키기 위해 힘들여 노력하다 지친 우리는 이렇게 말할지도 모른다. "그게 다 무슨 소용이람".

당신의 가장 큰 바람은 있는 그대로의 모습을 찾고, 마음 편히 지내는 것일지 모른다. 하지만 그 바람이 이루어질 날은 까마득하게 먼 것처럼 느껴진다. 어떻게 해도 우리는 부족한 것만 같기 때문이다. 자녀를 지나치게 사랑하는 부모 밑에서 자란 어른아이들은 좋아 보여야 한다는 압박감 속에 어린이다운 어린 시절을 보내지 못했다. 그들은 얌전하고 똑똑하고 재능 있고 눈치 빠른 아들딸이 되어 부모의 자랑거리 역할을 해야 했고 그들은 늘 통제받으며 자랐다. 어린 시절을 박탈당한 그들이 심리 치료를 받으러 가면 몇 주 동안 어리석고 철없는 행동을 마음껏 해보라는 처방을 받는다.

올해 34세의 아니타도 심리 치료사에게 '철없는 행동 하기' 과제와 함께 색칠공부 책과 크레파스를 받았다. 처음에 그녀는 그게 너무 유치한 짓이라고 생각했지만 타인의 말에 순종하는 데 익숙했기에 과제를 하기 위해 책을 펼쳤다. 그 안에는 우스꽝스러운 만화 캐릭터들이 그려져 있었고 그녀는 한참을 소리 내어 웃었다. 어른이 크레파스로 색칠을 하고 있자니 자신이 너무 우스꽝스러웠다. 하지만 비어있는 면을 하나하나 색칠하는 사이에 그런 생각은 어느덧 사라졌다. 그다음 주에는 공원에 가서 그네를 타보았다. 또 스프링 장난감과 소녀 탐정 낸시 드류의 활약을 담은 책도 사왔다.

사람들의 마음속에는 어린아이가 들어 있다. 아니타가 그랬듯, 대부분 내면에 존재하는 어린아이의 특성을 표출하지 못한 채 살아간다. 명랑한 아이, 모험심 많은 아이, 떼쟁이 아이 등 내면에 존재하는 여러 모습에 생명력을 불어넣을 때 비로소 자유로워질 수 있다.

우스운 점은 내면의 어린아이를 억누른 채 살면서도 이따금 성숙하지 못한 행동을 한다는 것이다. 계획을 실행에 옮기진 않거나 때론 모든 일이 잘 풀릴 거라고 지나치게 낙관한다. 그리고 강해 보이는 사람에게 어린애처럼 의존한다. 그런데도 구태여 어린 시절로 돌아가 철없이 행동해볼 필요가 있을까?

하지만 무엇인가에서 빠져나오기 위해서는 그 경험을 온전히 해보는 것이 하나의 방법이 될 수 있다. 어린 시절을 마음껏 누려보지 못한 사람은 어린 시절로 돌아가 그때 기분을 온전히 느껴볼 필요가 있다. 어린아이가 노는 것을 관찰하면, 스스로를 자유롭게 풀어준다는 것이 무엇인지 배울 수 있다. 아이들은 남의 의견이나 바람직하고 이상적인 모습에 제약받지 않으며 창의적인 모험가다. 또 타인의 판단이나 사회 규범을 걱정하지 않는다. 모험에 자신을 활짝 열어둔 채 자유와 창의성을 마음껏 발휘한다.

당신이 어린 시절을 잃을 때, 내면의 중요한 부분도 함께 잃는다. 내면의 어린아이를 되찾고 싶으면 다음 조언들을 따라보라.

- 당신 자신을 위한 장난감을 사라. 찰흙, 모래그림판, 테디베어, 프라모델, 블록, 색칠공부 책 등 무엇이든 괜찮다. 단, 자녀에게 빌리면 안 된다. 이제 그 장난감을 가지고 놀아보라. 가지고 놀다 잘못을 저지르면 더 좋다. 선 밖에다 색을 칠하고 찰흙으로 방을 엉망으로 어지르고 뭔지 모를 괴상망측한 형태를 만들어보라. 내면의 아이가 하고 싶은 대로 하도록 내버려두라.
- 어린아이처럼 행동하는 것과 성숙하지 못하게 행동하는 것은 다르다. 부주의한 것과 자유로운 것 또한 다르다. 일주일에 다섯 번 지각하면서 사람들이 이해해주길 기대하는 것은 성숙하지 못한 것이다. 당신의 책임을 다른 사람에게 떠넘기는 것은 부주의한 것이다. 그런 행동은 당신을 자유롭게 만들기보다는 덫에 걸리게 만들 뿐임을 명심하라.
- 아이들은 정직하고 성실하다. 하지만 거짓말을 통해 타인을 조종할 수 있

고, 무책임을 통해 도움을 받을 수 있다는 것을 알고 나면 더 이상 그렇지 않다. 무모함과 부주의함이 아니라 내면의 명랑함과 쾌활함을 일깨워라.

낡은 방식에서 벗어나기

타인에게서 과거 부모의 모습을 찾는 것, 다른 사람이 부모처럼 대해주길 바라는 것을 심리학자들은 전이라고 부른다. 전혀 그럴 의사가 없는 사람들에게 부모가 당신을 대했던 것과 똑같은 방식으로 해주기를 기대하고 타인을 대할 때 부모에게 보였던 반응을 똑같이 보인다. 줄리도 마찬가지였다. 그녀는 결혼한 후 남편에게 어머니 같은 모습을 기대했다.

●●

"남편에 대한 불만으로 괴로웠던 저는 상담가를 찾아갔어요. 남편이 제가 가고 싶어 하는 곳에 함께 가주지 않고, 저에게 관심을 보이지 않고, 문제가 생겼을 때 전혀 도와주지 않는다고 불평했어요."

"세 번째 상담을 받으러 간 날, 전 더 이상 상담을 받지 않겠다고 말했어요. 올 때마다 저만 얘기하고 시원한 해결책을 얻어가는 것도 아닌데 60달러나 내기는 아깝다고 했어요. 왜

제 질문에 답하지 않느냐고 물어보았죠."

"상담가는 제가 스스로 대안이나 답을 찾아보려고 하지 않는 게 걸린다고 말하더군요. 저는 코트를 집어 들고 '제가 답을 알았다면 애초에 여길 찾아오지도 않았을 거예요'라고 쏘아붙였어요. 상담가가 절 잡으려고도 하지 않는 게 더 화났어요. 격분한 제가 상담가에게 '지금까지 만나본 사람들 중 가장 냉정한 것 같군요'라고 말하자 이런 답이 돌아왔어요. '당신은 당신이 어떻게 해야 좋을지 계속 물어보면서 제가 답하지 않으면 화를 내는군요. 하지만 제가 할 수 있는 말은 계속 어떻게 해야 할지를 묻는 것 자체가 가장 큰 문제인 것 같습니다'라는 거예요."

"당신은 어머니가 매우 이해심 많고, 아버지도 동정심이 많은 분이라고 말했어요. 반면 남편은 당신을 이해해주지도, 동정해주지도 않는 사람이라고 했고요. 남편은 당신이 하고 싶어 하는 걸 같이 해주지 않는다고도 했어요. 또 도와달라고 해도 도와주지 않고, 문제가 생겨도 잘 이해해주지 않는다고 했고요. 그리고 방금 저한테도 화가 난다고 말했죠. 당신은 주위 사람이 당신 뜻대로 해주지 않으면 무척 불편해하는군요. 그게 당신의 가장 큰 문제이고 바로 남편과 갈등을 겪게 된 원인이에요. 남편뿐 아니라 다른 사람들과도 비슷한 문제를 겪었을 것 같은데, 맞나요? 상담을 계속 받을지 그만둘지는 본인이 선택하세요. 저는 어머니나 아버지가 아닙니다. 당신이 원치 않는데 굳이 치료해주고 싶은 마음이 없어요. 당신을 행복하게 만들어주고 싶지도 않고요. 제 일은 당신이 스스로 방법을 찾도록 옆에서 보조해주는 겁니다."

●●

줄리는 가만히 앉아 자신의 과거를 돌아보았다. 그녀는 늘 다른 사람들이 올바른 답을 내주길 원했다. 그런 기대는 그녀의 자존감을 떨어뜨렸다. 그녀는 매우 의존적이었고, 사람들이 그녀의 뜻대로 움직이지 않을 때마다 좌절감을 느꼈다. 줄리와 비슷한 사람들은 다른 사람들이 부모가 되어주길 바란다. 상대방이 숨 막히게 하고, 때로 실망하고, 통제하고, 지나치게 높은 기대를 걸고, 일을 대신해주고, 보살펴주기를 말이다. 한마디로 상대가 그들을 지나치게 사랑해주길 기대한다.

자신에게 익숙하고 편안한 상황과 환경을 재현하고 싶어 하는 것은 자연스러운 욕구다. 하지만 상대를 통해 자신의 과거를 재현하려는 것은 상대를 딜레마에 빠뜨리는 일이다. 바라던 대로 상대가 보살펴주면, 당신의 성취감과 자존감은 오히려 저해된다. 이런 딜레마 속에 상대는 결국 당신을 증오하게 된다. 보살펴준 대가가 아무것도 없기 때문이다. 한편 상대가 돌보아주지 않을 경우에는 기대와 현실 사이에 불균형이 생긴다. 그러면 당신은 상대가 마땅히 주어야 할 것을 주지 않았다는 생각에 상대를 증오한다.

잘못된 옛 방식을 깨기 위한 첫 단추는 자신의 문제를 자각하는 것이다. 이는 자신을 탓하거나 벌하는 것이 아니다. 부모가 자녀를 지나치게 사랑했던 것은 아이의 잘못이 아니다. 부모가 높은 기대를 걸고, 욕구와 필요를 지나치게 충족시켜주었던 것이나 부모가 극도로 헌신적이었던 것도 마찬가지다.

이제 당신은 낡은 방식을 새로운 관계에 전이시켰던 행태를 멈추고 관계 맺는 방식을 변화시켜야 한다. 그렇게 하는 데 다음 조언들이 도움이 될 것이다.

- 당신 마음속에 사람들과의 관계를 규정하는 가정이나 가설이 있는지 관찰해보라. 상대의 말이나 행동이 아니라, 당신의 마음속 가정이나 가설에 근거해 상대에게 반응했던 적은 없는가? 예컨대 당신 마음속에 '여자는 남자를 교묘히 조종하고 통제하려 한다'는 가정이 있다고 치자. 그렇다면 당신은 그 가정이 사실이 아니라는 것을 확인할 수 있을 만큼 여성들과 가까워질 기회를 거의 누리지 못했을 것이다. 혹은 당신의 시시콜콜한 사생활까지 온 동네에 소문내고 다녔던 부모 때문에 '사람들은 비밀을 지키지 못한다'라는 가정을 품게 되었다면, 당신은 이 세상에서 가장 믿음직한 사람이 옆에 있다 할지라도 결코 그 사람을 믿지 못할 것이다.

  이를 극복할 수 있는 유일한 방법은 편견을 버리고 열린 마음으로 사람들을 대하는 것이다. 지금까지 타인을 쉽게 판단하고, 전형적인 유형에 끼워 맞추고, 마음속 카테고리에 따라 분류하지는 않았는지 점검해보라. 열린 마음으로 다른 사람들의 말을 들어보라. 자신에게 어떤 선입견이나 편견이 있었는지 찾아보라. 사람들에게 두 번째, 세 번째 기회를 주어라.
- 당신은 과거 경험 때문에 애정과 관심에 대한 한없는 욕망을 갖게 되었다는 사실을 알아야 한다. 그런 욕망이 지나칠 경우, 당신은 인정과 승인 중독

자가 될 수 있다. 냉정하고 무심하며 요구적인 남을 탓하기 전에 자신이 더 많은 것을 갈망하고 있지는 않은지 돌아보라. 당신은 상대에게 받은 만큼 돌려주는가? 당신을 넘치게 사랑해줄 또 다른 부모를 찾지는 않았는가?

- 사회학자가 되어 당신의 말과 행동을 대하는 사람들의 반응을 관찰해보라. 모든 변수를 편견 없이 객관적으로 고려하라. 그러기 위해서 평소에 잘 안 가는 곳으로 가서 여러 사람들을 만나야 한다. 당신이 과거에는 경험해보지 못한 방식으로 반응하는 사람들의 모습을 주의 깊게 지켜보라. '사회학자의 눈으로 바라보기'를 실천해본 한 남성은 이런 말을 했다. "의견 충돌이 있을 때 서로에 대해 비난하거나, 감정을 폭발시키거나, 눈물을 흘리거나, 상대를 교묘하게 조종하려 시도하지 않고도 갈등을 해결할 수 있다는 것을 처음으로 목격한 순간 충격을 받았어요."
- 낡은 방식을 쉽게 떨치지 못하겠다면 심리 치료를 받아보는 것도 좋다. 실력 있는 상담가를 만나면, 오랜 세월 동안 굳어진 전이와 방어의 유형을 모두 해석해줄 것이다. 상담가와 옛 역할을 연기해본 후 과거와 전혀 다른 방식으로 반응할 수 있다는 사실을 알게 되면, 타인에 대한 우리의 기대를 더욱 현실적으로 재정비할 수 있게 될 것이다.

관계를 끝내야 할 때

새롭게 시작하려면 과거를 완전히 끝내버려야 할 때도 있다. 올해 32세의 회계사, 마리의 이야기를 들어보자. 마리가 회사를 그만두고 개인 사업을 시작하겠다고 선언했을 때, 그녀의 아버지는 거세게 반대했다.

●●

"그건 너무 위험해. 손님 모으는 게 얼마나 어려운 일인 줄 아니? 게다가 회사를 그만두면 보험과 복지 혜택도 받을 수 없고, 또 연금은 어떻고. 멍청한 생각하지 말고 회사나 열심히 다녀."

마리는 아버지의 말에 이성을 잃었다.

"저는 화가 머리끝까지 치솟았어요. 사업 계획을 차근차근 설명하려 했지만 아버지는 전혀 들으려고 하질 않았어요. 아버지는 언성이 점점 높아졌고 저도 마찬가지였어요. 저는 지금 하는 일이 얼마나 진저리나는지 모른다며 고래고래 소리를 질렀어요. 그리고 아버지가 뭐라고 하든 내가 하고 싶은 대로 할 거라고 소리치고 나와버렸어요."

마리가 그렇게 회사를 그만두고 사업을 시작한지 벌써 1년 반이 지났다. 다행히 사업은 순조롭게 잘 풀렸지만 마리는 아버지에게 여전히 죄책감을 느끼고 있다.

"하고 싶은 일을 일일이 허락받고, 상대의 의견에 맞춰 나를 억누르는 건 건강한 관계가 아니라는 걸 깨달았어요. 제 의견을 단호하게 주장하는 법을 배우고 나서부터 인간관계가 많이 개선되었어요. 하지만 아버지와의 관계만은 풀리지 않은 채 남아 있어요."

마리의 문제는 부모와의 관계를 청산하지 못했다는 것이었다. 마리의 아버지가 딸의 결정에 동의했느냐 안 했느냐는 별로 중요하지 않았다. 마리가 부모에게 신뢰와 지지를 얻지 못했다고 느낀 것이 진정한 문제였다. 그녀는 아버지가 자신을 아무것도 결정하지 못하는 어린아이로 취급했다고 여겼다.

하지만 마리가 아버지에게 맞서기로 결심하면서 문제는 해결되었다. 아버지와의 영구적인 단절을 각오했지만 오히려 갈등 해결의 돌파구가 되어주었다. 그녀는 마음의 준비를 단단히 하고 아버지를 찾아갔다.

"아버지가 제 면전에서 문을 쾅 닫으면 편지라도 써서 남기고 올 작정이었어요. 그 문제는 저에게 그만큼 절박했어요. 저는 거짓말하거나 복종해야만 유지될 수 있는 피상적인 관계를 끝내고 싶었어요."

"처음에 아버진 제 태도를 보고 놀라셨던 것 같아요. 전에는 그런 적이 없었으니까요. 저는 독립이 어떤 의미인지, 스스로 결정 내리는 게 얼마나 중요한지 설명했어요. 또 제가 변화하려고 할 때마다 반대했던 아버지에게 얼마나 상처받았는지도 말씀드렸어요. 그전까지는 아버지 말에 순종하느라 변화를 두려워했거든요. 이제부터는 익숙하고 편안하더라도 유익하지 않은 상황은 적극적으로 바꿔볼 거예요."

"그날 아버지와 마음속 깊이 묻어두었던 이야기들을 나누었어요. 제 결정에 대해 아버지는 아무 언급도 하지 않았지만, 제 마음을 어느 정도는 이해하시는 것 같았어요."

●●

부모와의 관계 청산은 과거에 부모가 준 상처와 과보호, 지나친 기대 등에 대해 보상을 청구해야 한다거나 응징을 해야 한다는 뜻이 아니다. 대신 새로운 의사소통 기술을 개발하라는 의미다. 그러려면 우리는 자신의 감정을 솔직하게 표현해야 한다. 타인의 인정과 승인을 추구하던 경향을 버리고 스스로에게 정직해져야 한다.

부모에게 속마음을 솔직하게 털어놓으려고 할 때마다 내면의 저항을 느끼는 사람도 있을 것이다. 부모는 그렇게나 많은 것을 주었는데 어떻게 이럴 수 있느냐며 화를 낼지도 모른다. 하지만 그들을 변화시키는 것이 아니라 관계를 맺어왔던 방식, 너무 많은 사랑과 관심, 물질을 받아온 결과를 바꾸는 것이 중요하다. 당신은 인생에 대한 통제력과 힘을 되찾아야 한다. 그러려면 스스로에게 덜 요구하고 더 많이 주어야 한다. 라디오 방송을 꺼버리듯 부모의 목소리를 꺼버릴 수는 없지만 그들의 의견을 더욱 현실적으로 받아들일 수는 있다.

부모와의 관계를 청산하는 것이 현실적으로 불가능하다고 생각하는 사람이 있을지도 모르겠다. 정서적인 유대를 끊어버리는 것은 두려운 일이다. 이미 고장 난 의사소통 방식을 바꾸지 못한 채 주저하고 있다면 다음의 조언들에 귀 기울여보라.

- 비슷한 문제를 겪었던 사람들에게 도움의 손길을 요청하라. 당신에게 꼭 맞는 집단 치료 모임이나 지지 모임을 찾아보라. 그런 모임에 참여하면 더욱 효과적인 의사소통 기술을 연습하고 배울 수 있다. 또한 모임 참가자들에게 받는 정서적 지지와 보살핌이 변화의 시기를 거치는 동안 의지할 수

있는 든든한 버팀목이 되어줄 것이다. 가장 큰 소득은 감정을 솔직하게 털어놓고, 관계의 희생자가 되지 않는 법을 배울 수 있다는 점이다.

- 부모의 모습을 있는 그대로 받아들여라. 부모에게도 단점이 있을 것이다. 그들은 항상 과보호하고, 너무 높은 것을 기대하고, 늘 통제하려 들지 모른다. 하지만 당신이 바꿀 수 있는 것은 당신 자신뿐이다. 내면화된 비현실적인 부모의 기대를 던져버려라. 당신이 먼저 바뀌면, 원하는 방식으로 사랑을 받게 될 것이다.

  인생에 대한 통제력을 되찾기 위해 부모를 변화시켜야 할 필요는 없다. 오늘날 모습이 되기까지 당신 부모가 큰 역할을 한 것은 사실이지만, 당신은 이미 성인이다. 이제 당신의 인생은 당신 손에 달려 있다. 당신에게는 스스로를 새롭게 정의 내릴 수 있는 힘이 있으며 변화하고 성장할 수 있다. 또한 부모의 인정이나 승인이 없더라도 살아갈 수 있다.

- 다음 번 부모의 집을 방문했을 때 당신의 내면에서 어떤 일이 벌어지는지 잘 관찰해보라. '나는 부모의 인정과 승인을 받기 위해 얼마나 자주 감정이나 생각을 억누르는가?', '부모의 승인을 받지 못했을 때 나의 내면에서는 어떤 일들이 벌어지는가?' 우리는 부모에게 감정을 솔직하게 보여주면, 그들이 당신의 말과 행동을 승인하지 않거나, 거부하거나, 부모가 상처받을 것이라 믿는다. 그리고 부모의 뜻을 거스르면 사랑받지 못할 거라 여긴다.

  입장을 바꾸어서 당신이 인정하지 않는 방식으로 부모가 행동한다고 해서, 당신은 부모를 더 이상 사랑하지 않을 것인가? 부모도 당신과 똑같다. 부모의 사랑은 쉽사리 멈추지 않을 것이다. 독립적으로 생각하고 행동한다고 해서 그 사랑이 끊어질 거라는 생각은 기우에 지나지 않는다.

- 부모와의 관계를 청산해야 한다고 해서 부모가 당신 인생에 끼친 부정적인 영향에 대해 부모를 원망해야 한다는 뜻은 아니다. 누군가를 탓하고 원망

하는 것은 당신 몫의 책임을 상대에게 떠넘기는 행위다.

- 부모와의 케케묵은 관계를 청산한다는 것은 서로 침범할 수 있는 한계가 어디까지인지 명확하게 선을 긋는 것을 의미한다. 당신은 특정 주제에 대해 굳이 부모와 의논하지 않아도 된다. 당신은 집을 방문하기 전에 미리 전화해달라고 요청할 권리가 있다. 당신은 자신이 원하는 일, 친구, 집, 여가활동, 삶의 방식 등을 독자적으로 선택할 권리가 있다.
- 부모와의 관계를 청산한다는 것은 더 이상 맞지 않는 진부한 역할을 포기하는 것을 의미한다. 부모를 사랑하고 공경해야 한다고 해서 꼭 말 잘 듣는 착한 아이가 되어야 할 필요는 없다. 지금까지 당신이 가족 내에서 어떤 역할을 맡아왔는지 돌아보라. 항상 받기만 하는 역할이었는가. 아니면 모든 면에서 완벽한 역할이었는가? 그 역할이 당신에게 충만감을 주고, 당신을 행복하게 해주었는가? 타인과 관계 맺을 때 거리감을 느끼게 만들지는 않았는가? 그 역할이 당신의 자존감을 파괴하고 있진 않은가? 당신은 앞으로 어떤 역할을 맡고 싶은가? 역할을 바꾸고 싶다면 외부에 도움을 청하라.

변화하기로 결심하기는 쉬워도 실행으로 옮기기는 어려운 법이다. 때때로 과거의 방식대로 하는 것이 더 편하게 느껴지더라도 스스로에게 너무 가혹하게 굴지는 말라. 익숙한 방식대로 하고 싶은 것은 당연한 일이다. 그 횟수가 너무 잦을 때에만 경계하라.

어린 시절의 경험이 생애 전반에 영향을 끼치는 것은 사실이지만, 그 영향력이 절대적이라고는 할 수 없다. 당신은 선택할 수 있다. 과거 방식을 그대로 유지할 수도 있지만, 과거를 이해하고 미래를 변화시킬 수도 있다. 선택은 당신의 몫이다.

CHAPTER _ 12

때로 실수하지만 적당히 괜찮은 사람

"성숙하다는 것은 다가오는 모든 생생한 위기를 피하지 않고 마주하는 것을 말한다."

- 프리츠 쿤켈

자녀를 지나치게 사랑하는 부모가 된 데에는 분명 이유가 있다. 당신을 지나치게 사랑했던 부모에게 배운 방식 그대로 자식에게 대하고 있는지도 모른다. 또는 불우한 어린 시절을 보내며 신체적·정서적 욕구를 충족시키지 못했기에 자식만은 절대 자신과 같은 고통을 겪게 하지 않겠다고 다짐했을지도 모른다. 하지만 애초의 의도와는 달리 자녀를 너무 응석받이로 키우고 말았고, 그 때문에 골치를 썩고 있다.

열심히 노력했지만 완벽한 부모가 되지 못했고, 아이도 완벽한 자녀가 되지 못했다. 때문에 죄책감에 시달리고 있는지도 모른다. 죄책감을 덜기 위해 자녀에게 끊임없이 퍼준다. 혹은 배우자와 불화를 겪고 있거나 이혼한 상태일지도 모른다. 아이는 결혼생활에 대한 불만족을 보상해주는 유일한 기쁨이자 살아가는 이유다. 언젠가 자녀를 놓아주어야 한다는 사실을 알지만 그때가 다가오는 게 두렵다.

또 자녀에게 무관심한 배우자를 대신해 두 사람 몫을 하기 위해 아이의 인생에 과도하게 간섭하기 시작했는지도 모른다. 자녀에게 해줄 수 있는 모든 것을 해줌으로써 한쪽 배우자의 부재를 만회하려 노력하는 것이다. 때로 스스로 자신감을 북돋기 위해 아이에게 지나친 사랑을 쏟아 붓는다. 그렇지만 과도한 간섭의 결과 어떤 문제가 생겼는지 깨닫지 못한다. 그 문제는 사실 자녀가 아니라 자신 때문에 생긴 것이다. 자식 걱정으로 밤잠을 이루지 못하는가? 아이를 키우면서 위궤양, 두통, 불면증, 고혈압 등으로 고통받고 있는가? 사랑과 관심, 물질을 주었는데도 자식들은 말썽만 부리는가? 심지어 당신에게 불만을 쏟아내는가? 자녀와 친구처럼 지내고 싶었던 꿈은 물 건너가고 서로 만나기만 하면 말다툼하는가?

현재 그런 문제를 겪고 있다면 아마 상황을 변화시키기는 쉽지 않을 것이다. 변화는 저항을 불러오는 법이다. 뜨거운 물속에 들어 있는 개구리처럼 서서히 커지는 고통 속에서도 예전 방식을 버리지 못한다. 그게 편하고 익숙하기 때문이다. 인생을 변화시키려면 간절한 욕구와 희망, 끝까지 버티는 지구력, 그리고 용기가 필요하다.

완벽주의 버리기

아들이나 딸이 완벽한 자녀가 되는 것은 불가능하다. 마찬가지로 완벽한 부모가 되는 것도 불가능하다. 완벽을 추구하기로 결정한 것은 실패로 가는 지름길을 선택한 것이나 다름없다. 완벽을 추구하는 사람은 타인에게도 완벽을 기대하는 경향이 있다. 아이에게 지나치게 높은 기대를 하고, 자녀를 다른 아이들과 비교한다. 비교를 통해서는 아이의 욕구를 진정으로 충족시켜줄 수 없다.

아이의 인생에 감정적으로 개입하다 보면 때로 실수를 저지를 수도 있다. 하지만 한 번 실수를 저지르더라도 그 결과를 충분히 만회할 수 있다는 사실을 알아야 한다. 좋은 부모도 가끔은 실수를 저지른다. 자녀를 잘 키우기 위해 완벽한 부모가 될 필요는 없다. 분별력을 발휘할 수 있는 부모가 되는 것만으로도 충분하다. 좋은 부모는 자녀 인생에 벌어지는 일에 일일이 개입하지 않고도 아이에게 필요한 것들을 제공해준다. 자녀의 교우관계에 관여하거나, 자녀를 대신해 싸우지 않는다. 대신 자녀가 내면의 강인함을 키우고, 좋은 품성을 쌓도록 격려한다. 그들은 겉으로 보이는 모습에 대해 과도하게 걱정하거나 다른 아이와 비교하지 않는다. 또 자녀를 자신들의 기대에 끼워 맞추려 하지 않으며, 엄격한 판단의 잣대를 들이대지 않는다. 그 결과 자녀는 건강한 자존감을 키울 수 있으며 실수가 학습 과정의 일부라는 점을 이해할 수 있게 된다. 그 사실은 자녀뿐 아니라 자신에게도 적용되기에 자녀의 독립성을 장려한다. 그들은 자녀가 부모로부터 떨어져 나가는 것이 성숙으로 가는 건강한 단계임을 잘 알고 있다. 자신의 완벽주의적인 성향을 버리고 싶다면 다음 조언을 참고하라.

- 과거에 저지른 실수를 생각하며 스스로를 고문하는 짓을 그만두라. 아이들은 어려운 일을 겪더라도 오뚝이처럼 일어나 기운을 회복한다. 또한 부모 자식간의 유대는 끈끈하기 때문에 어느 한쪽이 실수를 하더라도 금세 관계를 회복할 수 있다.

- 자녀의 인생을 어떻게 한 단계 향상시킬 수 있을지 고민하던 것을 멈추라. 자녀가 자신의 모습 그대로 편안하게 즐길 수 있도록 내버려두라.
- 자녀의 인생이 완벽해지기를 바라는 욕구 때문에 자녀에게 과도한 요구를 하고 있진 않은지 항상 경계하라. 아이들은 자신의 인생이 완벽해지기를 기대하지 않는다. 부모도 그렇다.

아이들에게 늘 무엇인가 '해야만 한다'고 요구하진 않는가? 자녀에게 입버릇처럼 강조하는 희망사항 목록을 작성해보라. 이번 수학 시험 만점, 명문대 입학, 수석 졸업, 억대 연봉 등. 왜 이런 것을 아이들에게 강요하는 걸까? 그것이 아이들의 인생을 행복하게 해줄 것이라 믿는가? 아이들은 통제하면 아이의 인생이 더 나아지리라 생각하는가? 질문에 대한 답을 찾다 보면, 당신은 비로소 자각하면서 사는 삶의 문을 열 수 있게 될 것이다. 자각은 선택으로 이끌며, 선택은 변화의 기회를 가져다준다.

있는 그대로 인정하기

자녀에게 과도하게 간섭하는 부모는 대개 자기 자신에게는 충분한 관심을 기울이지 못한다. 공허함이나 불안감이 밀려올 때 타인을 통해 정서적인 욕구를 충족시키고픈 충동을 느끼기도 한다.

자녀가 바로 그 대상이 되기 쉽다. 하지만 타인을 통해 자신의 욕구를 충족시킬수는 없는 법이다.

어렸을 때 부모와의 관계가 어땠는지 돌아보라. 당신 부모는 당신을 있는 그대로 인정해주었는가? 아니면 조용히 하라는 꾸지람을 늘 들었는가? 부모의 허락이 떨어질 때에만 말할 수 있었는가? 부모와 많은 시간을 함께 보냈는가? 그럴 때 부모가 당신을 격려해주었는가? 홀로 남겨져 있는 시간이 많았는가? 가족 내에 지속적인 갈등이 존재했는가? 당신은 두려움 때문에 위축되진 않았는가? 자녀를 지나치게 사랑하는 부모들은 대부분 자신을 있는 그대로 인정해주지 않는 부모 밑에서 어린 시절을 보낸 경우가 많다. 건축가이자 세 아이의 아버지인 짐의 경우에도 그러했다.

●●

"'우쭐거리거나 괜히 자랑하지 마라. 그랬다간 불운이 찾아올 거야' 이 말을 아버지한테 귀에 못이 박히도록 들었어요. 아버지는 모든 일에 대해 부정적이었는데 너무 행복해하면 신이 벌을 줄 거라 생각하셨던 같아요."

짐은 자신이 아버지한테서 비관적이고 부정적인 성격을 물려받은 것은 아닐까 불안하게 여겼다.

"아이들은 제가 너무 운명론적이고 칙칙하다고 말했어요. 그래서 저에게 어떤 말도 하고 싶지 않다고 했죠. 아내는 제가 항상 최악의 상황을 가정하는 버릇이 있다고 하더군요.

아이들이 문제를 겪으며 자라는 건 당연한 일이니 걱정 좀 그만하라고 했어요."

●●

짐은 자신의 문제를 자각하고 변화하기 시작했다. 자각은 지금까지의 잘못된 믿음을 깨뜨릴 용기를 주었다. 성취를 인정하고 자신에 대해 긍정적으로 생각하는 것이 우쭐해하는 것은 아님을 인식하기 시작했다. 그가 자신을 긍정적으로 바라보자 자녀에 대한 과도한 걱정과 그에 따른 과도한 요구도 줄어들었다.

어린 시절에 자화자찬하거나 자기만족감을 표현하는 것은 바람직하지 못하다는 가르침을 받았다. 스스로에게 줄 수 없는 것을 남에게 줄 수는 없는 법이다. 하지만 더 나쁜 경우, 자신의 공허함을 다른 사람이 대신 채워주길 기대한다. 그리고 자녀가 그 대상이 되는 경우가 많아 자녀의 성공을 통해 스스로가 더 나은 사람이라는 느낌을 받고자 할지도 모른다. 혹은 자녀가 계속 의존하게 만들어 자신이 유용한 존재임을 확인하려 할지도 모른다.

그런 문제를 해결하고 싶다면 스스로를 인정하는 법을 배워야만 한다. 스스로를 인정하게 되면 자존감은 더 이상 자녀의 성취에 의존하지 않게 된다. 있는 그대로 인정할 때, 스스로를 편안하게 받아들일 수 있게 되며, 그것은 자녀에게도 큰 도움이 된다. 다음 조언을 실천해보라.

- 당신의 장점 열 가지를 적고 적은 내용을 매일 한 번씩 읽어보라.
- 하루에 다섯 번씩 자기 자신을 인정해주라. 이것은 생각보다 어려운데 내면의 비판자가 딴죽을 걸어올 것이기 때문이다. 내면의 비판자는 당신이 괜찮은 사람이 아니라는 것을 증명하기 위해 온갖 이유를 가져다 붙일 것이다. 예를 들어 당신이 '오늘 딸에게 내 감정을 솔직히 말한 것이 자랑스러워'라고 생각하면 내면의 비판자는 '딸이 나를 어리석고 끔찍한 엄마라고 생각할지도 몰라'라고 반응할지 모른다. 내면의 비판자를 분명히 인식하고 당신의 노력을 허사로 만들지 않도록 주의하라.
- 가혹한 내면의 비판자와 싸우기 위해서는 긍정적인 선언이 필요하다. 긍정적인 선언이란 현재 당신의 모습에 대해 긍정적인 진술을 하는 것이다. 예를 들어 다음과 같이 말해보는 것이다. '나는 있는 그대로의 내 모습을 받아들인다.' 말에는 강력한 힘이 있다. 목표가 담긴 말에는 그 목표가 이미 진실인 것처럼 느끼게 해준다.

당신이 스스로에 대해 품고 있는 믿음과 정반대되는 내용을 긍정적 선언으로 만들라. 당신은 스스로에 대한 부정적인 생각에 사로잡혀 살아왔다. "나는 부족한 존재야", "나는 형편없는 부모야", "나는 행복해질 자격이 없어". 이런 부정적인 생각과 대치되는 긍정적인 선언을 반복할 때, 비로소 당신은 자신에 대한 뿌리 깊은 믿음을 변화시킬 수 있다. 자신만의 긍정적인 선언을 만들어보는 것도 좋다.

"나는 사랑받고 행복할 자격이 있다."

"나는 내 감정을 오롯이 받아들인다. 나는 안전하다."

"나는 과거를 흘려보낸다. 나는 평화롭다."

도움받기를 주저하지 말자

늘 도움을 주며 살아왔다면 이제는 도움을 받을 차례다. 이제는 상대방이 당신의 말을 들어주고, 이해해주고, 도움을 줄 차례다. 자녀를 지나치게 사랑해왔던 사람은 자신이 잃은 것을 한탄하고, 상처를 털어놓고, 분노와 실망을 표현할 필요가 있다. 감정을 있는 그대로 표현하지 않는 한 스스로를 치유할 수 없다.

심리학자나 정신과 의사는 심리적인 문제를 겪는 사람들의 무의식적 행동이나 사고 유형을 밝혀본 경험이 풍부하다. 그들은 더욱 만족스러운 삶으로 가는 길을 알려줄 것이다. 그들은 풍부한 경험과 노련한 기술을 통해 방어기제들을 해제시키고, 더 나은 인생을 살 수 있도록 도와줄 것이다. 심리 상담을 받는 동안 털어놓은 이야기들은 비밀 유지가 보장된다. 그러니 좋아 보여야 한다는 강박관념은 벗어던져도 좋다. 본모습을 누군가에게 보여주는 건 생전 처음일지도 모른다. 자신의 이야기를 털어놓는 것은 속 시원하고 홀가분한 느낌을 준다. 그 과정을 통해 스스로를 해방시킬 수 있을 것이다.

상담 이외에도 비슷한 경험을 가진 사람들에게 도움을 받을 수도 있다. 자기 자신보다 자녀에게 더 신경 쓴다는 것이 무슨 의미인지 아는 사람, 타인의 문제에 너무 열중하다 보니 정작 자신의 문제가 무엇인지 모르는 사람들과 함께할 때 놀라울 정도로 자신이 달라지는 것을 느낄 수 있다. 자신에게 맞는 지지 모임을 찾아 참석해보라. 지지 모임에서는 자신을 변화시키고자 노력하는 사람들이 모여 있는 만큼 서로 긍정적인 상호작용이 가능하다. 가족을 떠올리게 하는 집단 내에서 익숙한 역할(조용한 사람, 도움 주는 사람, 성취 지향적인 사람, 즐거움을 주는 사람 등의 역할)을 재현하게 될 것이다.

지지 모임이 어린 시절의 가족과 다른 점은 규칙이 있다는 것이다. 지지 모임에는 세 가지 규칙이 있는데 정직, 지지, 건설적인 비판이다. 지지 모임 안에서 자신도 모르게 타인을 교묘하게 조종하거나 속이거나 회피하려고 할 경우 그런 면을 지적당하게 될 것이다. 지지 모임 안에서는 감정을 자연스럽게 표현하도록 장려한다. 그 안에서는 모든 사람이 친밀한 관계를 경험하고, 방어의 가면을 벗고, 진정한 자기 모습을 표현할 수 있다.

때로 우리는 혼자서는 도저히 해결할 수 없는 곤경에 처하기도 한다. 물론 자신의 불완전함, 타인을 변화시킬 힘이 없다는 사실, 특히 자식조차 변화시킬 수 없다는 사실을 받아들이기란 쉽지 않다. 하지만 건강하지 못한 사랑이 집착과 중독에 가까워지고 있다면 도움을 받아야 한다. 중독과 집착에서 벗어나기 위해서는 타인의 보살핌과 건설적인 비판이 필요하다. 자신에게 도움이 필요하다는 생각이 들지만, 남에게 도움받는 게 창피하거나 당혹스럽게 느껴진다면 다음 조언들이 도움이 될 것이다.

- 인생은 끝없는 탐색과 학습, 발견의 과정이다. 삶에 대한 모든 것을 알고 있

어야 하거나 다른 사람들의 문제를 해결해줄 방안을 가지고 있어야 할 필요는 없다.

- 도움을 받을 수 있는 곳을 찾아라. 좋은 부모가 되는 법에 대한 강연이든, 문제아 자녀를 둔 부모들의 지지 모임이든 상관없다. 적극적으로 참여해야 한다는 부담을 느낄 필요는 없다. 처음에는 가만히 자리에 앉아 듣기만 해도 된다. 같은 경험을 이미 해본 사람들의 이야기를 듣다 보면 안도감을 느끼게 될 것이다.
- 친구에게 근심을 털어놓아라. 약점을 털어놓고 나면 필요한 도움을 받을 수 있을 뿐 아니라 친구와의 우정도 돈독해질 수 있다.

인생을 함께 걷는 사람

자녀의 문제에서 완전히 손 떼고 도움 주는 사람이나 문제 해결사로서의 역할을 버리고 나면 공허함과 외로움이 밀려올지도 모른다. 심지어 정체성의 일부를 상실한 것만 같을 것이다. 그래서 자녀들이 예전처럼 행동하도록 유도할 수도 있다. 하지만 그런 행동은 서로에게 도움을 주기보다는 상처만을 안겨주기 쉽다. 상호의존을 깨기 위해서는 심리적, 정서적 자원이 필요하다.

자녀에게 과도하게 간섭하는 부모들은 인생을 좁은 시각으로 보는 경향이 있다. 그들의 관심은 항상 자녀를 향한다. 그들은 자신에게 다른 역할과 선택지가 있다는 사실을 깨닫지 못한다. 하지만 욕구를 충족시킬 수 있는 방식은 매우 다양하며, 아이들은 부모가 생각하는 것만큼 부모를 필요로 하지 않는다. 그러니 부모 역할을 하면서도 사업가, 테니스 선수, 친구, 투자자, 탐험가, 기업가, 동호회 회원, 볼링 선수, 합창단 단원, 조각가, 작가 등이 될 수 있다. 아이를 키우느라 다른 역할을 할 시간이나 여력이 없다는 건 핑계에 불과하다. 자녀 인생에 덜 간섭하고 싶다면 다른 역할들을 개발해보라.

부모의 욕구에 초점 맞춘다고 해서 자녀를 잘 양육하지 못하는 것은 아니다. 헌신적인 부모들은 대개 완벽한 부모가 되기 위해서는 자녀에게 필요한 것들을 제공하기 위해 항상 노력해야 한다고 믿는다. 그리고 자신의 욕구를 충족시키는 것이 이기적인 행동이라 여긴다. 하지만 좋은 부모가 되고 싶다면, 자신의 욕구에도 신경 쓸 줄 알아야 한다. 자녀를 잘 양육하면서 동시에 자신의 욕구도 잘 돌보는 부모가 되고 싶다면 다음 조언들을 따라보라.

- 아이들이 모두 크고 나서 해봐야겠다고 생각했던 일들을 적어보라. 아이가 어리다면, 아이가 태어나지 않았을 경우 해보고 싶은 일은 무엇인지 적어보라. 목록을 보면서 질문에 답해보라. '현재 나의 발목을 잡고 있는 것은 무엇일까?' 보통 그것은 두려움인 경우가 많다. 미지에 대해 두려움이 많은 사람들은 달걀을 한 바구니에 몰아서 넣어야만 안심하는 경향이 있다.
- 타인과의 관계를 통해 얻고 싶은 것이 무엇인지 종이에 적어보라. 적다 보면 인간관계에 대해 별 생각을 해본 적이 없다는 사실에 놀랄 것이다. 어렸

을 때 타인에게 정서적, 심리적 지원을 받아보지 못했기 때문에 그것을 받을 만한 자격이 없다고 믿게 되었는지도 모른다. 혹은 부모에게 자제해야 한다고 배웠기 때문일지도 모른다. 그 원인이 무엇이든 당신은 자신을 돌볼 필요가 있다.

- 몇 년째 연락을 미뤄온 옛 친구에게 전화를 걸어보라. 새로운 친구를 사귀어보는 것도 좋다. 우정은 살아가는 데 필요한 것 중 하나다.

자동항법장치를 꺼버려라

부모들은 자녀 문제에 대해서라면 기계처럼 자동 반응한다. 심사숙고하고 최선의 방책을 행동으로 옮기는 대신, 문제에 즉각적으로 반응하고 싶은 충동을 느낀다. 그러한 충동에 사로잡힌 부모들은 자녀가 겪는 문제들에 휘둘리면서 자녀에게 점점 더 깊이 간섭하게 된다. 그러면 자동항법장치가 작동하던 대로 행동한다. 아이를 걱정하고 통제하고 충고하고 애걸하고 강요하고 비통해한다.

자식의 문제에 관한 한 언제나 자동항법장치가 작동하는 데이비드의 사례를 보자. 하루는 딸 지니가 울면서 집으로 돌아와 수영팀 코치가 한 말 때문에 속상하다고 했다. 데이비드는 그길로 학교에 달려가 수영 코치에게 주먹을 날렸다. 수영 코치가 대체 무슨 무슨 말을 했는지, 무슨 사정이 있었는지 묻지도 않고서 말이다.

데이비드의 과보호 대상은 딸뿐만이 아니었다. 데이비드는 아들이 평소 집에 도착할 시간이 되었는데도 오지 않자 공포에 휩싸였다. 그는 끔찍한 상상들을 하며 집 안을 왔다 갔다 했다. 더 이상

안 되겠다고 생각한 그가 경찰에 신고하기 위해 전화기를 들려는 순간 아들이 돌아왔다. 아들은 퇴근 후 동료들과 어울려 맥주 한 잔 하느라 늦었다고 말했다. 그의 아들은 올해 스물세 살이다.

스무 살 넘은 아들이 조금 늦게 들어오는 것에도 그렇게 안절부절못하는데, 막내인 프랭크에게 어떤 식으로 대했을지는 짐작이 갈 것이다. 프랭크가 리포트를 쓸 때면 데이비드는 옆방에서 서성거리다 결국 아들 방으로 달려가 리포트를 대신 써줬다.

데이비드처럼 자식의 일에 대해 감정적으로 반응하는 사람은 무척 많다. 그들은 지나치게 빠르게 반응하고 아무런 일이 없을 때에도 위기의식을 느낀다. 감정에 사로잡힌 그들은 앞뒤 재보지도 않고 머릿속에 떠오르는 첫 번째 생각을 바로 실행으로 옮긴다. 자녀의 문제에 자동 반응하는 것이다. 그러한 반응은 본인과 자녀에게 아무런 도움을 주지 못하는 경우가 대부분이다.

시간이 흐르면 저절로 해결되는 문제들도 있다. 하지만 자녀를 지나치게 사랑하는 부모들은 자녀의 문제를 모두 절박하고 심각한 것으로 여기는 경향이 있다. 다음과 같은 상황을 생각해보자.

서른 살 넘은 딸이 당신에게 전화를 걸어 남편과 싸웠다며 울먹거린다. 당신은 딸의 문제를 어떻게 해결해주어야 좋을지 고민하며 뜬눈으로 밤을 지새우고 아침이 되자마자 딸에게 달려간다. 그런데 딸 부부는 언제 그런 일이 있었냐는 듯 화해한 상태다. 그런데도 당신은 딸이 전화를 걸어올 때마다 노심초사한다.

어느 날 당신의 어린 아들이 학교에 나가지 않겠다고 선언한다.

아들은 학교 친구들이 자기를 싫어한다며 울음을 터뜨린다. 당신은 담임선생님에게 당장 전화를 걸어 상담하고, 이사 갈 생각까지 한다. 다음 날 당신은 밤새 고민 끝에 마련한 해결책을 들고 아들에게 조심스럽게 말을 꺼낸다. 그런데 아들은 당신을 올려다보면서 이렇게 말한다. "아, 이제 다 괜찮아졌어요. 그냥 화가 나서 해 본 소리예요. 전 학교와 친구들이 좋아요".

부모들은 자녀가 겪는 문제에 과도하게 반응하는 경향이 있다. 자녀 문제에 대한 과도한 반응을 멈추고 싶다면 당신의 비현실적인 두려움을 정복해야 한다. 자녀에게 어떤 문제가 생겼다는 것을 감지한 순간 스스로에게 물어보라. '이 두려움과 불안이 현실에 근거하고 있는가? 아이를 과보호하려는 내면의 욕구와 두려움 때문에 상황을 과장하고 있는 건 아닌가?'

자동항법장치 때문에 자녀와의 관계가 불시착할 위기에 놓였다는 생각이 든다면 다음 조언들을 따라보라.

- 자동항법장치를 인식하라. 자신이 어떤 상황을 만났을 때 자녀에게 자동적으로 반응하는지 관찰하라. 자녀가 좋아 보이지 않을 때? 자녀가 규칙을 따르지 않을 때? 어른이 다된 것처럼 굴 때? 당신의 기대에 미치지 못할 때?
- 똑같은 상황에 처했을 때 행동으로 바로 뛰어드는 대신 몇 차례 심호흡하면서 잠시 기다려라. 그러면 감정을 진정시키고 상황을 정확히 파악할 수 있을 것이다. 두려움과 불안, 분노에 휩싸여 있을 때 당신은 올바른 결정을 내리기 어렵다. 스트레스 상황에서는 문제를 실제보다 확대시키는 경향이

있기 때문이다. 자신과 아이들을 도우려면 침착함을 유지해야 한다.

- 스스로를 진정시키지 못하겠다면, 즉시 행동을 취하기보다는 다른 사람의 도움을 청하라. 도움을 청할 대상은 상황을 이해하되 감정적으로 개입되지 않은 친구가 좋다. 당신의 감정을 털어놓고 조언을 열린 마음으로 받아들여라. 너무 가까운 사람의 문제는 객관적으로 보기 힘든 법이다.
- 자녀 문제에 대한 자동 반응을 멈추면, 자녀도 더 이상 당신을 자극하지 않을 것이다. 모든 상호작용에는 두 사람이 필요하다. 통제는 저항을 불러온다.
- 알코올 중독 방지회에서는 치료의 일환으로 다음 문장을 하루에 한 번씩 암송하도록 권유한다. 자녀 문제에 대한 지나친 개입을 멈추고 싶은 부모에게도 도움이 될 것이다.

  "내가 변화시킬 수 없는 일에 대해서는 그것을 받아들일 수 있는 평온함을 주시고, 내가 변화시킬 수 있는 일에 대해서는 도전할 힘을 주시며, 이 둘 사이의 차이를 알 수 있는 지혜를 주십시오."

도움의 레이더를 거두는 일

자녀에게 가진 모든 것을 주고 충고해주고 상담해주고 용기를 북돋아주었다. 또 자녀를 보호해주고 구해주고 안심시켜주고 감독해주었다. 부모는 자녀의 무한한 가능성과 장점을 본다. 아이가 올바른 길을 걷도록 하기 위해 무엇이든 할 것이다. 하지만 어찌 된 일인지 노력하면 할수록 아이와 점점 멀어지고 제대로 되는 일이 하나도 없는 것 같다. 그렇다면 스스로에게 물어보라. '나는 오로지 아이를 돕고자 하는 욕구에서 이렇게 하고 있는 것인가? 내 도움이 없다면 아이가 올바른 길을 가지 못할 거라 믿기 때문은 아닌가?' 조앤의 사례를 보면 그 답을 알 수 있다.

●●

"캐럴은 소심하고 수줍음이 너무 많아 탈이에요. 다른 아이들과 어울리지도 못하고요. 그런 성격을 고쳐주려고 안 해본 게 없어요. 저녁때마다 딸에게 하루를 어떻게 보냈는지 온갖 질문을 하곤 했어요. 도움이 될까 싶어 웅변학원에 보내기도 했는데 첫날 울면서 돌아왔어요. 그래서 그날로 그만두게 했어요. 전 항상 딸애가 얼마나 예쁜지 칭찬해주면서 자신감을 가지라고 말해요. 하지만 다 소용없었어요."

"하루는 소아과 의사한테 캐럴 문제를 하소연했어요. 그런데 의사가 뭐라고 했는지 아세요? 캐럴을 너무 싸고돌지 말라고 하더군요. 제가 딸을 너무 통제하려 들어서 캐럴이 소심한 것이라고 했죠. 아이를 너무 다그치고 몰아붙이지 말라는 말을 듣고 얼마나 화가 났는지 몰라요. 저는 캐럴을 도우려고 그랬을 뿐이라고요."

처음에 의사의 말에 저항했던 조앤은 시간이 흐르면서 자신의 문제를 인정하게 되었다.

"제가 딸애를 놓아주려고 노력할수록 그동안 제가 얼마나 심하게 간섭했는지 깨달았어요. 제가 그런 짓을 했다는 게 괴로웠어요."

조앤이 딸에 대한 간섭과 통제를 멈추자 처음에는 상황이 더 악화되는 것처럼 보였다. 캐럴은 이전보다 더 말이 없어졌다.

"그런데 갑자기 놀라운 일이 벌어졌어요. 딸이 알아서 자기 문제를 해결하기 시작했고 예전보다 말수도 많아졌죠. 이듬해에는 친구도 몇 명 사귀었어요. 그리고 처음으로 캐럴이 저한테 자기 문제를 상의했어요. 지금 캐럴은 몇 년 전과는 전혀 달라요. 학교 인기투표에서 1등을 할 정도는 아니지만, 소심한 성격이 많이 나아졌어요. 큰 발전이죠."

● ●

부모가 아이의 책임을 대신 떠안을 때, 아이는 자기 인생을 스스로 책임져야겠다는 동기를 잃는다. 통제하고 싶은 욕구를 놓아버리기 위해서는 부모 자신의 문제에 대한 통찰과, 그에 따른 행동이 필요하다. 다음 단계가 거기에 도움이 될 것이다.

- 자녀를 통제하려 드는 것은 갈등과 실망으로 가는 지름길이다. 아무리 좋은 의도라고 해도 통제는 부정적인 결과만을 낳는다. 사람은 누구나 자신의 욕구와 필요에 따른다. 자녀도 마찬가지다. 아이는 자신의 욕구와 필요를 충족시켜주는 것처럼 보이는 방향으로 움직일 것이다. 건설적인 방법을 찾지 못하면 파괴적인 방법이라도 선택할 것이다. 아이는 스스로 바뀔 필요가 있다고 생각할 때만 바뀔 것이다. 모든 일의 동기는 내면에서 나온다. 부모가 변화시킬 수 있는 사람은 자기 자신뿐이다.
- 자녀의 인생에 지나치게 몰두하는 것을 그만두라. 충고하고, 부정적인 면에만 초점 맞추고, 당신의 관점을 강요하지 말라. 자녀를 아끼고 사랑하는 것은 좋지만 통제는 금물이다. 자녀가 책임져야 할 일과 부모가 책임져야 할

일을 구분하라. 자녀가 도서관에서 빌려온 책을 대신 반납해주거나 방을 대신 청소해주진 않는가? 자녀에게 나가서 친구들과 어울리라고 강요하고 숙제를 하는 동안 옆에서 도와주진 않는가? 이미 성인이 된 자녀를 위해 세금 신고를 대신하고 집세를 내주고 있진 않은가? 자녀의 결혼생활에 지나치게 간섭하고 있진 않은가?

당신이 자녀를 대신해 수많은 책임을 떠안는 것은 도움이 없다면 자녀가 혼자서는 아무것도 할 수 없다는 두려움 때문이다. 역설적이게도 부모가 자녀의 책임을 대신 떠안을수록, 아이는 스스로 능력을 발휘해 자신감을 쌓을 수 있는 경험을 하지 못하게 된다.

부모가 대신하던 책임을 자녀에게 다시 돌려주려면 어떻게 해야 할까? 아이와 함께 각각의 일이 누구의 책임인지 의논해보라. 그리고 자기 몫의 책임을 다하려면 어떻게 하는 게 좋을지 실천 방안을 세워보라. 서로 속마음을 터놓고 대화하다 보면 관계가 개선되는 효과도 얻을 수 있다.

- 자녀에 대한 통제와 간섭을 줄일 때는 성장 단계를 고려해야 한다. 이제 막 걸음마를 뗀 아이와 초등학생의 능력은 상당히 다르다. 여섯 살짜리 아이는 혼자서 씻고 자기 침대와 방을 정리할 수 있다. 열두 살짜리 아이는 동생을 돌보고, 혼자 숙제를 하는 등의 더 큰 책임도 맡을 수 있다. 부모의 궁극적인 목적은 아이가 독립할 수 있도록 준비시키는 것임을 잊지 말라.

나를 먼저 돌보기

배우자와의 관계에 대해 솔직하게 생각해보라. 배우자와의 관계는 원만한가? 당신은 배우자에게 친밀감과 애정, 성적 만족 등을 얻고 있는가? 당신은 배우자와 솔직한 대화를 나누는가? 배우자와 함께 있는 시간이 즐거운가? 당신의 비밀과 꿈을 배우자에게 털어놓는가? 서로에게 혼자만의 시간을 허락하는가?

많은 사람들이 이러한 질문을 불편하게 여긴다. 처음엔 불같은 사랑으로 시작했지만, 점차 사이가 벌어져 서로에 대한 분노를 숨긴 채 무늬만 부부로 지내는 사람들도 많다. 그들은 가정의 안정을 위해서라는 명목으로 무관심과 태만을 용인한다. 그들은 자식들 때문에 참고 산다고 말한다.

그들은 수년에 걸친 부정과 침묵, 환멸과 싸우면서 좋은 날이 오기만을 기다린다. 하지만 좋은 날은 결코 오지 않는다. 그들은 배우자와의 불화로 인한 공허감에서 벗어나기 위해 자신의 희망과 꿈, 시간, 에너지를 자식들에게 쏟아 붓는다. 자신의 문제와 싸우기보다는 자녀의 문제에 몰두하는 편이 훨씬 쉽기 때문이다. 아이들은 부모의 불화를 민감하게 알아차린다. 그래서 부모의 괴로움을 덜어주고픈 충동을 느낀다. 부모들이 불화에서 다른 곳으로 관심을 돌릴 수 있도록 일부러 문제를 만들기도 한다. 하지만 그런 반응은 더 많은 문제를 야기한다.

부모가 건강해야 자녀도 건강하다는 사실을 잊어서는 안 된다. 아이가 이유 없이 말썽을 피운다면 배우자와의 관계부터 점검해 보라. 배우자와의 관계를 개선하려면 어떻게 해야 할까?

- 배우자가 원하는 것이 무엇인지 알아보라. 당신이 배우자의 모든 욕구와 바람을 알고 있다고 섣불리 가정하지 말라. 진의 경우도 그러했다. 진은 남

편 제프의 마흔 번째 생일을 축하하기 위해 멕시코 휴양지인 아카풀코로 가는 여행권을 선물했다. 진은 제프가 분명 기뻐할 것이라 믿었다. 하지만 그의 반응은 냉정과 무관심에 가까웠다. 무엇이 잘못되었던 것일까? 사실 제프는 마흔 살이 되는 게 두려워 최대한 조용히 넘기고 싶었다. 그런데 요란한 해외여행이라니 전혀 구미에 당기지 않았다.

당신의 욕구나 바람을 배우자에게 투영하지 않도록 하라. 자신도 모르는 사이 그런 행동을 하고 있는 것은 아닌지 돌아보라.

- 배우자에게 당신의 바람과 욕구를 표현하라. 열린 대화는 건강한 관계를 유지하는 가장 효과적인 길이다. 배우자는 독심술사가 아니다. 자신이 원하는 바를 표현하지 않으면 아무것도 얻을 수 없다.

  어린 시절에 욕구와 바람을 적절하게 표현하는 법을 배우지 못했을 수도 있고 다른 사람들을 돌보느라 자신을 돌볼 여유가 없었을 수도 있다. 아니면 누군가에게 너무 실망한 나머지 다시는 상처받지 않겠다고 맹세했는지도 모른다. 원인이 무엇이든 현재 내면의 상처와 실망감을 계속 붙든 채 어린 시절과 똑같은 행동을 반복하고 있다. 원하는 것을 얻으려면 위험을 감수해야 한다. 배우자에게 속마음을 털어놓는 법을 연습하라. 처음에는 작은 것부터 시작해 둘이 조용히 대화할 수 있는 시간을 갖자고 청해보라. 오랜만에 둘만의 데이트를 하고 싶다고 제안하는 것도 좋다.

- 모든 것을 분석하려 들지 말고 경쟁하지 말라. "당신 대체 왜 그러는 거야?"라고 따지듯 물어보는 것은 좋지 않다. 비판적이고 공격적인 언사는 방어적인 태도를 불러온다. 배우자에게 원하는 바를 전할 때 배우자의 행동보다는 당신의 감정에 초점을 맞추어 말하라. "당신이 ○○한 것 때문에 괴로워. 그렇게 한 이유가 뭐야?" 그런 다음 상대의 말을 귀 기울여 들어라. 그게 바로 대화의 시작이다.

자녀 양육의 책임을 함께 나눠라. 어떤 부모들은 배우자가 자녀 양육에 무관심하다고 불평하면서도 무의식적으로 그렇게 할 수밖에 없는 상황을 만든다. 그러면서 배우자가 자녀를 제대로 키울 수 없다고 믿어 양육에 대한 어떤 책임도 나누기를 거부한다. 배우자가 자녀를 엄하게 다스리려 할 때마다 방해하고, 자녀 양육 방식에 대해 말다툼을 한다.

배우자와 자녀 양육 방식을 놓고 다투는 건 사실 통제권을 두고 싸우는 것이다. 배우자가 자녀 양육에 참여하지 못하도록 막고 있는 것은 아닌지 생각해보라. 아이를 키우는 데 부부가 동등하게 참여하고 있는지 확인하고 서로를 지지하고 인정하라.

- 부부만의 오붓한 시간을 따로 가져라. 아기를 낳은 후 남편은 아내에게 무시당하고 뒤로 밀려났다고 느끼곤 한다. 아내는 대개 아이를 돌보느라 녹초가 되기 때문에 남편에게까지 신경을 쓰지 못한다. 배우자가 무시당하고 있다는 느낌이 들지 않도록 몇 달에 한 번씩이라도 둘만의 밤을 보내라.
- 오랫동안 대화가 없었던 탓에 어디서부터 시작해야 할지 모르겠다면 부부 상담을 받아보는 것도 한 방법이다. 많은 부부들이 서로 간에 벽을 쌓은 채 살아간다. 그 벽이 너무 단단하고 높은 상태에서는 둘 사이를 중재해줄 사람이 필요하다. 전문적인 상담가는 부부 사이의 단단한 벽을 깰 수 있도록 지지와 제안, 적극적인 대책을 제공해줄 것이다.
- 결혼생활이 행복해질 가능성이 없고 가정을 황폐화시킬 지경이라면 최후의 수단으로 헤어지는 것을 고려해보라. 자녀들은 아마 당황하고 혼란스러워하고 분노할지도 모른다. 하지만 오로지 아이 때문에 불행한 결혼생활을 유지할 수는 없지 않은가? 헤어지기로 결정했다면, 양쪽 모두 현실적으로 생각해야 한다. 아이들의 연령, 경제적인 상황, 양육권 문제 등. 이혼과 관련된 문제들에 대한 합리적인 해결 방안을 모색해보자.

이러한 해결 방안과 대안들이 모두 불가능한 것 같다면, 그 생각이 내면의 불안과 두려움에서 나온 것은 아닌지 돌아보라. 많은 부모들이 자녀 때문에 결혼생활을 유지하고 있다는 핑계를 대며 내면의 두려움에 직면하길 회피한다. 그들은 오로지 아이를 위해 산다고 말하면서 자기 자신을 속인다.

결혼생활이 더 이상 견딜 수 없는 지경에 이르렀다면, 헤어지는 것 이외에는 다른 대안이 없다. 헤어지는 것도 문제 해결을 위한 방법일 수 있다. 그러한 결정을 내렸다 해도 당신은 혼자가 아니다. 수백만 명의 부모들이 이미 당신과 같은 결정을 내렸다. 당신이 손을 뻗어 도움을 청하기만 하면 그들로부터 지지와 격려를 얻을 수 있을 것이다. 힘들 때는 전문가, 친구 등 도움을 줄 수 있는 사람들에게 기대는 것이 좋다.

실패하는 경험

자녀에게 지나치게 헌신적인 부모는 자녀의 행동에 한계를 설정해주고, 결과에 책임지도록 하는 데 고통과 죄책감을 느낀다. 그래서 규율과 기강 대신 뇌물을 이용해 자녀에게 올바른 행동을 유도하기도 한다. 장난감, 돈, 특별대우 등의 당근으로 자녀를 조종하려고 하는 것이다. 그러면 아이는 부모가 바람직하다고 생각하는 행동을 할 때마다 외적인 보상을 기대하게 된다.

어떤 부모들은 월요일마다 아이들이 지켜야 할 규칙을 만들지만 화요일이면 그 규칙들은 흐지부지된다. 그 규칙을 따르도록 강제하는 사람이 아무도 없기 때문이다. 자신의 아이가 언제나 특별대우를 받아야 한다고 믿기에 모든 규칙에서 제외된다. 아이에게 모든 것을 주며, 어떤 짓을 하든 용서해줄 구실을 찾는다.

최악의 경우 아이는 부모 머리 꼭대기에 앉아 부모를 교묘히 조종하는 전문가가 된다. 애처롭게 울면서 문제에서 빠져나가고, 자신이 모든 사람에게 특별대우를 받을 자격이 있다고 느낀다. 그들은 꼬마 폭군이 된다. 그렇게 자란 아이는 독립을 두려워하는 겁쟁이 어른이 된다. 그들은 어느 누구도 부모처럼 자신을 대접해주지 않으리란 사실을 알기에 부모 품에서 떠나지 않으려 한다.

자녀를 가르치는 가장 훌륭한 방법은 경험을 통해 깨우치게 하는 것이다. 잭과 그 어머니의 사례를 보면 이해하기 쉬울 것이다. 어느 날 잭이 학교에서 돌아와 어머니에게 이렇게 말한다.

●●

"엄마, 화요일 날 결석했는데 아파서 그랬던 거라고 확인서 좀 써주세요."

아들을 이해해줄 준비가 되어 있는 어머니는 깜짝 놀라며 말한다.

"그날 네가 학교에 간 줄 알았는데, 무슨 일이 있었니?"

잭은 친구들과 단체로 학교를 빠지기로 했는데, 자기만 학교에 가면 친구들에게 샌님 취급을 받을까 봐 학교에 가지 않았다고 대답했고 매우 납득이 갈만한 이유를 덧붙였다.

"엄마는 제가 친구들이랑 잘 어울리길 바라시잖아요. 무단결석한 게 들통 나면 일주일 동안 근신 처분을 받을 수 있어요. 그러면 방과 후 야구부 연습을 할 수 없다고요. 연습에 빠지면 여름 시즌 경기에 참가할 수 없다는 거 아시잖아요."

●●

잭의 어머니가 아들의 말을 순순히 들어준다면, 다음과 같은 메시지를 전하는 셈이다. '거짓말해도 괜찮아. 네가 문제를 저지르면 엄마가 널 구해줄 거야. 속임수를 쓰면 이득을 얻을 수 있어. 규칙을 위반하더라도 뒤처리는 부모가 알아서 해결해줄 거야'.

반대로 잭의 제안을 거절한다면, 잭은 일시적으로는 힘들겠지만 그 경험을 통해 책임감을 배울 수 있다 다음에는 규칙을 위반하기 전에 한 번 더 생각할 것이다.

타인에게 기대를 투영하면 벌어지는 일

부모는 자식을 객관적으로 바라보기 어렵다. 사람은 내면의 욕구, 문화적 가치, 과거 경험으로부터 영향을 받는다. 그리고 개인적 가치관과 기대를 가지고 세상을 바라본다. 각자의 시각에는 맹점이 존재할 수밖에 없다. 무의식적으로 타인에게 기대를 투사하면 기대한대로 행동하지 않을 때 분노를 느낀다.

그 기대를 투영하기 가장 쉬운 대상이 바로 자녀다. 기대와 자녀의 능력을 조화시키기 위해서는 그 기대가 어떻게 형성되었는지 살펴보아야 한다.

해결하지 못한 숙제

자녀는 어린 시절에 해결하지 못한 문제들을 해치우기 위한 수단이 될 수 있다. 제임스는 다정하고 가정적인 아버지였지만, 자녀 행동의 한계를 정해주는 데는 어려움을 겪었다. 그는 어릴 때 사소한 잘못에도 그를 벌했던 독재적인 아버지 밑에서 자랐다. 제임스는 자녀들을 부드럽게 대함으로써 감정을 이해받고 동정받고 사랑받고 싶었던 자신의 욕구를 채우려고 시도했다.

욕구의 주체는 누구인가

부모로서 내리는 결정 중 상당수가 부모의 욕구나 필요에서 나온다. 인생에서 성공하지 못했다고 느끼는 부모는 자녀에게 성취를 강요함으로써 그것을 보상받으려 할지도 모른다. 또 타인들에게 무시받는다고 느끼는 부모는 자녀의 일에 과도하게 간섭함으로써 내면의 공허함을 채우려 할지도 모른다.

관계 돌아보기

행동의 동기가 자녀의 욕구에서 나오는지 부모의 욕구에서 나오는지 확인해보라. 자신의 욕구와 필요 때문에 자녀에게 지나치게 개입해왔다면, 그것을 충족시킬 다른 방법을 적극적으로 찾아보라, 자녀를 욕구를 충족시키기 위한 수단으로만 이용할 경우 언젠가 그 대가를 톡톡히 치르게 될 것이다.

비교의 덫

부모들은 불안한 마음에 종종 다른 아이들과 비교하는 덫에 빠지곤 한다. 자녀의 능력 이상을 요구하는 것은 현재 모습으로는 충분하지 않다는 메시지를 전하는 것이나 다름없다. 그런 메시지에 노출된 아이는 자존감이 떨어질 수밖에 없다. 합리적인 수준까지만 기대하고 격려하고 지원해주어라. 자존감은 외부의 성취가 아닌 내면의 만족감을 통해 쌓인다는 사실을 잊지 말라.

아직 경험하지 못한 것

사회 경험과 교육을 통해 거의 모든 기술을 습득할 수 있다. 그런데 교육이나 사회 경험으로 배울 수 없는 기술이 하나 있다. 부모가 되는 법이다. 부모 되는 법을 배우지 못해 직관에 의존한다. 경험 부족은 불안을 만들고 아주 사소한 문제에도 민감하게 반응하게 한다.

서점에는 좋은 부모가 되는 법에 대한 다양한 책들이 널려 있다. 개인 상담이나 집단 상담도 쉽게 받을 수 있다. 이러한 자원들을 잘 활용한다면 자신감 있는 부모가 되는 데 도움을 받을 수 있을 것이다.

대화에도
연습이 필요하다

효과적인 대화란 명확하고 일관성 있으며 정직한 대화를 말한다. 행동과 말은 감정을 반영한다. 자녀와 효과적으로 대화하려면, 자녀가 이해할 수 있는 방법으로 자신의 감정을 보여주고 진실을 나눌 수 있어야 한다. 그런데 자녀를 지나치게 사랑하는 부모들은 자녀와의 대화에 어려움을 겪는 경우가 많다. 자녀에게 너무 몰두하고, 자녀를 행복하게 만들기 위해 지나치게 헌신하고, 자신의 기대에 맞추어 자녀를 변화시키는 데 열중한다.

아이의 진실한 감정은 부모의 신경을 곤두서게 만든다. 그래서 부모는 자신이 듣고 싶은 말을 강요하고 심지어 아이의 생각과 감정까지도 부정한다. 그 이유는 자녀가 자신과 다르게 생각하고 느낄 때 통제력을 상실한 것처럼 느끼기 때문이다. 자녀를 잃을지도 모른다는 두려움에 시달리는 것이다.

자녀의 생각과 감정까지도 통제하려고 들면 당연히 대화는 끊어지게 마련이다. 자녀와 대화를 나누는 동안 자녀가 방금 한 말이 틀렸다는 것을 증명할 이유를 찾거나 딴생각을 하거나 판단하거나 추측을 한다. 무의식적으로 자녀의 욕구보다는 자신의 욕구를 충족시키는 데 더 신경 쓴다.

또 자녀와 대화하는 동안 모순되거나 혼란스러운 메시지를 전하는 경우가 많다. 입으로는 화나지 않았다고 말하면서도 온몸으로 분노를 표현한다. 자녀는 그 마음을 그대로 읽는다. 몸짓은 말보다 훨씬 더 강력한 메시지를 전달한다. 분명하고 진실한 대화는 건강한 관계의 보증서다. 누구나 약간의 연습만 하면 진실하고 명확한 대화를 나눌 수 있다. 커뮤니케이션 전문가들이 말하는 효과적인 대화의 기술 몇 가지를 알아보자.

적극적으로 듣는다

적극적으로 듣는다는 것은 자신이 상대의 말을 귀담아듣고 있다는 사실을 상대에게 알려주는 것을 말한다. 어떻게 하면 자녀에게 당신이 귀담아듣고 있다는 걸 전할 수 있을까? 그 방법 중 하나는 자녀가 한 말을 반복해 맞장구를 침으로써 자녀의 감정을 되비추어 주는 것이다. 예컨대 아이가 이렇게 말했다. "학교가 정말 싫어요. 다시는 학교에 가지 않을 거예요".

그럴 경우 보통 부모들의 반응은 이렇다. "무슨 소리야. 학교에 안 가겠다니 엄마 죽는꼴 보고 싶니?" 이런 반응은 대화를 중단시킨다. 그보다는 "뭔가 단단히 화가 났나 보구나" 하고 반응하면 자녀의 감정을 인정해주면서 다음 말을 이어갈 수 있다.

바꾸어 말하기 또한 자녀의 말을 잘 듣고 있다는 느낌을 줄 수 있다. 자녀가 한 말을 당신의 말로 되풀이해서 언급하는 것이다.

자녀에게 섣불리 충고하거나 의견을 말하기 전에 자녀의 말을 당신이 잘 이해하고 있는지 확인할 수 있다.

공감을 표현한다

공감을 표현하기 위해 자녀의 말에 꼭 동의해야 할 필요는 없다. 자녀의 자기비판, 분노, 좌절을 들으면서 찢어지는 고통을 느끼는 부모에게는 자녀의 말에 공감을 표하는 것이 매우 어려울 수 있다. 자녀에게 그런 식으로 느껴서는 안 된다고 말하지 말라. 그런 말은 분노를 키울 뿐이다. 당신이 그럴수록 자녀는 감정을 털어놓지 않게 될 것이다. 대신 이렇게 말해보라. "네 말에 동의하지는 않지만, 네 기분이 어떨지는 이해가 되는구나".

감정을 공유한다

'내가 왜 아이들에게 나 자신에 대해 설명해야 하지? 애들은 분명 이해하지도 못할 텐데. 그리고 아이들은 부모가 말하는 대로 그냥 따라야 하는 거 아니야?' 이런 생각이 들지만 부모가 먼저 마음을 열지 않으면, 아이들은 부모를 신뢰하지 않을 것이고 부모에게 마음의 문을 열지 않을 것이다.

'너'로 시작하는 문장에는 비난이 함축되어 있는 경우가 많다. "네가 집안일을 도와준 적이 있니?", "넌 어쩜 엄마한테 전화 한 통도 안 하니?" 이런 말은 자녀의 방어적인 태도만을 불러온다. 방어적인 태도는 말다툼을 부추긴다. 자녀와 감정을 공유하고 싶다면

'나'를 주어로 말하라.

"엄마가 정말 힘들구나. 약속한 대로 쓰레기를 밖에 내놓아주었으면 좋겠는데.", "엄마는 네가 가끔 안부전화를 해주지 않으면 서운하고 적적해". 이런 식으로 말하면 자녀에게 죄책감을 심어주지 않으면서도 단호하게 의사를 전할 수 있다. 이런 대화법을 통해 자신의 감정에 대해 책임지는 것을 몸소 실천해 보여줄 수 있다. 그리고 자녀와의 관계는 점점 진실해질 것이다.

악순환의 굴레를 끊어내기

자녀가 부모를 착취하도록 그냥 내버려두는 사람들의 일반적인 특징은 인내심이다. 그들은 자녀에게 교사, 교장, 사회복지사, 심리 상담가, 간호사, 의사, 경찰관, 변호사, 판사 역할을 노력한다. 다른 사람들은 극심한 피로로 나가떨어질 때에도 그들은 포기하지 않고 끝까지 자녀를 도울 방법을 찾기 위해 노력한다.

자녀를 지나치게 사랑하는 부모는 자기 자녀가 성공적이며 교양 있고 재능이 뛰어나며 아름답다고 철석같이 믿는다. 그들은 다른 사람들의 의견을 듣지 않으며 심지어 자녀의 의견조차도 무시한다. 머릿속의 완벽한 그림을 어지럽히는 사람은 적으로 간주된다. 그들은 자녀에게 가혹하게 구는 것이 잘못된 일일지 모른다는 두려움 때문에 말썽만 일으키는 문제 자녀에게도 인내심을 발휘하는 실수를 범한다. 자신의 직관을 의심하며 언젠가 자녀가 고분고분해질 날을 기다린다.

지금까지 꾹꾹 참아오기만 했다면 언젠가 자식이 바뀔지도 모른다는 믿음을 버려야 한다. 아이에게 사랑을 더 주었더라면 많은 것이 달라졌을 것이라 생각하지 말라. 이미 너무 많은 사랑을 주었다. 이제 당신이 할 일은 자녀와 서로 분리되는 것이다. 세 아이의 어머니인 준도 이에 동의할 것이다.

●●

"수지는 고등학교 다닐 때 속을 많이 썩였어요. 한번은 제 차를 박살냈고, 선생님에게 대들기 일쑤에 수업도 자주 빠졌어요. 어느 날은 집에 돌아와 보니 대마초 연기가 집 안에 가득하더군요. 하루는 조퇴를 하고 집에 일찍 왔는데, 수지가 제 침대에서 낯선 남자와 뒹굴고 있더군요. 부끄러운 줄도 모르는 것 같았어요."

"딸이 사고를 칠 때마다 전 딸에게 피임약을 사주었어요. 마약 중독 안내 팸플릿도 가져다주었고요. 차도 새로 사고 학교에 찾아가서 담임 선생님에게 사정했죠. 수지의 말을 다 들어주고, 빌어도 봤어요. 그렇게 2년 동안 심리 치료사, 의사, 개인 교사 등에 쓴 돈만 해도 10만 달러가 넘어요."

하지만 수지의 문제는 점점 악화되었고, 준은 우울증과 무력감에 시달렸다. 도저히 안 되겠다고 생각한 그녀는 심리 치료사를 찾아갔다.

"오랫동안 상담을 받은 후에야 제가 수지의 문제를 대신 해결해줄 수 없다는 사실을 깨달았어요. '당신이 모든 상황을 통제할 수는 없습니다. 수지에게 무엇이 필요할지가 아니라 당신에게 무엇이 필요할지에 초점을 맞추세요' 심리 치료사는 수지에게 당당히 맞서라고 했어요."

준은 심리 치료사와 수지에게 내밀 계약서를 만들었다.

- 매일 학교에 간다.
- 엄마가 집에 없는 동안 남자친구를 집에 들이지 않는다.
- 집 안에서 대마초를 피우지 않는다.
- 정해진 귀가시간을 지킨다.
- 심리 치료를 받고 싶을 경우 비용은 엄마가 대지만, 정해진 시간에 참석하지 않을 경우 그날의 치료비와 교통비는 스스로 해결한다.

준은 딸에게 솔직하게 자신의 감정을 표현했다.

"네 인생을 망치는 건 상관하지 않겠다. 하지만 네가 엄마 인생까지 망치게 내버려둘 수는 없어. 다시는 내 집에서 낯선 남자를 보는 일이 없었으면 좋겠구나. 무섭기도 하고 구역질이 나. 그리고 앞으로는 아무 이유 없이 학교에 빠지는 일도 없었으면 좋겠다. 네 무단결석 때문에 선생님을 만나는 것도 지쳤어. 더 이상은 망신당하고 싶지 않구나. 학교에 찾아가느라 엄마 일에 지장이 있을 정도야. 이제부터는 귀가

시간도 꼭 지켰으면 좋겠다. 너에게 무슨 일이 생긴 것은 아닌지 걱정하느라 잠을 설치면 다음 날 너무 피곤해. 넌 열일곱 살이야. 이제부터 네 일은 네가 알아서 하렴. 단 무슨 일이 있어도 엄마에게 피해를 끼쳐서는 안 돼."

계약서를 쓴 후 놀라운 일이 벌어졌다. 수지의 행동이 변한 것은 물론 준의 태도도 완전히 달라졌다.

"예전에는 수지의 전화 통화를 몰래 엿듣거나, 수지가 마약을 하는 건 아닌지 확인하기 위해 방을 뒤지곤 했어요. 하지만 계약서를 쓴 이후에는 그런 행동을 하지 않게 되었고 수지의 기분이 어떤지 표정을 살피던 것도 그만두었어요."

"한때 저는 수지가 불행하기 때문에 그런 문제들을 일으키는 거라고 생각했어요. 딸의 불행에는 제 책임도 있다고 믿었고 수지는 제 마음을 알고 이용했어요. 어느 순간 전 깨달았죠. 사람은 저마다 문제를 안고 살아간다는 것을요. 수지도 다른 사람들처럼 어느 정도 스트레스를 느끼면서 살아갈 수밖에 없어요. 그런데 수지는 자기를 파괴하는 방식으로 문제를 해결하려 했어요. 제가 딸의 문제를 다 해결해주었거든요. 딸은 자기가 저지른 행동의 결과에 책임질 필요가 없다는 걸 배운 거예요. 이제부터라도 그걸 바꾸고 싶어요. 수지의 문제는 스스로 알아서 해결하도록 내버려둘 거예요. 수지는 자기가 저지른 일의 결과에 책임지는 걸 배워야 해요. 저는 이제 어떤 것도 대신해주지 않을 거예요."

준이 결심한 것은 바로 거리 두기detachinig다. 베스트셀러 작가 멜로디 비티는 자신의 책 《서로에게서 독립하기Codependent No More》에서 다음과 같이 적고 있다.

"거리 두기는 모든 사람이 스스로 책임을 져야 하며, 타인의 문제는 우리가 해결해줄 수 없다는 가정에 근거한다. 우리는 다른 사람들이 책임져야 할 문제에서는 손을 떼고 우리 자신의 문제에 신경 써야 한다. 사람은 자기 본연의 모습대로 살아야 한다. 누구나 자신의 책임을 다하고 성장할 수 있는 자유를 누려야 한다. 거기에는 우리 자신도 포함된다."

●●

"제가 딸에 대한 간섭을 그만둔 후 관계가 개선되긴 했지만, 그렇다고 수지가 완벽한 딸이 된 건 아니었어요. 수지에게는 자기 나름의 가치관과 윤리의식, 야심이 있어요. 처음에는 수지가 생각하고 느끼는 것에 대해 제가 아무 통제도 할 수 없다는 게 견디기 힘들었지만 수지는 계약서에 쓰인 내용만큼은 철저히 지키고 있어요. 지금도 우리는 제가 과거에 꿈꾸었던 이상적인 엄마와 딸의 관계는 아니에요. 수지는 제 마음에 들지 않는 선택을 내리기도 하지만 때로는 현명한 선택을 내리기도 해요. 얼마 전에는 아르바이트를 하기로 결정했어요. 이런 작은 일들이 저를 행복하게 해요. 이제 저는 어떤 사람도 하루아침에 바뀔 수 없다는 사실을 알게 되었어요. 그래서 딸에게 충고하고 싶은 말이 있어도 입술을 깨물고 꾹 참아요."

● ●

자녀에 대한 기대를 버려야만 그들에게서 조금 떨어져 객관적으로 바라볼 수 있다.

- 자녀와 거리를 두는 것이 어려운 이유는 학교에서 퇴학당하고 길거리를 배회하는 자녀에게 당신이 꼭 필요하다고 믿기 때문이다. 하지만 그들에게 정말 필요한 것은 스스로 자기 인생을 책임지고 있다는 느낌이다. 자녀가 이미 성인이 되었는데도 아직 심각한 문제에서 헤어나지 못하고 있으며, 그들을 돕기 위한 노력이 모두 허사로 돌아갔다면, 이제는 진실에 직면해야 한다. 마약, 술, 섭식 장애 등에 빠져 있는 자녀에게 사랑과 관심, 권위는 더 이상 아무 소용없다.
- 자녀를 도와야만 한다고 스스로를 합리화하던 것을 그만두라. 예전에 다른 선택을 했더라면 더 나은 결과를 얻었을지도 모른다는 생각을 버려라. 문제 해결의 핵심은 문제를 자녀 몫으로 남겨두는 것이다.
- 자녀를 도와주던 것을 그만두라. 당신이 내놓은 해결책을 자녀에게 강요하는 것은 상호의존을 키우기만 할 뿐이다. 아이는 자신을 구원해주는 사람이 있으면 점점 파괴적인 행동을 하기도 한다. 자녀를 돕기 위해 노력하던 것을 멈추고 당신 자신부터 돌보라.

한 번에 한 걸음씩

사람은 한 걸음 앞으로 나아갔다가 다시 한 걸음 뒤로 물러서면서 성장을 한다. 어떤 사람도 하룻밤 새에 바뀌지 않는다. 사람의 성격과 인품이 바뀌는 과정은 머리카락이 자라는 것과 같다. 머리카락이 자라는 것을 눈으로 볼 수 없지만 시간이 흐르면 어느새 덥수룩해져 있다.

변화로 가는 길은 작은 성공들로 포장되어 있다. 딸의 공부에 지나치게 간섭하는 자신을 어떻게 해야 할지 모르겠다면, 한 번에 하나씩만 참으면 된다. 매일 저녁 딸이 숙제를 다 했는지 습관적으로 확인하는 대신 일주일 동안 숙제 확인을 하지 않는 것을 목표로 삼아보라. 목표를 달성했을 경우 작은 성공을 자축하라.

아들의 교우관계에 집착하고 있다면, 하루 동안 아들에게 친구들과의 약속이나 관계에 대해 묻지 않는 것을 목표로 삼아라. 그러면 아들이 먼저 정보를 말해줄지도 모른다. 당신이 아들 주위를 맴돈다고 해서 아들의 교우관계가 나아지는 것은 아니다. 자녀의 친구들을 비판하는 습관을 줄이고 싶을 때도 마찬가지다. 비판하고 싶은 충동을 하루에 두 번씩만 참기로 결심해보라.

자기 자신에 대해 참을성을 발휘하라. 동트기 전이 가장 어두운 법이다. 아무리 노력해도 변화가 없는 것 같고 길이 막힌 것처럼 보이더라도 조금만 더 참고 노력하라. 당신이 지금 이 책을 손에 들고 있다는 사실 하나만으로도 당신은 이미 스스로를 변화시키고 있는 것이다. 믿음을 가져라. 그리고 한 번에 한 걸음씩 나아가라.

홀로서기를 위한 심리학

초판 1쇄 발행 2023년 03월 10일

지은이 로리 애쉬너·미치 메이어슨
번역 고빛샘
펴낸이 최현준

책임편집 이가영
디자인 김소영

펴낸곳 빌리버튼
출판등록 2022년 7월 27일 제 2016-000361호
주소 서울시 마포구 월드컵로 10길 28, 201호
전화 02-338-9271 | **팩스** 02-338-9272
메일 contents@billybutton.co.kr

ISBN 979-11-91228-96-0 03180